Hans-Joachim Hahn | Lutz Simon

Höllensturz und Hoffnung

Nach der Idee von
Prof. Dr. Jörg Knoblauch

Hans-Joachim Hahn
Lutz Simon

Höllensturz und Hoffnung

Warum unsere Zivilisation zusammenbricht und wie sie sich erneuern kann

lau verlag

Bibliografische Information
der Deutschen Nationalbibliothek
Die Deutsche Nationalbibliothek verzeichnet diese
Publikation in derDeutschen Nationalbibliografie;
detaillierte bibliografische Daten sind
im Internet über http://dnb.d-nb.de abrufbar.

ISBN 978-3-95768-022-8

Internet: www.lau-verlag.de

Umschlagentwurf: Atelier Versen, Bad Aibling
Satz: EDV-Fotosatz Huber/Verlagsservice G. Pfeifer, Germering
Druck- und Bindearbeiten: GK Druck Gerth und Klaas GmbH & Co. KG, Hamburg
Printed in Germany

Inhalt

Autorenteam

Prof. Dr. med. Gisela Charlotte Fischer – Medizin – bis 2003 Lehrstuhlinhaberin für Allgemeinmedizin an der Medizinischen Hochschule Hannover; acht Jahre lang Mitglied des Sachverständigenrats zur Begutachtung der Entwicklung im Gesundheitswesen.

Prof. Prabhu Guptara – Globalisierung – bis 2012 Executive Director beim UBS Management Zentrum Wolfsberg. Weltweit bekannter Referent, Privatdozent an verschiedenen Universitäten und Business Schools, Autor mehrerer Bücher sowie Interviewpartner von Radio- und Fernsehanstalten in der ganzen Welt. Mitglied im *World Future Council.* Wenn es um die Auswirkungen der Globalisierung auf Fragen des Managements, der Finanzen und der sozialen Verantwortung geht, wird er als Autorität gebucht.

Prof. Dr. Jörg Knoblauch – Wirtschaft – ist erfolgreicher Unternehmer, Autor, Speaker und Unternehmensberater. Seit mehr als 30 Jahren vermittelt er preisgekrönte Führungsmodelle und neue Strategien der Mitarbeiterbindung. Für seine Erfolge wurde er vielfach ausgezeichnet.

Prof. Dr. Hans-Peter Kriegel – Informatik – Inhaber des Lehrstuhls für Datenbanksysteme an der Ludwig-Maximilians-Universität München. Auf seinem Gebiet ist er der meistzitierte und einflussreichste deutsche Forscher. Für seine Arbeiten im Bereich Datenbanken und Data Mining wurde er mehrfach ausgezeichnet.

Prof. Dr.-Ing. Wolfgang Leisenberg – Physik und Technik – Arbeitsgebiete: Prozessautomation und Systemdynamik – Gründer einer Firma für Anlagenbau und emeritierter Dekan der TH Mittelhessen; ausgezeichnet mit dem Kammerpreis „Innovativer Mittelstand" 2004 und dem hessischen Innovationspreis 2008. Vorsitzender des Hochschulrates der freien Theologischen Hochschule Gießen.

Prof. Dr. theol. Dr. phil. Thomas Schirrmacher – Theologie, Religionssoziologie – Lehrtätigkeit u. a. in Gießen, Basel, Philadelphia. Rektor des Martin Bucer Seminars mit Studienzentren von Berlin bis Ankara. Vorsitzender der Theologischen Kommission der Weltweiten Evangelischen Allianz, die 420 Millionen evangelische Christen vertritt.

Prof. Dr. med. Gerd Schnack – Medizin – Chirurg, Präventiv- und Sportmediziner. Der Gründungspräsident der Deutschen Gesellschaft für Präventivmedizin und Präventionsmanagement coacht heute vor allem Führungskräfte und Musiker. Als Autor mehrerer Ratgeber ist er auch dem Publikum außerhalb der Science Community bekannt.

Prof. Dr. jur. utr. Dr. phil. Dr. theol. Lutz Simon – Privat- und Wirtschaftsrecht – Präsident der Rechtsanwaltskammer Frankfurt am Main und Pastpräsident der Europäischen Anwaltskammern; Notar, Professor em. für Privat- und Wirtschaftsrecht an der FH Frankfurt, Mitglied der Europäischen Akademie der Wissenschaften und Künste.

Prof. Dr. Manfred Spreng – Neurophysiologie – emeritierter Lehrstuhlinhaber an der Universität Erlangen. Ehemaliger Vorsitzender des Fachausschusses „Biomedizinische Informationstechnik“ der Informationstechnischen Gesellschaft (IGT) im VDE, der Deutschen Gesellschaft für Biomedizinische Technik und des Dachverbandes Medizintechnik (DVMT).

Prof. Changlin Zhang – Biophysik – Professor an der Zhejiang University in Hangzhou, China. Forschungsgebiet: Kohärenz (Harmonie) in lebendigen Systemen; speziell: die Wirkung der klassischen chinesischen Medizin auf den menschlichen Körper. Berater des *Center of Frontier-Science* an der Temple University in Philadelphia und seit 2009 Herausgeber des *International Journal of Physiotherapy and Life-Physics* in Genf.

Vorwort

... dann gnade uns Gott

Am 2. Juni 1978 berührte ein Jumbojet der *Japan Airlines* beim Landen auf dem *Osaka International Airport* mit dem Heck den Asphalt der Rollbahn. Das kommt vor, die Experten nennen das *Tailstrike*. Der Schaden war nicht schlimm, er wurde von Boeing repariert. Dabei wurde auch das Druckschott ausgebessert, das die Passagierkabine am Heck des Flugzeugs luftdicht abschließt. Die Maschine wurde wieder in Betrieb genommen.

Die Boeing 747 war bis vor Kurzem das größte Passagierflugzeug der Welt. Seit 1969 gehört es zu den bekanntesten und meistgenutzten Flugzeugen überhaupt. Ein so großes Flugzeug wie der Jumbojet wurde in der expandierenden Luftfahrt seit den 1960er-Jahren dringend gebraucht. Der Gründer und Chef der legendären Fluggesellschaft *Pan Am*, Juan Terry Trippe, hatte zum Boeing-Chef Bill Allen über den geplanten Riesenvogel gesagt: „If you build it, I'll buy it." Allen hatte geantwortet: „If you buy it, I'll build it." – Und so wurde die 747 gebaut. Die Ikone des Luftverkehrs, ein Symbol des technisierten, globalisierten, von allgemeiner Mobilität und Massenkonsum geprägten westlichen Lebensstils. Japan kaufte 114 Maschinen.

Die eine davon, die nach dem *Tailstrike* repariert worden war, hatte seitdem schon wieder Tausende Landungen problemlos durchgeführt. Es war der 12. August 1985, das Flugzeug startete um 18.12 Uhr vom Tokioter Flughafen Haneda aus, Ziel war Osaka, knapp 500 Kilometer entfernt. Die 509 Passagiere an Bord und die 15-köpfige Besatzung erwarteten einen Flug von etwa einer Stunde. Vier Passagiere überlebten die Reise. Das Flugzeug zerschellte am Berg Takamagahara kurz vor Tokio. Mit 520 Toten ist diese Katastrophe bis heute das schwerste Flugzeugunglück aller Zeiten, an dem nur eine einzige Maschine beteiligt war.

Wie konnte das geschehen? – Die Besatzung war nicht schuld. Im Gegenteil, sie hatte eine großartige, wenn auch am Ende vergebliche Leistung vollbracht: Ihr war es gelungen, den Riesenvogel nach einer starken Explosion im Heck und einem darauffolgenden Sturz aus 7.300 Metern Höhe bei 2.100 Metern Höhe abzufangen und allein über den Triebwerksschub zu steuern und zu stabilisieren. Das hydraulische Lenksystem des Flugzeugs war vollkommen ausgefallen, mit anderen Worten: Die Klappen des Flugzeugs sprachen nicht mehr auf die Steuerung im Cockpit an. Was die Piloten gar nicht wussten, weil sie es nicht sehen konnten: Das Seitenleitwerk des Flugzeugs, also die große senkrechte Heckflosse, war vollständig abgesprengt worden. Das Flugverhalten des Jumbojet war vollkommen außer Kontrolle geraten. Trotzdem gelang es den Piloten, das Flugzeug steil nach oben reißend, dann wieder vornüberstürzend, taumelnd und schlingernd in einem wahren Husarenritt eine halbe Stunde lang irgendwie in der Luft zu halten und zurück Richtung Tokio zu bugsieren. Aber vor dem rettenden Flughafen Haneda wartete der Berg.

Der 52-jährige Manager Hirotsugu Kawaguchi saß im Passagierraum der Maschine, angeschnallt auf Platz 22H. Um ihn herum flogen Gegenstände durch die Luft, Menschen schrien verzweifelt, kondensiertes Wasser vernebelte nach dem schroffen Druckabfall die Sicht im Chaos der Kabine. Kawaguchi griff nach seinem schwarzen Taschenkalender und schrieb:

> „Tsuyoshi, Mariko und Chiyoko! Seid gut zueinander, arbeitet fleißig und helft eurer Mutter.
> Euer Vater ist sehr traurig. Ich bin sicher, ich werde es nicht schaffen.
> Es sind jetzt schon fünf Minuten.
> Ich will keine Flugzeuge mehr nehmen.
> Wenn ich daran denke, dass unser Abendessen letzte Nacht das letzte war.
> Da ist Rauch, der von einer Explosion in der Kabine zu kommen scheint, und wir fangen an runterzugehen.
> Tsuyoshi, ich verlasse mich auf dich!
> Mutter – wenn ich daran denke, dass so etwas passieren könnte.

Lässt sich nichts mehr machen, lebt wohl!
Es ist jetzt sechs Uhr dreißig.
Das Flugzeug dreht sich im Kreis und geht schnell nach unten.
Ich bin so dankbar für das wahrlich glückliche Leben, das ich bis jetzt genossen habe.
Gott, bitte hilf mir!“

Hirotsugu war keiner der vier Überlebenden. Das schwarze Büchlein wurde in den Trümmern gefunden und seiner Familie übergeben. Es liegt heute ausgestellt im Flughafen Haneda, um an die Vorkommnisse des 12. August 1985 und die 520 Todesopfer zu erinnern.

Der schreckliche Unfall ist gründlich untersucht und aufgeklärt worden. Boeing hatte das Druckschott im Heck der Kabine bei der Reparatur sieben Jahre zuvor nur mit einer einfachen, statt wie in den Plänen gefordert, mit einer doppelten Nietenreihe befestigt. *Japan Airlines* hatte den Fehler nicht bemerkt und die Reparatur als ordnungsgemäß ausgeführt abgenommen und das Flugzeug wieder in Betrieb genommen.

Irgendwann, nach vielen Tausend Flugstunden, hielt die Naht nicht mehr, die den unter Druck stehenden Passagierraum von dem nicht unter Druck stehenden Heckraum des Flugzeugs abtrennte. Die Luft aus der Kabine war explosionsartig nach hinten entwichen und hatte das Seitenleitwerk regelrecht abgeschnitten. Am Wrackteil zwischen Passagierkabine und Leitwerk, das man am Berg Takamagahara gefunden hatte, war die Außenhaut durch die Explosion abgeschält wie bei einer Mandarine. Die hydraulischen Leitungen der Steuerungssysteme waren so verlegt und miteinander verbunden, dass der Schaden am Heck gleich den Zusammenbruch der gesamten Steuerung des Flugzeugs nach sich gezogen hatte. Beide Unternehmen gestanden ihre Fehler widerspruchslos ein und leisteten gemeinsam die Entschädigung der Opfer. Mehrere Beschäftigte der Fluglinie begingen anschließend Selbstmord.

TEIL I

KURZ VOR ZWÖLF

Kapitel 1

Alles halb so wild?

Wir sind zehn Professoren aus Deutschland. Und wir glauben, dass unsere Zivilisation kurz vor dem Zusammenbruch steht. Allen Ernstes. Wir sind national und international anerkannte Topexperten in den Feldern Medizin, Finanzen, Ethik, Psychologie, Biophysiologie, Wirtschaft, Informatik, Rechtswesen und Biophysik. Und wir sehen den Berg, an dem unsere Gesellschaft zerschellen wird, auf uns zukommen.

Das Ende der Welt zu beschwören hat derzeit wieder Konjunktur, das wissen wir. Nichts liegt uns ferner, als uns in den Chor der Kassandras einzureihen, die das Abschmelzen der Polkappen beklagen und das bevorstehende Aussterben der Eisbären, die Vermüllung und Vergiftung der Meere, die Überbevölkerung und den Welthunger, die Finanzkrise und die Überschuldungsmisere, das Amphibiensterben und die Ausrottung der Wale, die Abholzung der Regenwälder und die Ausbreitung der Wüsten, die radioaktive Verstrahlung und die Verseuchung des Trinkwassers, die Invasion verschleppter Organismen und die Ausbreitung von Seuchen, die iranische Atombombe und den *Clash of Cultures* usw. Das alles findet statt.

Was uns bevorsteht, ist aber noch viel schlimmer als all das. Wir sehen so viele Negativspiralen, die miteinander in Wechselwirkung stehen, wir sehen derart steile Kurven in ganz bestimmten krisenhaften Entwicklungsfeldern, wir sehen so viele kumulierende Krisen und kollabierende Systeme, dass wir sicher sind: Unsere westliche Welt ist in größerer Gefahr als jemals zuvor.

Wie Zivilisationen untergehen, das hat Jared Diamond in seinem großartigen Bestseller „Collapse – How Societies Choose to Fail or Succeed" bestens geklärt und allgemein verständlich dargelegt. Anhand von verschiedenen Zusammenbrüchen von Gesellschaften in Gegenwart und

Geschichte hat er fünf wesentliche Faktoren herausdestilliert, die kombiniert miteinander einen zivilisatorischen Kollaps herbeiführen können.

Der erste Faktor sind die Schäden, die eine Gesellschaft ihrer Umwelt unabsichtlich zufügt und die ihre Lebensgrundlagen zerstören, insbesondere der Ernährung der Bevölkerung die Grundlagen entzieht: Dazu gehören die Abholzung der Wälder, die Ausrottung und Vertreibung von Tieren, die Zerstörung von Böden und Trinkwasserquellen. Die vollständige Abholzung der Osterinsel oder von Island sind hier prägnante Beispiele. Im einen Fall kollabierte die Gesellschaft, im anderen nicht.

Der zweite Faktor sind Klimaveränderungen. Damit ist nicht nur ein menschengemachter Klimawandel gemeint, sondern generell auch die klimatischen Veränderungen und Schwankungen, die natürlicherweise immer vorkommen, und die in ungünstigen Fällen eine Gesellschaft Belastungen aussetzen, die in Kombination mit den anderen Faktoren zum Kollaps führen können. Die Hungersnöte in Amerika und Europa von 1816 sind ein Beispiel dafür, denn sie waren die Folge des heftigen Ausbruchs des indonesischen Vulkans Tambora mit nachfolgender Klimaabkühlung, Ernteausfall und Hungersnot.

Der dritte Faktor sind feindliche Nachbarn. Kriege und bewaffnete Konflikte gab es schon immer. Wenn eine Gesellschaft durch die anderen Faktoren geschwächt ist, kann sie aber unter Umständen den Angriffen anderer Zivilisationen nicht mehr standhalten und bricht zusammen. Diamond nennt als Beispiel den Untergang des weströmischen Reiches, das den fortgesetzten Angriffen der „Barbarenstämme" irgendwann nichts mehr entgegenzusetzen hatte.

Der vierte Faktor ist die abnehmende Unterstützung durch freundliche Nachbarn. Ein kleiner Vorgeschmack auf den Stress, den ein solches Ende einer Freundschaft erzeugen kann, war die Ölkrise von 1973, als die großen westlichen Industrienationen plötzlich merkten, wie empfindlich und verwundbar sie ihre Abhängigkeit von den Rohstoffen aus politisch instabilen Drittweltländern macht.

Der fünfte Faktor schließlich ist die Reaktion einer betroffenen Gesellschaft auf die vier vorgenannten Problemkomplexe. Wird sie sich verändern und auf die neue Lage einstellen oder starr bleiben und untergehen? Wird sie Lösungen finden und sich weiterentwickeln oder ratlos verhungern, verdursten, erfrieren, auf dem Schlachtfeld sterben oder vertrieben werden? Ein Beispiel, das in „Kollaps" eindrücklich beschrieben wird, ist die Unfähigkeit der Wikinger, sich bei ihrer Besiedelung von Grönland auf die spezifischen Umweltbedingungen einzustellen, indem sie Techniken und Verhaltensweisen von den Inuit übernahmen. Die Wikinger verachteten die Inuit, beharrten auf ihrer Kultur, auch wenn sie unterlegen war, und starben lieber, als sich weiterzuentwickeln.

Diese Analyse des US-amerikanischen Biologen, Physiologen, Biogeografen und Bestsellerautors, die Aufdeckung der Zusammenhänge zwischen diesen Faktoren und die reichen Belege aus der Geschichte, die er herangezogen hat, sind faszinierend. Aber trotzdem sind sie – wie Diamond selbst auch anmerkt – hauptsächlich fokussiert auf ökologische Probleme von Zivilisationen und bleiben dadurch an der Oberfläche: Diamond schaut nicht wirklich in die Gesellschaften hinein, er untersucht nicht die Zusammenhänge, Brüche und Entwicklungen im Innern einer Gesellschaft, sondern er konzentriert sich auf das, was man von außen sehen und nach ein paar Jahrhunderten noch nachweisen kann. Das schmälert nicht seinen Verdienst. Aber es wiegt uns auch in einer scheinbaren Sicherheit: All die äußeren Faktoren wirken letztendlich beherrschbar. Vor allem für unser notorisch optimistisches Machbarkeitsdenken. Wenn wir nur die ökologischen Probleme in den Griff bekommen und die Elektroautos fördern, für ein paar Milliarden Euro Dämme bauen, den Amazonas-Bewohnern ein paar Anreize setzen, mit dem Abholzen aufzuhören, den verrückten Iraner mit seiner Atombombe ausmanövrieren und den Schmerz über die ausgestorbenen Eisbären gut verkraften usw., dann können wir durchaus so weitermachen wie bisher. Könnte man glauben.

Wir glauben das nicht. Unser Fokus richtet sich auf die inneren Zusammenhänge. Die innere Verfassung unserer westlichen Welt sehen wir mürbe werden und zerbrechen. Unsere Zivilisation droht im Innern zu kollabieren, und das wiegt viel schwerer als all die Probleme im Außen. Was uns bevorsteht, ist keine weitere Krise oder Katastrophe, kein weiteres Ozonloch oder Waldsterben, keine weitere Finanzkrise, kein weiterer *Dot.com-Crash*, kein weiteres 9/11, keine weitere Kubakrise, kein weiterer Golfkrieg. Was uns bevorsteht, ist nicht einfach eine weitere Stressphase, die unsere westliche Zivilisation bewältigen muss, sondern schlicht ihr Ende.

Die kumulierenden krankhaften Veränderungen in den Blutbahnen und inneren Organen unserer Gesellschaft sind kurz davor, unbeherrschbar zu werden. Und weil wir es schlichtweg nicht gewöhnt sind, in systemischen Zusammenhängen zu denken, erkennen wir das Unheil nicht. Die Zeitungen sind voll von den einzelnen Krisen und Problemen, die sie jeweils isoliert betrachten. Das Fernsehen berichtet uns täglich von einzelnen bedrohlichen Phänomenen und schrecklichen Ereignissen, ohne ihren Ursachen auf den Grund zu gehen oder deren Zusammenhänge zu erhellen. Wenn wir Mitteleuropäer uns in unseren Städten bewegen und uns mit den Menschen unterhalten, sehen wir viele Missstände und hören von schlimmen Einzelschicksalen, und doch bleibt uns die systemische Dynamik verborgen, wir erkennen nur Einzelfälle.

Wir zehn haben uns vorgenommen, mit diesem Buch die wesentlichen Katastrophenfelder zu erklären, die bislang übersehen werden, weil sie nicht so einfach messbar sind wie die äußeren Faktoren und weil sie für sich betrachtet nicht so bedrohlich aussehen und so dramatisch darstellbar sind wie eine Ölpest, eine Sturmflut oder ein verhungernder Eisbär. Wir suchen die fehlerhaft vernieteten Druckschotts unseres Zusammenlebens, die früher oder später zu Explosionen führen. Wir beschreiben die Effekte dieser heimlichen Abwärtsspiralen und malen – dessen sind wir uns bewusst – das Schreckensszenario einer völlig entgleisten Zivilisation.

Fünf unheilvolle Pfade

Stellen Sie sich vor, Sie hätten nur noch ein paar Tage oder Wochen zu leben, vielleicht wegen einer Krankheit, über deren fatale Folgen die Ärzte Sie aufgeklärt haben. Was würden Ihre letzten Gedanken sein? Wem würden Sie Ihre letzten Stunden widmen? Was wäre Ihnen wirklich wichtig? Wäre es auch in den letzten Momenten Ihres Lebens genau das, worum sich Ihr Leben auch bislang Tag um Tag, Stunde um Stunde gedreht hat?

Würden Sie sich kurz vor Ihrem Ende noch einmal so richtig intensiv mit Ihrem Job und Ihren Kunden und Ihrem Chef beschäftigen? Überstunden im Büro machen? Die Börsenkurse verfolgen? Das neueste iPhone bestellen? Zeitung lesen und die Abendnachrichten schauen? Anschließend den Tatort? Nach Antalya in den Urlaub fliegen? Sich einen neuen Anzug kaufen? Ein Videospiel spielen? Am Samstagnachmittag ins Stadion und abends zum Skatspielen gehen? Werden Sie sagen: „Schade, dass ich nicht noch öfter im Büro sein konnte!" Oder: „Ein Jammer, dass ich nicht mehr erleben werde, wie hoch die Apple-Aktie noch steigt!" Was wirklich wichtig ist, der Kern, um den sich unser Leben und das aller anderen Zivilisationen aller Zeiten dreht, das kommt in unserem Alltag kaum vor.

Hirotsugu Kawaguchi erteilt uns auf dem Platz 22 H des Fluges *JAL 123* mit wenigen hingekritzelten Worten eine Lektion. Wenn es um alles geht, dann wollen wir: ein tugendhaftes Leben führen, einander helfen, dort sein, wo die Menschen sind, die uns am wichtigsten sind, einander vertrauen, hoffen, dankbar sein, glücklich sein, jede Sekunde des Lebens bewusst genießen, uns Gott anvertrauen und in Würde sterben. – Also genau das, was wir in unserer Zivilisation nicht tun.

Wie wir in diesem Buch zeigen werden, steht nichts von dem, was Kawaguchi in den letzten Minuten seines Lebens am wichtigsten ist, in unserer Kultur im Mittelpunkt. Im Gegenteil: Die inneren Prozesse unseres Zusammenlebens, die Richtung, in die sich unsere Gesellschaft entwickelt, laufen dem genau zuwider, und zwar in immer schnellerem Tempo. Das führt am Ende zu vier ineinandergreifenden Katastrophen, die in ihrer Gesamtheit die Qualität des Totalen haben: Wir reden von der sozialen Katastrophe, der kulturellen Katastrophe, der physischen Katastrophe und der individuellen Katastrophe. Im dritten Teil des Buches, stellen wir entsprechende Szenarien auf, um zu zeigen, wie sich diese vier Teile der totalen Katastrophe ereignen werden und wie sie sich auswirken werden. Wir zeigen, was passieren wird, wenn die Nieten platzen und die Einzelteile unserer Kultur auseinanderfliegen.

Zuvor, im zweiten Teil des Buches, skizzieren wir fünf Aspekte der fatalen Entwicklung, in der wir stecken. Wir zeigen erstens, wie die neuen Diktaturen uns knechten, ohne dass wir es überhaupt wahrnehmen. Wie wir tagtäglich fremdbestimmt werden von dogmatischen Werten und utilitaristischen Ansprüchen, die nicht unsere sind, von einem Informationsregime, das unsere Gedanken lenkt, von politischen, wissenschaftlichen und ökonomischen Agenden, die nicht zweckhaft unser Wohl verfolgen, sondern selbstreferenziell nur sich selbst erhalten wollen.

Wir zeigen zweitens, wie die Systeme, die wir uns geschaffen haben, um unser Zusammenleben in der westlichen Welt zu organisieren, sowie die Gedankengebäude und kulturellen Errungenschaften, die wir für unantastbar halten, unsere inneren Identitäten untergraben und aushöhlen, bis wir im buchstäblichen Sinne nicht mehr wissen, ob wir Männlein oder Weiblein sind, bis wir nicht mehr wissen, wer wir sind und was wir wollen, was unsere Heimat ist und was unser Lebenszweck.

Wir zeigen drittens, warum die sich seit Jahrtausenden immer weiter und zuletzt immer schneller steigernde Produktivität des Menschen, sowohl die ökonomische als auch die geistige Produktivität, in Kürze zusammenbrechen muss. Jede überzogene Stärke des Menschen wird zur Schwäche, jedes überreizte biologische System kollabiert an einem bestimmten Scheitelpunkt schlagartig, jede Exponentialkurve in der Natur bricht an einem bestimmten Punkt ab.

Wir zeigen viertens, wie unser ökonomisches System, auf dem unser Wohlstand und unser ganzer Lebensstil gründet, aus mehreren Gründen an sich selbst zugrunde gehen wird. Alle Parameter, die die Dauerhaftigkeit eines Wirtschaftssystems garantieren können, sind in unserer westlichen Ökonomie übersteuert. Unsere Wirtschaft hat den Pfad der Nachhaltigkeit und des dauerhaften Wachstums verlassen und bildet stattdessen voneinander abhängige Blasen gigantischen Ausmaßes, die in kurzer Zeit mit so gewaltigem Getöse platzen werden, dass die Weltwirtschafts-, Finanz- und Bankenkrisen von 1929 oder 2007 dagegen lächerlich zwergenhaft aussehen werden.

Schließlich zeigen wir fünftens, wie wir uns, da wir keine äußeren Feinde mehr haben und die zwanghaften Feindbilder, die wir uns ersatzweise schaffen, nicht ausreichen, um unsere Aggression abzureagieren, uns gegenseitig bekämpfen und bekriegen. Wir zerfleischen uns in zunehmendem Maße in einer abwärtsweisenden Hassspirale selbst und verelenden und verrohen innerlich und in naher Zukunft auch eruptiv äußerlich. Hass, Neid, Missgunst, Misstrauen und zunehmende Drucksituationen werden zu immer mehr gewaltsamen Auseinandersetzungen führen, offen oder versteckt, in der Familie, am Arbeitsplatz, gegenüber Mitbürgern und Fremden. Ebenso im Innern der Individuen, wo zunehmende Autoaggression zu immer mehr psychischen und psychosomatischen Krankheiten und zu immer mehr selbstdestruktiven Handlungen führen wird.

All diese Entwicklungen werden zur Kapitulation des Menschen vor sich selbst führen. Am Ende aller Abwärtsspiralen steht die Entwürdigung des Menschen in allen Lebenssituationen, von der Wiege bis zur Bahre, die Aufgabe der psychischen und physischen Integrität des Individuums und die Auflösung der sozialen Bindungen. (Eine Liste mit Buchtipps zum Thema „Höllensturz und Hoffnung“ finden Sie auf der Webseite www.hoellensturz-hoffnung.de.)

Bevor wir diese fünf unheilvollen Pfade gehen, beschreiben wir im ersten Teil des Buches die Gegenwart, wie wir sie mit unseren Augen sehen. Diese Zeit ist für uns eine Endzeit, es fühlt sich an wie kurz vor zwölf. Wir zeigen, wie sich weltweit ein *Last Days Fever* breitmacht und wie sich die Stimmung in unserer westlichen Welt zwischen Optimismus und Pessimismus bewegt. Wir diskutieren die Gegenargumente und klären grundsätzliche Annahmen und gemeinsame Prämissen, um zu zeigen, dass wir weder blind noch fanatisch sind, weder skandalisierend noch fatalistisch argumentieren, weder vernagelt noch durchgeknallt sind. Unsere Absicht ist in keiner Weise Panikmache und wir wollen uns auch nicht wichtig machen. All das wird man uns vorwerfen. Insbesondere jene werden uns verunglimpfen und vielleicht sogar beschimpfen, die sich durch unsere Argumentation angegriffen fühlen – und wir greifen die Weltsicht eines großen Teiles unserer Gesellschaft an, das ist uns vollkommen klar. Darum werden wir am Ende dieses ersten Teils unsere redliche Absicht und den Zweck dieses Buches noch einmal explizit offenlegen. So viel schon hier: Wir wollen Ihnen Ihre falsche Hoffnung rauben.

Falsch verstanden

Im Jahr 2014 wird vielleicht ein hasserfüllter Leserbrief in der *Süddeutschen Zeitung* erscheinen. Der erboste Leser hat einige Tage zuvor einen Artikel über unser Buch gelesen und meldet sich nun vehement zu Wort: Eine Frechheit sei das, diesen Fanatikern überhaupt Platz in der Zeitung zur Verfügung zu stellen! Dahinter stecke doch nur irgendeine Ideologie, wahrscheinlich seien die Typen allesamt Mitglieder einer infamen Sekte. Und überhaupt, haltlos seien die Katastrophenmalereien dieser bescheuerten Akademiker, realitätsfern, überzogen, theoretisierend und von irgendeiner finsteren Absicht geprägt. Wahrscheinlich würden sie sich selbst diebisch freuen, wenn ihr polemisches Zerrbild der Gesellschaft Wirklichkeit würde! In Wahrheit sei doch alles halb so wild! Die Welt und die menschliche Gemeinschaft seien viel robuster, als es in dem Buch dargestellt werde. Das habe man doch gesehen: Ölschock, Waldsterben, Ozonloch, Terrorismus, Atombombe usw., das hätten wir doch alles weggesteckt. Aus jeder Krise seien wir gestärkt hervorgegangen, immer ginge es weiter. Zweiter Weltkrieg: Aus Ruinen seien wir wieder aufgestanden und hinterher sei alles besser gewesen. Und außerdem: Weltuntergangsszenarien habe es doch schon immer gegeben.

Der wütende Leserbriefschreiber fährt fort: Gerade das, was dieses mysteriöse Professorenforum anprangere, sei doch das, was uns helfe, die Schwierigkeiten zu überwinden: Technik, Mobilität, Wirtschaft, die Gleichstellung aller Menschen und Lebensformen, unser moderner Lebensstil sei doch gerade die Rettung. Man sei ja schon dabei, technische Lösungen für das CO_2-Problem oder die Finanzmärkte zu finden. Und ob man im Ernst zurück in die Höhlen wolle, um sich Suppe aus Knochen am Lagerfeuer zu kochen? Das einzige Problem, das wir in Wahrheit hätten, seien doch die steinzeitliberalen Turbokapitalisten in den Chefetagen der internationalen Konzerne, die gewissenlosen Multis, die Spekulanten an der *Wall Street* und die unfähigen Politiker. Und zu allem Überfluss sei das Ganze doch nur wieder so ein amerikanischer Hype, wie diese 2012-Maya-Kalender-Geschichte. Wo wir denn da hinkämen, wenn jetzt Hollywood das Denken unserer Eliten bestimme. – Uff.

Solcherart Gegenwind ist vorauszusehen, wenn man Standpunkte vertritt wie wir. Schauen wir uns genauer an, was der fiktive Leserbriefschreiber in redlichster Absicht glaubt, uns vorwerfen zu müssen: Fanatiker sagt er. Fanatiker sind Menschen, die ihre Vorstellung von der Welt oder von Sachverhalten unbedingt für wahr halten. Das bedeutet, sie sind absolut intolerant für jede abweichende Meinung. Hinzu kommt, dass Fanatiker häufig missionarischen Eifer an den Tag legen, weil sie andere von ihrer Meinung überzeugen wollen. Dabei reagieren sie aber äußerst aggressiv auf Zweifel und Kritik anderer. Eine vernünftige Argumentation ist mit ihnen nicht möglich. Außerdem sind Fanatikern die Folgen und die Wirkung ihrer Kommunikation egal, ihnen geht es nur „ums Prinzip", d. h., sie glauben, recht zu haben, und für die Konsequenzen übernehmen sie keine Verantwortung – „wenn es so ist, dann ist es eben so!".

Der US-amerikanische Philosoph und Autor Eric Hoffer hatte kurz nach dem Zweiten Weltkrieg das Buch „The True Believer" veröffentlicht, worin er das Wesen des Fanatikers untersuchte. Seiner Ansicht nach ist die Selbstgerechtigkeit des Fanatikers durch sein schwaches Selbstwertgefühl begründet. Fanatische Menschen kompensieren ihre eigene Unsicherheit und die Leere ihrer Identität durch die Absolutheit, mit der sie an ihren Ansichten festhalten und durch die Aggressivität der Mission ihrer Weltsicht. Wir zehn sind alle selbstbewusste, gebildete, erfolgreiche Menschen, wir haben im Leben schon viel erreicht – warum sollten wir also aus einer Unsicherheit heraus denken und argumentieren? Außerdem würden wir liebend gern unsere Ansichten revidieren. Es wäre wunderbar, wenn uns jemand vom Gegenteil überzeugen würde und uns nachweisen könnte, dass wir unrecht haben. Des Weiteren sind uns die Folgen unserer Kommunikation nicht egal. Wir veröffentlichen das Buch ausschließlich wegen der Wirkung, die wir anstreben: Wenn das Buch einige Leser nachdenklich machen würde, wären wir froh.

Was wir beklagen, ist eher, dass sich mittlerweile in aller Stille mitten in unserer Gesellschaft eine große informelle Gemeinschaft neuer Fanatiker gebildet hat, die von der breiten Öffentlichkeit akzeptiert und sogar begrüßt wird und die unbewusst und unbemerkt unsere Gesellschaft an den Abgrund drängt. Diese aggressiven Ideologen erkennen sich selbst nicht als solche und reisen unter falscher Flagge durch unsere Medien und durch alle Schichten unserer Gesellschaft. Wir nehmen uns in diesem Buch heraus, sie direkt zu konfrontieren, wohl wissend, wie selbstgerecht, arrogant und herablassend sie darauf reagieren werden. Noch einmal: Die Selbstgerechtigkeit des Fanatikers ist durch sein schwaches Selbstwertgefühl begründet. Wir befürchten, dass diese neuen westlichen fanatisch-ideologischen Weltsichten, die wir benennen, mittlerweile schon so weit verbreitet und breit akzeptiert sind, dass wir kaum noch Gehör finden werden.

Sekte? Wir sind in der Tat Anhänger einer „Sekte“ – und zwar der jüdischen Sekte der Christen, so wie 2,3 Milliarden andere Menschen auch. Wir Autoren sind allesamt Christen und fühlen uns in dem jüdisch-christlich geprägten Abendland – dem „Westen“ – heimisch, kulturell und geistig verwurzelt. Wir verorten uns also weltanschaulich im Zentrum unserer Gesellschaft, nicht am Rand. Aus diesem Zentrum heraus denken und debattieren wir. Für Sie als Leser ist es wichtig, das zu verstehen. Wir sind keine sektiererische Randgruppe, sondern zählen durch unsere Berufe, unsere Bildung und unser Einkommen zur sozialen, wirtschaftlichen und geistigen Oberschicht einer bürgerlichen Gesellschaft, deren Wohl wir durch unsere Berufe als Professoren und Wissenschaftler verpflichtet sind.

Leider erfahren wir oft, dass man allein mit dem klaren Bekenntnis zum Christentum mitten in unserer Gesellschaft von vielen Menschen, die glauben, sie würden „modern“ denken, bereits als reaktionär, erzkonservativ und dogmatisch abgestempelt wird. Da wir viele Freunde aus allen Teilen der Welt und aus den unterschiedlichsten Kulturen haben, sehen wir uns eher als weltoffen und undogmatisch. Aber wir sehen viel neuen Dogmatismus mitten unter den Menschen um uns herum. Es ist in Wahrheit heute schon so: Lassen Sie in einem Meditations-Workshop die Gruppe eine Übung machen, bei der Sie das hinduistische „Ommm“ singen lassen, also das Symbol für die Triade aus den Gottheiten Vishnu, Shiva und Brahma, dann ist alles in Ordnung. Lassen Sie aber in einer Übung das jüdisch-christliche Gotteslob „Halleluja“ singen, dann werden Leute über Sie schimpfen, hintenherum lästern oder gar offen aufstehen und den Raum verlassen, weil sie sich durch Ihren „missionarischen Eifer“ belästigt fühlen. Dass mittlerweile in Mitteleuropa offen gelebte christliche Religiosität eher ein Verdachtsmoment als ein Tugendausweis ist, interpretieren wir Autoren als Symptom der Krankheit unserer Gesellschaft und als eine Bestätigung unserer Thesen.

Uns Realitätsferne und ein Überziehen anzukreiden, ist einfach. Unser Standpunkt ist ja durchaus sehr hervorstechend aus der Meinungslandschaft des öffentlichen Mainstreams. In vielen Gesprächen mit vielen klugen Menschen ist uns aber klar geworden, dass abseits der Öffentlichkeit unsere Befürchtungen keineswegs allzu originell sind, sondern immer noch auf offene Ohren stoßen oder geteilt werden. Gerade von besonnenen und erfahrenen Menschen hören wir Sätze wie: „Besorgen Sie sich besser jetzt noch ein abgelegenes Grundstück mit eigener Quelle!“

Dieser Umstand hat den Charakter von: „Keiner traut sich, so etwas öffentlich zu sagen.“ Dementsprechend hoffen wir auf zweierlei: auf begründeten Widerspruch und auf Stimmen mit dem Tenor: „Endlich sagt es mal jemand!“ Jedenfalls haben wir als Wissenschaftler alle zusammengenommen mehrere Hundert Lebensjahre darauf verwendet, die Realität unserer Welt zu erforschen und zu verstehen. Wir glauben also, eher sehr nahe daran zu sein als fern der Realität.

Die Welt ist sehr robust, das stimmt. Der Planet Erde würde weiter existieren, egal, was die Menschen auf ihm anstellen. Wir glauben auch, dass es den Menschen nicht gelingen wird, das biologische Leben auf diesem Planeten vollständig auszurotten, egal, was sie anstellen würden. Es stimmt auch, dass die Menschheit alle bisherigen Katastrophen gut überstanden hat und bislang immer weiter wächst und gedeiht. Es ist wahr, dass „der Westen“ sich seit 2.000 Jahren weiterentwickelt und sich unsere vom hebräischen und griechischen Geist in Antike und Renaissance mehrfach gespeiste Kultur durch alle Kriege und Katastrophen der Vergangenheit nicht nachhaltig hat erschüttern lassen: nicht vom Dreißigjährigen Krieg und bis jetzt auch nicht von Al-Qaida, nicht von den Türken und nicht vom Kommunismus, nicht von der Pest und nicht von Aids, nicht von der Kleinen Eiszeit um 1600 herum und bislang nicht von der aktuellen Wärmeperiode, nicht vom Nationalsozialismus und nicht von der Großen Depression. Aber wir sprechen auch nicht von einer weiteren Katastrophe, sondern von einer neuen Qualität von Katastrophe, von einer Katastrophe zweiter Ordnung sozusagen, in der zig Katastrophen kumulieren und miteinander in Wechselwirkung stehen. Wir behaupten, dass diese Metakrise für unsere Zivilisation prinzipiell nicht bewältigbar ist, im Gegensatz zu allen anderen Katastrophen erster Ordnung, die wir überstanden haben.

Nach dem großen Zusammenbruch in der westlich genannten Region der Welt werden nicht alle Menschen tot sein. Es könnte sein, dass viele in Tumulten oder Kriegen sterben, aber wir reden nicht von einer globalen Katastrophe oder gar vom Weltuntergang. Die Überlebenden in unserem Teil der Welt jedenfalls werden nicht mehr so zusammenleben wie zuvor. Sie werden auf den Trümmern unserer Gesellschaft eine vollkommen neue Zivilisation gründen und vollkommen anders weitermachen als bisher. Den „Westen" wird es nicht mehr geben. Die Kontinuität des europäischen Gesellschaftsverbunds wird unterbrochen. Wir wissen nicht, wie es danach weitergehen wird, aber wir haben eine begründete Hoffnung. Die beschreiben wir im allerletzten Teil des Buches, im Nachwort.

Weltuntergangsszenarien hat es schon immer gegeben, der Leserbriefschreiber hat auch darin recht. Das vermeintlich bevorstehende Weltende hat die Menschen schon immer fasziniert. Das letzte kollektive Weltuntergangsbeben war nur ein leichtes Ruckeln, nämlich die Millennium-Bug-Hysterie, als viele Menschen Ende der 1990er-Jahre glaubten, alle Computer würden beim Jahreswechsel von 1999 zu 2000 nicht mehr zwischen dem Jahr 1900 und dem Jahr 2000 unterscheiden können, weil überall in der Software nur zwei Stellen für die Jahreszahlen vorgesehen waren. Computerabstürze weltweit und in großem Ausmaß wurden prognostiziert, eine Weltwirtschaftskrise wurde vorausgesagt, weil die Finanztransaktionssysteme alle ausfallen würden. Auch medizinische Geräte, Kraftwerke und sogar Atomwaffen sollten außer Kontrolle geraten, weil die Steuerung durch die Software entgleisen würde. Die Wirtschaft und die öffentlichen Verwaltungen aktualisierten deshalb in einem gewaltigen Kraftakt ihre Software und die IT-Industrie erlebte einen kurzfristigen Millenniumsboom. Allein die öffentliche amerikanische Krankenversicherung *Medicare* gab ungefähr 500 Millionen US-Dollar zur Behebung des Softwareproblems aus. Dementsprechend gewaltig waren die Investitionen weltweit.

Und wie ging es aus? Am Ende liefen die meisten Systeme nach Silvester 1999 störungsfrei weiter, die Anstrengungen und vorsorglichen Maßnahmen hatten ausreichend gegriffen. Man könnte mit Shakespeare sagen: „Much Ado About Nothing." Aber durch die massenhaften Softwareaktualisierungen waren die meisten Anwender im Jahr 2000 mit topmodernen IT-Systemen ausgestattet, was der Wirtschaft insgesamt einen Produktivitätsschub verschaffte. Die IT-Industrie sahnte zuerst kräftig ab, erlebte dann aber den obligatorischen Einbruch und eine mehrjährige Durststrecke, weil viele Unternehmen bezüglich ihrer Informationstechnologie nun eine Zeit lang keinen Modernisierungsbedarf mehr hatten. Das kostete Arbeitsplätze unter Informatikern und setzte die IT-Industrie ihrerseits unter Modernisierungs- und Produktivitätsdruck. Man kann an diesem vergleichsweise harmlosen Beispiel sehen, dass kollektive Endzeit-Angst durchaus heftige Auswirkungen haben und im Fluss des gesellschaftlichen Lebens Turbulenzen auslösen kann. In diesem Fall kann man mit gutem Grund sagen, dass die Angst vor dem Millenniums-Bug viele gute und weitreichende Folgen hatte. Aus der leichten Panik ging die Wirtschaft in der Tat gestärkt hervor. Übrigens kündigen Experten bereits den nächsten derartigen Programmierfehler an: Am 19. Januar 2038 um exakt 3.14 Uhr und 8 Sekunden wird der Sekundenzähler in den weitverbreiteten Unix-Betriebssystemen vollllaufen und auf den 1. Januar 1970 springen – mit denselben Folgen, die schon für Neujahr 2000 angekündigt waren. Wir werden sehen …

Mit der gleichen Argumentation, „eigentlich hatte es doch sein Gutes", huldigt man hierzulande dem Wirtschaftswunder im Westdeutschland der Nachkriegsjahre. Unverhohlen und mit nur schwach unterdrücktem Zynismus sagen viele etwa: „Nach dem Krieg gab's wieder was zum Bauen und endlich war wieder Platz zum Wachsen! Und gut für die Wirtschaft, dass der Hitler uns die Autobahnen gebaut hat!" – Das ist natürlich Stammtischniveau und angesichts der geschätzten 55 Millionen Opfer würdelos.

Die Wirklichkeit war nicht ganz so schlicht. Das Wirtschaftswunder wurde durch viele Faktoren begünstigt. Aufzuzählen sind ohne Anspruch auf Vollständigkeit: die Tatsache, dass „nur" 15 bis 20 Prozent der deutschen Produktionskapazitäten im Krieg zerstört worden waren und absolut gemessen sogar höher lagen als kurz vor dem Krieg; der Umstand, dass die Währungsreform mit der Einführung der D-Mark glückte und Tauschhandel und Schwarzmarkt damit beinahe über Nacht beendet wurden; die Zuwanderung von über zehn Millionen Menschen aus den deutschen Ostgebieten nach dem Krieg, was nebenbei belegt, dass dort, wo viele Menschen viel arbeiten, auch viele Arbeitsplätze entstehen; die Integration Deutschlands in die expandierende und global prosperierende Weltwirtschaft, was unter anderem den Exportboom der Bundesrepublik ermöglichte; die amerikanische Wiederaufbauhilfe mit den die anfängliche Kapitalknappheit überbrückenden Krediten des Marshallplans; die Niederlassung vieler Unternehmen im Westen, die aus dem kommunistischen System der DDR flohen; die erfolgreiche deutsche Wiedergutmachungspolitik; die maßvolle Haushaltspolitik bis 1968, die mit ausgeglichenen Haushalten die Staatsverschuldung abbaute; der Strukturwandel weg von der Landwirtschaft und hin zum Dienstleistungssektor; die politische Stabilität des neuen Staatssystems der Bundesrepublik Deutschland – um nur einige der wichtigsten Faktoren zu nennen.

Die Überwindung der katastrophalen Niederlage des Zweiten Weltkriegs ist ein sehr gutes Beispiel für erstens die Regenerationsfähigkeit unserer Zivilisation und zweitens für die Komplexität von gesellschaftlichen Entwicklungsprozessen. Die Wunden, die der Krieg geschlagen hatte, konnten schnell verheilen, weil nicht das ganze Abendland zerstört war, sondern nur begrenzte Teile und Gebiete. Westdeutschland erholte sich schnell, weil es integriert war in die komplexe Weltwirtschaft, weil der Zufluss aus Geldmitteln funktionierte und der freie Austausch der Waren möglich war. Westdeutschlands Erholung war wie das Verheilen einer Fleischwunde in gesundem Gewebe. Die DDR war viel weniger angebunden und profitierte in geringerem Ausmaß von der Prosperität der Weltwirtschaft. Daher gelang es ihr nie, Anschluss an das Entwicklungsniveau Westdeutschlands zu halten. Um die Analogie fortzuführen: Schlecht durchblutetes Gewebe heilt langsamer.

Alexander der Große war der wohl erfolgreichste Feldherr aller Zeiten. Er schlug etliche Schlachten, überstand strapaziöse Feldzüge gigantischen Ausmaßes, zog mit seinen Truppen durch Wüsten und über Gebirge, kämpfte in sintflutartigen Regenfällen, setzte sich den klimatischen Verhältnissen und den Krankheitserregern in Regionen aus, die Tausende Kilometer von seiner Heimat entfernt waren. Er wurde häufig verletzt, einmal durchdrang ein Pfeil einen Lungenflügel, aber er überstand all das. Am Ende starb er in seinem Bett. Seine Ärzte hatten ihn aus Versehen vergiftet, weil sie ihm nach einem Trinkgelage eine Arznei aus den Wurzeln des hochgiftigen Nieswurz verabreichten, um ihn zu Durchfall und Erbrechen zu reizen, wovon sie sich eine Linderung seines Katers erhofften. Die Dosis war zu hoch – so jedenfalls eine plausible Interpretation der Quellenlage. Wenn ein Organismus Verletzungen erleidet und gar einen peripheren Teil verliert, kann er weiterleben und sich erholen. Wenn aber die inneren Organe versagen oder das Blut vergiftet ist, stirbt er, egal, wie robust er sich zuvor gezeigt hat. Eine treffende Analogie.

Wenn also Katastrophen nur Teile unserer westlichen Gesellschaft betreffen, kann sie sich sehr gut erholen. Wir reden hier aber von einer ganz anderen Kategorie von Zerstörung: Es geht nicht um verletzte Gliedmaßen, Fleischwunden in gesundem Gewebe oder Prellungen, wir fürchten nicht Zerstörungen von der Kategorie ausgebombter Fabriken und zerstörter Innenstädte. Wir sehen unsere Gesellschaft nicht verwundet, sondern sozusagen an Herz und Nieren krank, im ganzen Organismus systemisch dysfunktional, vergiftet wie Alexander.

Und nein, wir wollen nicht zurück in die Höhlen des Neandertals. Wir kritisieren überhaupt nicht die Technisierung unserer Gesellschaft. Im Gegenteil, Technik ist Teil des Menschen – der Mensch ist ohne Technik nicht denkbar. Selbstverständlich ist die Geschichte der Menschheit auch eine Geschichte der Technologien, die der Mensch entwickelt hat. Etliche Probleme, die sich der Mensch durch Technik geschaffen hat, hat er auch durch Technik gelöst. Beispielsweise sind viele Gewässer in Europa, die vor wenigen Jahren noch verseucht waren, heute wieder sauber. Der Bodensee, Deutschlands größter Trinkwasserspeicher, drohte aufgrund der Phosphat- und Nitrateinträge aus Waschmitteln und Düngemittelausschwemmungen noch in den 1980er-Jahren umzukippen, also eine sauerstoffarme, verschlammte Brühe zu werden. Moderne Kläranlagen und die Entwicklung von phosphatfreien Waschmitteln haben die Entwicklung umgekehrt. Heute ist der Bodensee wieder ein sauberer, nährstoffreicher Voralpensee mit einer gesunden Fischpopulation und natürlicher Sauerstoffkonzentration.

Der Einbau von Katalysatoren und die moderneren Motoren in den Kraftfahrzeugen beginnen heute zusammen mit einem vernünftigen Verkehrskonzept den ätzenden Smog aus der 20-Millionen-Metropole Mexico-City zu vertreiben. Die Nutzung von regenerativen Energien verringert die Abhängigkeit des Westens vom arabischen Öl. Neue Technologien ermöglichen den Verzicht auf Fluorchlorkohlenwasserstoffe, die die Ozonschicht zersetzen. Es gibt etliche Beispiele dafür, wie neue Technologien unsere Probleme lösen, darunter meistens Probleme, die wir ohne Technologien und deren ungewollte Nebeneffekte gar nicht hätten. Dieser stetige Kampf ist schlicht menschlich. Es könnte zwar sein, dass der Mensch diesen Kampf verliert, wenn er die gesamte Biosphäre des Planeten unbeabsichtigt so verändert, dass er sich die Lebensgrundlagen entzieht – das ist der Fall, vor dem Jared Diamond in „Collapse" so eindringlich warnt. Wir hätten uns dann einfach übernommen und verhoben. Aber das ist nicht unser Punkt.

Eine ganz andere qualitative Grenze wird überschritten, wenn Technik massenhaft zur Entwürdigung des Menschen eingesetzt würde, beispielsweise wenn Roboter und Apparate Menschen, die keine Aussicht auf Wiederherstellung der Gesundheit und auf ein menschenwürdiges Dasein mehr haben, gegen ihren Willen am Leben erhalten. Daran ist nicht die Technik schuld. Sie ist auch nicht schuld daran, dass Internetunternehmen personenbezogene, private bis intime Daten von Privatpersonen massenhaft in Datenbanken speichern, die diese wiederum zur kommerziellen Ausbeutung von Märkten verwenden. Die Technik selbst ist nicht anzuprangern, wenn sie Behörden und Unternehmen ermöglicht, Kontobewegungen, Krankheiten, Freundschaften und individuelles Verhalten, ja sogar Weltanschauungen und Meinungen nachzuverfolgen, auszuwerten und auszunutzen. (Die *Spiegel*-Titelgeschichte zum Thema „Ende der Privatheit", in *Der Spiegel* 2/2010, finden Sie auf der Webseite www.hoellensturz-hoffnung.de.)

Die technische Machbarkeit von solchen Auswüchsen, die in unserer Gesellschaft immer „normaler" werden, ist nicht das Problem. Das Problem ist die innere Verfassung unserer Gesellschaft, die so etwas überhaupt duldet, erlaubt und möglich macht. Utilitaristische Rechtssysteme, die vor ökonomischen Ansprüchen kapitulieren, ideologisierte Wissenschaften, rechtsfreie Räume in globalen Märkten, fehlende Unabhängigkeit in Rechtsetzung, Rechtsprechung und Rechtsdurchsetzung. Wer will denn *Google*, *Amazon*, *Facebook* oder *Apple* künftig daran hindern, Daten zu sammeln, die, wenn sie in falsche Hände geraten, diese falschen Hände zur Weltherrschaft befähigen?

Mit anderen Worten: Nicht bei der Technik, sondern beim Umgang mit der Technik ist eine Grenzüberschreitung im Gange, die wir als schwerwiegender empfinden als den nur unvernünftigen Einsatz von Technik. Der Missbrauch der Atomenergie als Massenvernichtungswaffe ist qualitativ vergleichbar mit dem Missbrauch eines Messers als Mordwaffe. Beides unterscheidet sich lediglich quantitativ um das Millionenfache. Beim Einsatz von Technik zur massenhaften Entmenschlichung und Steuerung der gesamten Bevölkerung ist dagegen eine ganz andere Kategorie von Technikmissbrauch erreicht. Unsere gesellschaftlichen Werte- und Ordnungssysteme sind degeneriert, während unsere technischen Möglichkeiten weiter gewachsen sind. So gleitet uns die Technik aus den Händen. Im Kapitel „Die Kapitulation des Menschen“ im zweiten Teil des Buches gehen wir darauf noch genauer ein.

Dass der fiktive Leserbriefschreiber die Schuld für alle wesentlichen Probleme der Menschen bei den bösen Kapitalisten sucht, sagt mehr über sein eigenes Wertesystem aus als über die Ursache der Probleme. Interessant an dieser Äußerung ist die weitverbreitete Ideologisierung von Umweltproblemen. Ein Waldsterben, eine Gletscherschmelze oder ein Bohrinselunfall sind – so problematisch, folgenreich und beklagenswert sie auch sein mögen – auch wunderbar instrumentalisierbar für den Kampf der Weltanschauungen. Wie dieser Reflex in der Breite zu einer Wertediktatur führt, ist Thema des ersten Kapitels des zweiten Teils: „Die neuen Diktaturen“. Hier nur so viel: Wer sich nicht informiert und seine Verantwortung nicht trägt, sondern wegschiebt, darf sich nicht wundern, wenn andere sie übernehmen und fortan über ihn bestimmen.

Der Maya-Kalender, um den letzten Punkt der wüsten Schimpfe aus dem imaginären Leserbrief aufzugreifen, sagte nach gängigen, aber nicht unbedingt korrekten Interpretationen das Ende der Zeiten für den 21. Dezember 2012 voraus. Er war letztes Jahr in der Tat im Gespräch, vor allem in Amerika. Der Katastrophenfilm-Regisseur Roland Emmerich hat den Wirbel um das vermeintliche Weltuntergangsdatum in seinem knackigen Film „2012“ hollywoodgemäß verarbeitet – perfektes Popcorn-Kino, wie Filmkritiken bescheinigen. Der Maya-Kalender ist dementsprechend derzeit Teil der westlichen Popkultur, und auch 2012 ging trotz mancher Hysterie geräuschlos vorüber. Im nachfolgenden Kapitel „2012, Armageddon und das *Last Days Fever*“ werfen wir einen genaueren Blick auf die gegenwärtige Weltuntergangsstimmung, als deren Teil wir uns nicht sehen.

Allerdings wundern wir uns auch gar nicht, dass der Weltuntergang derzeit wieder so in Mode ist. Der fiktive Leserbriefschreiber hat recht, wenn er anmahnt, dass sich die Intellektuellen nicht von Hollywood oder von sonstigen Zeitströmungen fernsteuern lassen dürfen. Wenn das aber heißt, dass man sich über nichts Gedanken machen darf, was in den Kinos oder in der Belletristik verarbeitet wurde, dann wäre das ein Dogma, das sowohl das Wesen der Populärkultur als auch die Unabhängigkeit des Geistes verkennt. Oder anders gesagt: Ein Kinofilm hindert uns nicht am Nachdenken.

Kapitel 2

2012, Armageddon und das *Last Days Fever*

Im Dezember des Jahres 999 lebte sich das Leben auf dem Land rund um Posen in Polen genauso wie im Jahr 998 oder 997. Die Menschen rangen der Scholle Nahrung ab, kämpften mit der Witterung und arbeiteten hart. Niemand ahnte etwas vom bevorstehenden Weltuntergang, denn der Landbevölkerung waren zwar die Jahreszeiten und ihre praktischen Erfordernisse allgegenwärtig, aber ein Kalender, also die Zeitrechnung, war fast allen Menschen überhaupt kein Begriff. Darum hätten sich die Bauersleute wohl auch sehr gewundert, wenn sie den Grund erfahren hätten, warum der große Kaiser Otto III. von Rom ins abgelegene Gnesen, eine Tagesreise von Posen entfernt, gekommen war, um sich weinend und klagend auf den Boden zu werfen.

Otto hatte Angst. Er hatte Angst, die Welt würde untergehen. Das allein wäre ja schon ziemlich unpraktisch gewesen, jedenfalls für einen Weltbeherrscher wie ihn, den Kaiser, denn was sollte er denn nachher beherrschen und regieren, wenn die Welt untergegangen war? Aber noch viel mehr Angst hatte er vor dem Jüngsten Gericht, das offenbar kurz bevorstand. Würde er, nachdem die „sieben Schalen des Zorns“ von den Engeln über die Erde gegossen worden waren und die Dämonengeister ihn und die anderen Könige der Welt zum Krieg mit Gott am Berg Harmagedon gerufen hatten, beim großen, endgültigen Weltgericht noch einen gerechten Platz im Himmel bekommen? Würde Jesus Christus nach seiner zweiten Wiederkunft, wenn er die Menschen nach ihren Werken richtete, ihn verfluchen und ins ewige Feuer stoßen?

Sein Freund Gerbert von Aurillac, den er zum Papst Silvester II. gemacht hatte, hatte erst kürzlich dem Abendland verkündet, dass um Mitternacht des 31. Dezember 999 pünktlich das Tausendjährige Reich zu Ende gehen würde. Unter der gebildeten städtischen Bevölkerung in Europa brach Panik aus, sobald diese Kunde die Menschen erreichte. Diebstahl,

Raub und Gewalt nahmen zu, die Hinrichtung von Zauberern und anderen Verdächtigen wurde gefordert und ausgeführt, Hysterie griff um sich. Was ist noch zu erledigen, bevor alles zu Ende geht?

Nicht einmal der Kaiser konnte sich dem entziehen. Er nahm die beschwerliche Reise quer durch die damals bekannte Welt auf sich, um noch im Dezember 999 das Grab seines alten Weggefährten Adalbert von Prag aufzusuchen, der, nachdem ihn die Heiden beim Betreten eines heiligen Hains mit einem Ruder erschlagen hatten, in der neuen Metropolitankirche in Gnesen beigesetzt worden war. Nur Adalbert konnte ihm jetzt noch helfen, denn der war als Märtyrer von Papst Silvester II. heiliggesprochen worden. Otto hoffte nun auf Vermittlung: Würde Adalbert im Himmel ein gutes Wort für ihn beim Weltenrichter einlegen können?

Otto trat barfuß vor das Grab, warf sich zu Boden und kroch auf dem Bauch herum, weinte und flehte, bot Adalbert an, Mönch zu werden, wenn sich dadurch das Jüngste Gericht aufhalten ließe oder zumindest für ihn ein gutes Ende in Aussicht stünde. Als dann am Morgen des Neujahrstags die Sonne wie gewohnt aufging, beruhigten sich sowohl Kaiser Otto III. als auch das restliche Abendland wieder. Die Bauern, die in ihrer Naivität die Aufregung schlicht ignoriert hatten, wirkten aus Sicht der konsternierten Gläubigen, deren Christus nun doch nicht gekommen war, irgendwie überlegen … und Papst Silvester II. war schlau genug, sich aus der Affäre zu ziehen: Seine Gebete hätten den Weltuntergang verhindert, ließ er verbreiten.

Wahrsager aus den Gestirnen

Die Ankündigungen des Endes der Welt sind nicht zu zählen. Sie scheinen zur menschlichen Kultur zu gehören wie der Wein und das Opfer. Viele Generationen lebten bereits in dem Glauben, die letzte zu sein. Aber alle Finaltermine sind bislang sang- und klanglos verstrichen. Sobald in der Geschichte der Menschheit irgendwo und irgendwie plausible Gründe ausgemacht werden konnten, wurde eine passende Untergangsdrohung dazu gestrickt. Schriftliche Quellen wie die Bibel oder andere Überlieferungen lösten diesen Effekt aus, aber auch Zeichen in der Welt, die sich entsprechend deuten ließen. Als die Astronomen beispielsweise im 16. Jahrhundert ausrechneten, dass am 1. Februar 1524 die Planeten Jupiter, Saturn und Mars allesamt im Sternbild der Fische stehen werden, war vielen von ihnen sofort einsichtig: Eine Sintflut steht bevor!

Da die Himmelszeichen eindeutig nachweisbar waren und die Indizien derart stichhaltig erschienen, flohen die Menschen aus den Städten kurz vor dem Schreckensdatum auf die umliegenden Hügel, damit sie beim Ende der Welt Gott näher wären und außerdem nicht im Tal ersäuft würden. In London waren es 20.000 Menschen, die mitten im Winter schlaflos bangend im Freien übernachteten, um am Morgen des 2. Februar erleichtert wieder in die immer noch trockene Stadt heimzukehren.

Der brandenburgische Hofastrologe Johannes Carion wollte sich mit der ausgebliebenen Katastrophe nicht abfinden und rechnete fleißig, bis er ein neues Datum für die Sintflut festsetzen konnte: Am 25. Juli 1524 würde es so weit sein, Berlin und die ganze Welt würde versinken. Das Datum verbreitete sich, ganz Europa war im *Last Days Fever.*

Obwohl aber die Menschen überall fleißig Boote und Archen gebaut hatten, um der Sintflut nicht gänzlich hilflos ausgeliefert zu sein, wurde der Sommer des Jahres 1524 einer der trockensten seit Menschengedenken in Mitteleuropa. Statt der Wassermassen kam ironischerweise die Dürre und die Ernte verbrannte auf den Feldern. Der brandenburgische Hofstaat, der am 24. Juli auf den Tempelhofer Berg geflüchtet war, musste, nachdem der Weltuntergang ausgefallen war, am darauf folgenden Tage mit gemischten Gefühlen und unter schallendem Gelächter der Berliner wieder ins Berlin-Cöllner Schloss zurückkehren. Und Johannes Carion durfte auch noch 13 Jahre weiterleben und die Sterne deuten, bevor er eines ganz irdischen Todes starb. Auf seinem Grab steht die Inschrift:

> „Dr. Johannes Carion, Vertilger ungeheurer Weinkrüge, Wahrsager aus den Gestirnen, hochberühmt bei Machthabern, ist beim Gelage im Wettkampf erlegen. Christus verzeihe gnädig dem so plötzlich aus dem Kreise der Zechenden Zusammengebrochenen."

Das alles klingt heute lustig, aber für die Menschen, die von einer Weltuntergangsstimmung erfasst wurden, war die damit verbundene Angst real. Auch die Folgen dieser Massenhysterien waren real. Als beispielsweise der US-amerikanische Baptistenprediger William Miller nach 14 Jahren Bibelstudium die Wiederkunft Christi auf den 22. Oktober 1844 festsetzte, glaubten ihm über eine Million Menschen, und viele davon verschenkten ihr gesamtes Hab und Gut. Als dann das Heils- bzw. Schreckensdatum ganz humorlos verstrich, wurden viele Anhänger Millers aus ihren Kirchen geworfen. Das Jahr 1844 wurde in den Geschichtsbüchern mit dem Stichwort „The Great Disappointment" verzeichnet. Die Jetzt-erst-recht-Haltung der enttäuschten Milleriten mündete unter anderem in die Gründung der Freikirche der Siebenten-Tags-Adventisten, immerhin heute die größte adventistische Religionsgemeinschaft mit weltweit knapp 17 Millionen Gemeindegliedern.

In neuerer Zeit sollte das Jahr 1998 das Weltuntergangsjahr sein, denn 1998 geteilt durch drei ergibt 666, die biblische Zahl des Antichristen aus der Geheimen Offenbarung des Johannes. Neben den astronomischen Besonderheiten und Bibelauslegungen ist insbesondere diese Zahl häufig Ausgangspunkt für Mythen rund um das Weltenende. Beispielsweise wird bisweilen das Internet als Zeichen des bevorstehenden Armageddon gedeutet, denn der Buchstabe W, im hebräischen Alphabet „Waw", hat in der Zahlenmystik den Wert sechs. WWW, die Abkürzung für *World Wide Web*, lässt sich demnach auch als 666 lesen. Und schon wissen manche, durch welches Tor der Satan uns heimsuchen wird.

Auch jede Menge Antichristen wurden so identifiziert: Hitler, Stalin, Chruschtschow, Henry Kissinger, Ronald Wilson Reagan (dreimal sechs Buchstaben, also 666), Oliver Cromwell, Gaddafi, Willy Brandt oder

Prinz Bernhard von den Niederlanden beispielsweise. Interessant ist in diesem Zusammenhang vor allem eines: Alle diese Verdächtigen lebten in der Zeit derjenigen, die sie als Antichrist identifiziert hatten.

Der Verdacht drängt sich auf: Das Aufkommen von Endzeitstimmung hat immer etwas mit den Menschen zu tun, die in dieser Zeit leben, weniger mit den wie auch immer gearteten Zeichen, die herangezogen und manchmal an den Haaren herbeigezogen werden, um den Weltuntergang plausibel zu machen. Aber was genau wird da unbewusst von den Menschen thematisiert? Und warum hat das Raunen vom Weltuntergang derzeit wieder Konjunktur, mit zunehmender Lautstärke und in immer kürzeren Intervallen? Und was sagt das gegenwärtige *Last Days Fever* über unsere innere Verfassung aus? (Mehr über christliche Endzeitmodelle und ethische Schlussfolgerungen finden Sie in den Beiträgen von Thomas Schirrmacher: „Sechs christliche Modelle der Endzeit im Vergleich“ und „Eine Sonderethik für die Endzeit?“ auf der Webseite www.hoellensturz-hoffnung.de.)

Am 21.12.2012 ist Schluss, oder?

Die Hochkultur der Maya, die mehrere Tausend Jahre in Mittelamerika bestand, bevor sie vor rund 1.000 Jahren zusammenbrach und verschwand, kannte ein hochkomplexes Kalendersystem. Darin gab es mehrere verschiedene Zählarten: eine zyklische für weltliche Ereignisse (365 Tage), eine weitere zyklische für rituelle Ereignisse (260 Tage) und eine linear durchlaufende Zählung für astronomische Berechnungen und Geschichtsaufzeichnungen, die sogenannte Lange Zählung, die am 11. August 3114 v. Chr. begann. Ein Zeitalter dauert in diesem Kalender ungefähr 5.125 Jahre. Das aktuelle Zeitalter endete nach dieser Berechnung exakt am 21.12.2012. Wer wollte, konnte sich nun auf den Standpunkt stellen, dass die Maya irgendwie besser Bescheid wussten als wir, wann die Welt zu Ende geht. Dann konnte man das Ende des Kalenders mit dem Ende der Welt gleichsetzen und in einer angenehm prickelnden Mischung aus Angst und Vorfreude auf dieses Datum warten. Wie wir wissen, passierte am 21.12.2012 – nichts.

Wer sich mit dem Maya-Kalender etwas besser auskennt, wird sich ein Kopfschütteln nicht verkneifen können, denn für die Maya hatte das Ende des Kalenderzyklus nichts mit dem Ende der Welt zu tun. Der soeben zu Ende gegangene 5.125-Jahre-Zyklus war für sie bereits der vierte – und anschließend wird es weitere geben. Die Maya haben immer wieder verschiedene Berechnungen vorgenommen und dabei Zeitpunkte bezeichnet, die in späteren Zyklen, weit jenseits des 21.12.2012, liegen. Man kann das vergleichen mit dem Millennium unserer Zeitrechnung: Im Jahr 2000 stellten sich drei Ziffern unserer Zeitrechnung von neun auf null, aber der Kalender lief ja trotzdem weiter, es begann einfach ein weiteres Jahr, das fortlaufend gezählt wird. Oder die Kilometerangabe auf dem Tacho eines Autos: Wenn 99.999 Kilometer gefahren worden sind, springt in vielen Cockpits die Kilometerangabe auf null – die zweiten 100.000 Kilometer werden gezählt. Nichts anderes passierte 2012 im Maya-Kalender.

Dass an diesem Tag eine Weltuntergangskatastrophe stattfinden sollte, ist eine von unserer sogenannten westlichen Zivilisation aufgepfropfte Bedeutung. Interessant ist, wie hartnäckig von den Anhängern der Weltuntergangsprophezeiung nach Belegen für die katastrophale Bedeutung dieses Datums gesucht wurde. Und die Spekulationen sorgten für große Verwirrung, was denn überhaupt an diesem Tag los sein sollte. Es war gar nicht mehr so leicht herauszubekommen, was Fakt war. Alles war überwuchert von Annahmen, falsch weitergegebenem Halbwissen und Nullwissen. Es gab zum Beispiel das weitverbreitete Gerücht, dass sich die Sonne am 21.12.2012 genau im Zentrum der Milchstraße befände. Das ist allerdings vollkommener Blödsinn, denn unsere Sonne befindet sich in einem der Arme der Milchstraße. Im Zentrum der Milchstraße wird ein Schwarzes Loch vermutet, von dem wir erfreulicherweise 25.000 bis 28.000 Lichtjahre entfernt sind. Und dabei blieb es auch im Jahr 2012.

Dann war oft zu hören und in vielen Internetforen zu lesen, an diesem bestimmten Datum würden alle Planeten unseres Sonnensystems in einer Linie stehen – mit schlimmen Folgen: Die kumulierten Gravitationskräfte würden dabei so stark werden, dass wir auf der Erdoberfläche von Stürmen, Überschwemmungen, Vulkanausbrüchen oder einem Polsprung, also der Umkehrung des magnetischen Nord- und Südpols, heimgesucht werden würden. Manche befürchteten gar, dass diese Kräfte so groß werden könnten, dass sie die Erde quasi in Stücke reißen würden. Dabei stimmte weder die Annahme noch deren Ableitung. Die neun Planeten unseres Sonnensystems standen im Dezember 2012 definitiv nicht wie an einer Perlenkette aufgereiht in einer Linie, das ließ sich leicht berechnen. Als wir im Dezember 2012 den Sternenhimmel betrachteten, fanden wir die Planeten schön verstreut über den Himmel, so wie wir es gewohnt sind. Die Konstellation, dass alle Planeten auf derselben Seite der Sonne ungefähr in einer Reihe stehen, kommt alle 180 Billionen Jahre vor. Das ist ungefähr 10.000-mal länger als die Zeit, die unser Universum bislang existiert.

Am 5. Mai 2000 waren die Planeten Merkur, Venus, Mars, Jupiter und Saturn sowie die Sonne und der Mond aus unserer Perspektive einmal relativ nah beieinander. Sie standen an diesem Tag allesamt in einem etwa 26 Grad breiten Streifen am Himmel. Das nächste Mal, dass die Planeten sich ähnlich nah anordnen werden, wird in 675 Jahren sein. Aber auch dann wird dadurch genauso viel auf der Erde ausgelöst werden wie im Jahr 2000, nämlich nichts. Denn selbst wenn die Planeten alle exakt in einer Reihe im Sonnensystem stünden, würde das nichts bewirken: Die kumulierte Gravitationskraft aller Planeten und der Sonne betrüge dann nicht einmal 2 Prozent der Kraft, die der Mond ständig auf die Erde ausübt. Der Physikprofessor und Leiter der Berliner Archenhold-Sternwarte, Dieter B. Herrmann, sagt zu dieser fiktiven Konstellation: „Die Kräfte, die dabei zusätzlich auf die Erde einwirken, entsprechen dem Gewicht einer Stubenfliege, die auf einem fahrenden 15-Tonnen-Lkw landet."

Ein anderes Gerücht besagte, dass Sonne, Erde und Milchstraßenzentrum am 21.12.2012 in einer Linie stünden. Auch das war ein Durcheinander von Aufgeschnapptem. Tatsächlich hat die Sonne vor Kurzem die Milchstraßenebene, die Ekliptik, gekreuzt, und zwar vor 1,5 Millionen Jahren. Passiert ist gar nichts. Und auch in 28,5 Millionen Jahren, wenn das das nächste Mal geschehen wird, wird es nichts bewirken. An weiterer Stelle war zu lesen, 2012 würde die Erdachse auf das Milchstraßenzentrum zeigen. Auch das stimmt nicht. Denn in eine Richtung kann die Erdachse niemals zeigen: auf das Zentrum der Milchstraße. Damit dies geschehen könnte, müsste schon die Erde in ihrer Bahn kippen. Was blieb übrig vom Maya-Kalender-Hype und den damit verbundenen astronomischen Erklärungsversuchen? Nun, weder haben die Maya für 2012 einen Weltuntergang prophezeit, noch gab es irgendwelche astronomischen Besonderheiten zu diesem Zeitpunkt. Übrig bleibt: nichts.

Was für ein Unsinn verbreitet wird, können Sie abschätzen, wenn Sie lesen, was der 2011 gerade noch rechtzeitig gestorbene Esoterik-Autor José Argüelles schrieb: „Eine Veränderung, die durch den Abschluss des gesamten großen Zyklus ausgelöst wird, hat bereits eingesetzt, signalisiert durch eine Verschiebung der resonatorischen Frequenz; diese Verschiebung kündigt das Ende des Großen Zyklus an und gibt eine Vorahnung von dem Glanz unserer galaktischen, solaren und planetarischen Wirklichkeit in der nachfolgenden Ära, die 2012 n. Ch. beginnt. Damit tritt unser Planet in seine nächste evolutionäre Phase ein und sichert sich seinen Platz als neues Mitglied der Galaktischen Gemeinschaft."

Viel interessanter als die abstrusen und bestenfalls unterhaltsamen Gerüchte und Mythen rund um den Maya-Kalender und das Jahr 2012 ist die Frage, warum im Laufe der Geschichte immer wieder so viele Menschen in ein *Last Days Fever* geraten und warum das derzeit so heftig ist. Die Antwort auf diese Frage bringt uns auf die Spur, wie es derzeit um unsere innere Verfassung bestellt ist.

Warum Menschen Katastrophen lieben

Es liegt nahe, dass die Gründe, warum die Menschen vom bevorstehenden Weltuntergang fasziniert sind, dieselben sind wie die Gründe, warum sie von Katastrophen überhaupt fasziniert sind. Zuallererst machen uns Katastrophen betroffen. Das setzt voraus, dass wir überhaupt davon erfahren. Zum ersten Mal erfuhren die Menschen in Europa im großen Stil nach Allerheiligen 1755 von einem katastrophalen Ereignis. Damals hatte der Meeresboden vor Lissabon gebebt, was einen Großbrand und einen Tsunami ausgelöst hatte. Bis zu 100.000 Menschen kamen damals ums Leben.

Die Katastrophe fiel mitten in die Zeit der Aufklärung und war in geistesgeschichtlicher Hinsicht ein einschneidendes Ereignis, das großen Widerhall in ganz Europa auslöste. Alle Elemente, die wir heute von der gesellschaftlichen Wirkung von großen Naturkatastrophen wie dem Tsunami in Südostasien an Weihnachten 2004 kennen, waren auch damals schon da. Beispielsweise gab es im Nachgang eine große Solidaritäts- und Spendenwelle der europäischen Kaufleute. Die Politik versuchte, die Situation für die eigenen Zwecke auszunutzen. Der in der Krise tatkräftige Premierminister konnte im Machtkampf mit dem verfeindeten Adel Boden gutmachen. Und die Medien inszenierten die Katastrophe als Großereignis: Zahlreiche Kupferstiche, Zeichnungen und Gemälde vom zerstörten Lissabon kursierten in Europa. Auch die geistige Oberschicht Europas, die führenden Philosophen und Schriftsteller, beschäftigten sich intensiv mit der Katastrophe. Es gab etliche Neuerscheinungen auf dem Buchmarkt, das Ereignis wurde auch in der Musik verarbeitet.

Im Wesentlichen ging es in der medialen und publizistischen Wirkung um die Frage, warum Gott eine solche Katastrophe zulassen konnte, warum ausgerechnet an Allerheiligen, warum besonders viele Kirchen zerstört worden waren und warum ausgerechnet das Rotlichtviertel von Lissabon verschont geblieben war. Die Atheisten bekamen Auftrieb, Voltaire und Rousseau stritten über den Optimismus und die Frage des Schlechten in der Welt, Kant versuchte, das Beben auf natürliche Ursachen zurückzuführen, und die in der Rhetorik gebräuchliche Metapher von der „festen Grundlage" eines Arguments verkam im Nachgang des Erdbebens zu einer kraftlosen Worthülse.

Mit anderen Worten: Die Betroffenheit war groß. Aber in dieser Betroffenheit und Anteilnahme liegt auch ein Impuls der Vereinigung. In der Betroffenheit rücken die Menschen näher zusammen. Solidarität heißt das

Modewort dazu. Dahinter steckt das Motiv der Zugehörigkeit, eines der stärksten menschlichen Motive überhaupt. Immer wenn das Gefühl der Unsicherheit sehr groß ist, suchen Menschen instinktiv den Zusammenschluss, den Schutz der Gruppe. Eine Erschütterung wie der Terroranschlag 2001 auf das *World Trade Center* in New York beispielsweise hat massive Auswirkungen auf das Zusammengehörigkeitsgefühl der Menschen. Die freundschaftlichen Bande, die die New Yorker heute miteinander verbinden, die Atmosphäre der Gemeinschaft, sind in New York seitdem in verblüffendem Ausmaß stärker geworden, das kann jeder bestätigen, der sich einmal in dieser Stadt aufgehalten hat. Diese enorm selbstbewusste, warme, freundschaftliche Verbundenheit, die auch in große Gastfreundschaft mündet, ist der Grund, warum in den letzten Jahren immer mehr Menschen auf der Welt von New York begeistert sind. Auslöser für diese Veränderung war die Betroffenheit nach dem Schock vom 11.9.2001.

Auch wenn es paradox klingt, aber Katastrophen haben in einer Hinsicht oft dieselbe Wirkung wie große Volksfeste, wie z. B. das „Sommermärchen“ der Fußballweltmeisterschaft 2006. Alle lagen sich in den Armen, obwohl die Ursachen unterschiedlicher nicht sein konnten: die New Yorker nach 9/11 und die Fußballfans im Juni und Juli 2006 in Deutschland. Wenn also die Sehnsucht nach Gemeinschaft ungestillt ist, dann kann die Imaginierung einer globalen Katastrophe uns unbewusst den Wunsch erfüllen, Teil einer bedrohten und damit enger zusammenrückenden Gruppe zu sein. Dieses Gefühl macht auch radikale Veränderungen im Zusammenleben plötzlich möglich, die zuvor undurchsetzbar waren.

Die extreme Betroffenheit in Deutschland nach dem Atomunglück im japanischen Fukushima beispielsweise machte eine radikale Veränderung der Energiepolitik möglich: Der möglichst rasche Ausstieg aus der Kernenergie war plötzlich da, worüber zuvor jahrzehntelang zwischen den politischen Lagern gestritten worden war.

Der Wunsch nach gesellschaftlicher Veränderung und die uneingestandene, weil vordergründig unmoralische Angstlust, die durch die Vorstellung einer Katastrophe ausgelöst wird, gehen also Hand in Hand. Endzeitprophezeiungen sind dann Projektionen, Wünsche, die in die Form von Vorhersagen gekleidet werden. Wenn Menschen unzufrieden sind mit ihrer Situation, haben sie eine Sehnsucht nach Veränderung – bis hin zur *Tabula rasa*. Mit einer von außen kommenden Katastrophe müssen sie nicht selbst aktiv werden oder sich gar zum Täter machen.

Die um Katastrophen und Prophezeiungen gesponnenen Mythen bieten auch die Chance, eine innere Leere, ein Gefühl der Sinnlosigkeit zu kompensieren. Die großen christlichen Kirchen haben in unserer westlichen Zivilisation mittlerweile in der Breite den Bezug zum Menschen verloren. Mystik spielt in ihnen kaum noch eine Rolle. Darum wenden sich die Menschen, gerade auch gebildete Menschen, anderen Religionen zu, beispielsweise dem Buddhismus. Oder sie suchen nach einer Fülle für ihr inneres Vakuum bei esoterischen Erklärungswelten, bei Wunderheilern, Schamanen, Astrologen oder beim *Didgeridoo*-Spielen mit australischen Aborigines. Im Schwarzwald werden indianische *Tipis* gebaut, im Internetversand werden Schamanentrommeln bestellt und dann wird gemeinsam die Große Göttin gesucht. All das ist nichts als eine verzweifelte Suche, die innere Leere und gefühlte Sinnlosigkeit auszufüllen, die die Menschen ansonsten in den Wahnsinn treiben würde.

Die Angstlust an der Katastrophe ist immer genau dann besonders groß, wenn der Wunsch nach Gemeinschaft, nach Sicherheit, nach Veränderung, nach Sinn besonders groß ist. Und das ist genau dann der Fall, wenn Gesellschaften im Umbruch stecken. Denn dann sind genau diese Faktoren besonders stark und der Druck auf die Individuen besonders groß: Sie fühlen sich einsam, sind verunsichert, wollen nicht mehr so weitermachen und leiden unter der Sinnlosigkeit ihrer Existenz. Dann ist gesellschaftlich Endzeitstimmung und dann blüht das *Last Days Fever*. So wie heute, wo wir nicht nur vor Millenniums-Bugs, Maya-Kalendern oder Endzeitprophezeiungen von Sektengurus erschauern, sondern auch vor dem Zusammenbruch unserer Währung, vor dem Menetekel der Inflation, vor der steil aufragenden demografischen Alterskurve, vor dem Schuldenberg, dem islamistischen Terror, der

Überfremdung, der Klimakatastrophe und allem Möglichen mehr. Die innere Leere in uns Menschen muss gähnend sein …

Fakten, Fakten, Fakten?
Ein James-Bond-Film ohne die Bedrohung der ganzen Menschheit durch einen Überschurken? Undenkbar. Endzeitszenarien sind heute selbstverständlicher Teil der Popkultur geworden. Sie werden intensivst durchgespielt, sind spannende Unterhaltung pur: „Earthquake", „Deep Impact", „Krieg der Welten", „Armageddon", „The Day After Tomorrow", „Aftershock", „Final Day", „Landslide", „Meltdown", „Cloverfield", „Independence Day", „2012" – so heißen sie, die Hollywood-Weltkatastrophenfilme von Roland Emmerich & Co. Sie bilden mittlerweile ein eigenes Genre, das in immer kürzeren Abständen bespielt wird.

Computerspiele sind mittlerweile ebenfalls ein dicker Pfeiler der Populärkultur. Es ist wenig überraschend, dass derzeit die Katastrophenspiele Hochkonjunktur haben, beispielsweise das Spiel „Emergency 2012". Es besteht aus einer Aneinanderreihung von Klima- und Umweltkatastrophen: In Berlin tobt eine Hitzewelle, München ist unter Schnee begraben und Frankfurt ist radioaktiv verstrahlt – der Spieler muss retten, was zu retten ist.

Auch in der Literatur droht die Welt unterzugehen, z. B. im Bestseller „Der Schwarm" von Frank Schätzing. Und die deutsche Popband „Die Söhne Mannheims" mit Xavier Naidoo singt: „Armageddon kommt oder ist im vollen Gange, macht euch große Sorgen, denn jetzt sind wir in der Zange, ich bange um mein Leben, denn ich höre von dem Beben, und nur für einhundertvierundvierzigtausend wird es Rettung geben …"

Endzeitpop wird vor allem während Krisen nachgefragt. Ein schönes Beispiel, das diesen Effekt illustriert, liefert das Buch „Armageddon, Oil and the Middle East Crisis – What the Bible Says About the Future of the Middle East and the End of Western Civilization" von Charles H. Dyer. Das Buch ist 1974 nach dem Ölschock erschienen und lief recht gut: Im Laufe von 16 Jahren wurden 500.000 Exemplare des Buches verkauft.

Aber dann brach der erste Golfkrieg los, der die Ängste der vom Erdöl abhängigen westlichen Staaten entfesselte. Innerhalb von wenigen Monaten verkaufte sich das Buch 1,5 Millionen Mal, also dreimal so oft wie in den 16 Jahren zuvor. Als der Krieg dann unerwartet schnell zu Ende ging, blieb der Verlag auf großen Restbeständen sitzen, denn die Nachfrage brach mit dem Ende der Krise schlagartig ab.

Wenn derzeit Angebot und Nachfrage im Themenfeld „Katastrophe und Weltuntergang" dauerhaft so enorm hoch sind, dann deutet das darauf hin, dass die Menschen nicht mehr nur immer wieder auf die äußeren Krisen reagieren, sondern mittlerweile tief im Innern Krisenstimmung fühlen, losgelöst von Kriegen, Erdbeben und Tsunamis.

Der Autor und Familienberater Jan-Uwe Rogge schreibt über die Angstlust der Jugendlichen beim Konsum von Katastrophen- und Horrorfilmen:

> „Emotional ‚leere' und verängstigte Jugendliche nutzen Medienangebote unter eskapistischen Perspektiven, sei es als Kompensation, Flucht oder Ausweichen vor Problemen. Über die Rezeption medial inszenierter Gewalt soll eine stellvertretende (vergebliche) Auseinandersetzung mit der Realwelt stattfinden. Der Umgang mit Medienangeboten im Allgemeinen und den Horror-Produkten im besonderen lässt sich als stereotyp, ritualisiert und zwanghaft beschreiben: Man braucht die Produkte, weil man in ihnen seine Ängste, seine Betroffenheiten und seine Verunsicherungen gebunden fühlt."[1]

Mit exakt demselben Klima der inneren Krise arbeiten die Informationsmedien, also die Journalisten. Sie leben davon, dass die Menschen ihre Nachrichten nachfragen und konsumieren. Die Menschen brauchen Emotionen, und die werden von Katastrophen am wirkungsvollsten und

1 Karin Stipp-Hagmann: Fernseh- und Radiowelt für Kinder und Jugendliche, in: Schriftenreihe der Landesanstalt für Kommunikation (LfK) Baden-Württemberg, Bd. 3,1, Villingen-Schwenningen 1996, S. 173–174

passgenau generiert. Als über den Tsunami von 2004 berichtet wurde, hingen die Zuschauer am Bildschirm wie ein Junkie an der Nadel und ließen sich auch die 13. *Brennpunkt*-Sondersendung noch willig reinlaufen. Die Auflagen der Zeitungen und die Einschaltquoten der Sendungen, die die Katastrophe am größten und schrecklichsten inszenierten, stiegen am meisten. Die Sender lieferten sich wahre Bilderschlachten, um möglichst große Betroffenheit auszulösen – ja, um ein Betroffenheitsbedürfnis zu befriedigen, nicht etwa, um einen Informationsbedarf zu decken. Fakten und Meinungen und Spekulationen wurden dabei überhaupt nicht mehr getrennt. „Es ist nicht auszuschließen, dass …“, lautet eine beliebte Formulierung. Gute Nacht, Journalismus!

Wahrheit, Angemessenheit und Präzision der Inhalte spielen im Zeitalter des *Infotainment* eben dann keine Rolle mehr, wenn gerade im Vordergrund steht, dem Zuschauer einen Kloß in den Hals, Tränen in die Augen und eine Schockstarre in die Knochen zu senden – möglichst noch wirkungsvoller als die Konkurrenz.

Journalisten, die von den Einschaltquoten und Auflagen wirtschaftlich abhängig sind, sehen sich gezwungen, die Emotionen zu bedienen, die mit Katastrophen auslösbar sind. Beispielsweise wurde in allen Medienkanälen ausführlich über den Hund berichtet, der nach dem Tsunami vor Japan 2011 aus dem Meer gerettet wurde. Mehr als 15.000 Menschen kamen um, eine halbe Million Menschen mussten fliehen, ganze Landstriche sind durch den Atomunfall nach dem Erdbeben unbewohnbar – und es wurde über einen Hund berichtet! Einzelne Journalisten, die bei so etwas nicht mitmachen wollten, wären chancenlos. Den Job würde einfach ein anderer machen.

Die Verantwortung liegt auch gar nicht allein bei den Medien: Die Beziehung des Publikums zu den Medien ist ein sich selbst verstärkendes System von zwei Partnern, die sich gegenseitig brauchen: Je mehr die Medien im Katastrophenmodus berichten, desto aufmerksamer und betroffener sind die Menschen. Je alarmierter die Menschen sind, desto mehr berichten die Medien im Katastrophenmodus.

Da kam ein Thema wie der Maya-Kalender und die Angst vor dem Dezember 2012 gerade recht. Der Leser eines Blogs im Internet schrieb zum Thema 2012:

> „… aber wieso berichten dann auch soo viele ‚angesehene Reporter' wie *Spiegel, Stern* usw. darüber? Zumindest fällt da ja der Satz ‚2012 … besondere Planetenkonstellation'. Sind die alle dooof?? Ich meine wenn ich die Mayatheorien mal weglasse (sind ja nur Theorien), labern immer noch genug von der angebl. Tatsache mit der Planetenkonstellation. ALLES Quatsch??"

Die Medien waren offenbar nicht in der Lage, die Zweifel dieses Menschen zu zerstreuen, sie haben sie eher noch geschürt!

Ist das ein Journalismus, wie wir ihn wollen? Wir scheinen ihn uns verdient zu haben … Die Folge: Als 2010 ein religiöser Spinner, der Pastor Terry Jones, am neunten Jahrestag der Terroranschläge auf das *World Trade Center* und das Pentagon zum „International Burn a Koran Day" aufrief und selbst an diesem Tag 200 Exemplare des Koran verbrennen wollte, herrschte großes Medieninteresse – weltweit. Die Medien versuchten bewusst die Emotionen zu schüren. Terry Jones profitierte davon. Noch Anfang 2010 war er ein Niemand. Aber plötzlich war er in einer bizarren Machtposition, in der er die Medien für seine Lust an der Provokation und seinen Hass auf den Islam instrumentalisieren konnte.

Als dann US-Präsident Barack Obama, UN-Generalsekretär Ban Ki Moon, der Imam der Moschee in New York, die evangelische Weltorganisation und viele andere Hand in Hand zusammenarbeiteten, bis sie die Situation entschärft hatten, war die Enttäuschung der Medien fast greifbar. Über die Beilegung der Beinahe-Krise wurde dann auch gar nicht mehr berichtet.

„Boah! Hammer, was da hinten abgeht ...“

Die Medien können dieses Spiel nur spielen, wenn in der Bevölkerung eine solide Basis aus Katastrophenangst gelegt ist, sodass der Betroffenheitsmechanismus sofort zündet. Die weitverbreitete Angstlust, die das *Last Days Fever* schürt, Hollywood zur Produktion von Filmen veranlasst, in denen reihenweise das Weiße Haus und die Freiheitsstatue pulverisiert werden, die Erwartung des nächsten Erdbebens, des nächsten Tsunamis und des nächsten Super-GAUs – das alles ist schon da, die Medien und die Popkultur aktivieren es lediglich.

Die Frage ist also: Warum sind der Angstlevel, die Unsicherheit, die Einsamkeit und der Wunsch nach Veränderung so groß, dass dieses obskure Katastrophenspektakel funktioniert? Was stimmt nicht mit unserer inneren Verfassung, dass uns das ganze Endzeitspektakel nicht kalt lässt? Was ahnen wir, was befürchten wir? Wir müssen auch verstehen, dass dieses ganze Spiel, das *Last Days Fever*, das sich so wunderbar kommerzialisieren lässt, keine reale Veränderung des Verhaltens nach sich zieht. Die Betroffenheit führt nicht zu tief greifenden Veränderungen in den Werten für das Zusammenleben der Menschen. Was abläuft, sind Projektionen und vielleicht ein paar Euro Spendengelder. Letztlich ist es nur ein Spiel. Die Menschen sind in der Rolle des Zuschauers und nehmen teil an imaginierten Katastrophen, im Fernsehen, im Kino, vor dem Computer oder im Lesesessel, sie lassen die Emotionen aufschäumen, während sie ganz ruhig dort stehen, sitzen oder liegen, wo sie gerade sind.

Wir sind es gewohnt, schreckliche Bilder zu sehen, ohne dass dies unmittelbare Aktivitäten in der Realität von uns fordern würde. Die Welt geht unter und wir schauen zu, so haben wir uns konditioniert. Völlig verrückt wird das dann, wenn wir westliche Emotionskonsumenten dann plötzlich einmal zufällig in reale Katastrophen hineinrutschen. In einem in Thailand selbst gedrehten Urlaubsvideo vom Dezember 2004 ist der heranrollende Tsunami zu sehen. Der Hobbyfilmer hat sein Zeitdokument auf Youtube hochgeladen und unter „Khao Lak Tsunami“ zugänglich gemacht. Fast eine Million Mal wurde der Clip bereits angesehen.

Der Film zeigt die unglaubliche Gewalt, mit der das Wasser heranrast. Kaum auszuhalten ist, wie in der einen Minute noch Kinder auf Luftmatratzen im Meer schwimmen, wo gleich der Tsunami heranrollt. Aber das Verblüffendste an diesem Video sind die Kommentare des Filmers. Während er festhält, wie Menschen ums Leben kommen, große Schiffe kentern und Menschen unmittelbar vom Tode bedroht sind, bleibt er ganz gelassen und kommentiert das, was er sieht, staunend, als ob er auf dem Fernsehsessel säße. Er verlässt die Rolle des Zuschauers nicht, obwohl er sich selbst mitten in einer Katastrophe befindet. Seine Instinkte, sein gesunder Menschenverstand und seine Handlungslogik sind wie abgeschnitten, als ob er sich nicht als Teil der Realität wahrnimmt, die er filmt.

Mit ruhiger Stimme sagt er, während er am Strand steht, von dem sich das Wasser Hunderte Meter weit zurückgezogen hat, und zuschaut, wie die Welle kommt:

> „Da sind Kinder mit Flossen unterwegs. Die werden rausgezogen … Boah, mördermäßig. Dahinter kommt noch 'ne Größere … Heftig, oder? Alter Schwede!"

Seine Frau hat als erste eine Ahnung, dass etwas nicht stimmt, das Unbehagen ist in ihrer Stimme zu hören: „Da nehmen wir lieber die Kinder auf den Arm …" Er freut sich weiter über die Sensation: „Boah, Hammer, was da hinten abgeht … ich glaub', die Schiffe da, die haben da richtig Probleme …" Seine Frau mahnt immer eindringlicher: „Lass uns mal die Kinder …" Er weiter: „Was ist das? … Das Boot ist gekentert da hinten … Voll viele Fischerboote sind gekentert …"

Dann endlich. Als er die Thais hektisch davonrennen sieht, die Luftmatratzen mit den Kindern in der Gischt verschwunden sind und zwei große Militärschiffe von der Welle vollkommen verschluckt werden, dämmert ihm langsam, dass die Show bald ein schlimmes Ende für ihn und seine Familie haben könnte. Die Familie rennt los und bringt sich auf den Hügeln hinter dem Strand in Sicherheit, die Kamera läuft während der Flucht weiter.

Dann Schnitt: Die letzte Minute des Videos ist ein kurzer Bildbericht des Urlaubers. Während er die totale Zerstörung filmt, die sich am Fuße des Hügels und am Ufer ausbreitet, wo Hunderte von Menschen soeben gestorben sind und viele schwerverletzt auf Rettung warten, kommt der Urlauber mit ruhiger Stimme seiner Chronistenpflicht nach:

> „Alles zerstört da unten. Alles ist kaputt. Die große Welle ist da echt drüber. Bis zur Straße ist alles weg. Ich kann's nicht glauben. Die ganzen Bungalows, alles weg. Das ist ja 'ne Katastrophe ..."

Ja, richtig, das ist eine Katastrophe.

Kapitel 3

Der Fluch der Exponentialkurve

Die Seerose ist die Königin des Gartens. Diese wunderschöne Pflanze, die in zig Farben und Formen vorkommt und je nach Art herrlich duftet, lässt sich leicht im Teich in flacherem Wasser anpflanzen. Sie sucht sich später über die sich ausbreitenden Wurzeln auch einen Weg in den tiefer liegenden Grund.

Ist die Seerose gesund, blüht sie über den gesamten Sommer hinweg und ist ein echter Hingucker im Garten. Aber Vorsicht: Wenn die Bedingungen ideal sind, neigt sie zu starkem Wachstum. Zu sehr starkem Wachstum. Und wenn die Wasseroberfläche zu einem Großteil bedeckt ist, beeinträchtigt das die Sauerstoffaufnahme des Wassers und die Fische im Teich drohen zu ersticken.

Zu Beginn macht sich der Gartenbesitzer noch keine großen Sorgen. Seine neue Seerose gedeiht prächtig in seinem riesigen Teich und verdoppelt täglich die Fläche ihrer Schwimmblätter. Er will aber auf gar keinen Fall die Gesundheit seiner teuren Zierkarpfen riskieren und fragt daher den Nachbar, der Ingenieur ist, ob er einmal ausrechnen könne, wann die Seerose den Teich zugewuchert haben wird.

Der freundliche, aber etwas lakonische Nachbar schaut sich den Teich zwei Tage lang an und misst die Oberfläche der Schwimmblätter aus. Dann tippt er ein wenig auf seinem wissenschaftlichen Taschenrechner herum und sagt lapidar: „Am 30. Tag."

Okay, am 30. Tag ist der Teich zugewuchert. Dann ist ja noch etwas Zeit, bevor er die Anzahl der Wurzeln reduzieren muss, denkt der Hobbygärtner. Doch dann, nach drei Wochen, beginnt er an der Voraussage des Nachbarn zu zweifeln. Die Seerose bedeckt noch immer zu weniger als 1 Prozent die Oberfläche des Teichs. Am 25. Tag sind erst 3 Prozent bedeckt. Der Seerosen- und Zierkarpfenliebhaber zuckt die Schultern und fährt mit seiner Frau ins verlängerte Wochenende.

Wachsendes Wachstum

Wir Menschen der Neuzeit sind echte Fans der Exponentialkurve. Jedenfalls haben wir es geschafft, uns mit etlichen exponentiellen Prozessen zu umgeben und unser Leben in ihnen einzurichten. Wo wir auch hinschauen, alles Mögliche wächst exponentiell, z. B. das Kapital der Anleger, die in die Firma *Bernard Madoff Investment Securities LLC* investiert hatten. Irgendwann war Madoff einer der größten Händler an der elektronischen Börse *Nasdaq* in New York überhaupt. Er beschäftigte Hunderte von Maklern, betrieb eine Vermögensverwaltung für wohlhabende Privatkunden, Hedgefonds und andere institutionelle Anleger. Madoff drehte Milliarden.

Was keiner ahnte: Sein Investmentfonds war nichts anderes als das größte Anlegerbetrugssystem der Geschichte. Im Dezember 2008 flog Madoff auf: Er hatte 4.800 Anleger unmittelbar betrogen und dabei einen Schaden von ungefähr 65 Milliarden Dollar verursacht. Ungefähr drei Millionen Menschen aus 21 Staaten waren indirekt von diesem „ersten wirklich globalen Betrugsfall in der Geschichte" betroffen, wie es einer der rund 45.000 Anwälte ausdrückte, die mit dem Fall befasst waren. Am 29. Juni 2009, nach einem ungewöhnlich rasanten Prozess, wurde Madoff zu 150 Jahren Haft verurteilt.

Was passiert war, ist im Nachhinein leicht zu erklären: Madoff nahm über viele Jahre einfach das Geld der neuen Anleger, um die Renditeerwartungen der alten Anleger zu befriedigen, anstatt das Geld anzulegen. Durch die glänzenden Renditezahlen, die auf diese Weise darstellbar waren, war sein Fonds sehr attraktiv, was immer neue Anleger anzog.

Ein solches System heißt „Schneeballsystem", das Prinzip ist dasselbe wie bei einem Kettenbrief: Jeder Absender, der mitmacht, versendet zwei oder drei oder vier neue Briefe an Empfänger, die wiederum jeweils zwei oder drei oder vier neue Briefe versenden usw. Genauso erforderte jeder neue Anleger, dass weitere Anleger hinzukamen, damit die immer größer werdenden Renditeauszahlungen finanziert werden konnten. So wie ein Schneeball, der den Hang hinunterrollt, zunächst kleine Schneemengen aufrollt, dadurch größer wird und noch mehr Schnee aufnimmt und immer weiter anwächst, bis er schließlich zur Lawine wird.

Madoffs Schneeballsystem funktionierte jahrzehntelang und saugte viele Milliarden Kapital an. Erst als einer seiner Kunden mehrere Milliarden Dollar auf einmal zurückforderte, kollabierte der ganze Schwindel. Innerhalb weniger Stunden stand das FBI vor seiner Tür und klingelte. Er öffnete die Tür, einer der Beamten fragte ihn, ob es denn eine harmlose Erklärung für den Verdacht gäbe, der im Raume stünde.

„Es gibt keine harmlose Erklärung", erwiderte Madoff. „Ich habe Investoren mit Geld bezahlt, das nicht existiert. Ich bin pleite."

Dass aus wenigen Tausend Dollar irgendwann gigantische Summen werden, dass aus wenigen Millionen Menschen irgendwann Milliarden werden, dass aus wenigen geschlagenen Bäumen irgendwann verödete Flächen riesigen Ausmaßes werden, das ist das Wesen der Exponentialkurve: Exponentielles Wachstum erzeugt immens große Zahlen. Und obwohl wir von ihnen umgeben sind und obwohl wir immer neue Exponentialkurven erschaffen, verstehen wir sie kaum.

Mit linearen Anstiegen kennen wir uns aus. Das ist überschaubar und entspricht unserer Erfahrungswelt: Ich schaffe so und so viele Anschläge pro Minute. Ergo: Wenn ich so weiterschreibe, bin ich dann und dann fertig. Wenn meine Mitarbeiter 600 Pakete am Tag packen können, sind das in einer Arbeitswoche 3.000 Pakete. Wenn ich noch ein weiteres Bier trinke, bin ich über der Promillegrenze und darf nicht mehr Auto fahren. Das ist planbar – und wichtiger Bestandteil unserer westlichen Zivilisation ist das Planen. Genau das macht ja auch unseren wirtschaftlichen und materiellen Erfolg aus.

In ein Achsenkreuz eingetragen, bei dem auf der waagerechten Achse die Zeit verläuft und auf der senkrechten Achse die konstanten Zuwächse aufgetragen werden, sehen wir eine Linie. Konstante Zuwächse wie „jeden Tag acht neu geschriebene Seiten“ oder „jedes Jahr 100.000 Euro mehr“ ergeben lineare Kurvenverläufe. Damit lässt es sich gut rechnen.

Bei einer Exponentialkurve aber bleibt der Anstieg nicht gleichbleibend, sondern wächst mit dem Anstieg der Kurve mit. Je größer der Wert wird, desto größer wird auch der Zuwachs. Immer wenn wir den Zuwachs in einem Prozentsatz angeben können, ist die Kurve exponentiell. Berühmtestes Beispiel für den Prozentsatz 100 bzw. die Verdopplung pro Zeiteinheit ist die Geschichte mit dem Schachbrett und dem Reiskorn, die in vielen Variationen kursiert:

> „Der indische Herrscher Shir Khan war ein Tyrann. Der weise Brahmane Sissa wollte ihn darauf aufmerksam machen, dass es keine gute Idee war, die Untertanen in Angst und Schrecken zu versetzen und in Not und Elend zu stürzen. Einen Tyrannen auf seine Fehler hinweisen? Das kann gefährlich werden. Also dachte sich der schlaue Mann ein Spiel aus: Ein Spiel, bei dem die wichtigste Figur – natürlich der König – ohne seine Untertanen nichts ausrichten kann: Auf 64 Feldern halfen Bauern, Türme, Pferde und andere Figuren dem König, das Spiel zu gewinnen. Sissa brachte Shir Khan das Spiel bei – und es verfehlte seine Wirkung nicht: Der Tyrann liebte das Spiel und wurde mit der Zeit milder. Und weil ihm das selbst guttat, gewährte er dem weisen Sissa aus Dank einen Wunsch.
>
> Der Brahmane überlegte nicht lange: Reiskörner! Ein Reiskorn für das erste Feld des Schachbretts, die doppelte Menge, also zwei Reiskörner, für das zweite Feld, macht zusammen drei. Dann wieder die doppelte Menge, also sechs Körner für das dritte Feld, macht zusammen neun Reiskörner usw. Als der König diesen Wunsch hörte, musste er laut lachen. War der Brahmane übergeschnappt? Bekommt einen freien Wunsch beim Herrscher und will dafür nur ein paar läppische Reiskörner? – ‚Gewährt!‘

> Doch nach ein paar Tagen waren die Lagerverwalter des Herrschers immer noch dabei, auszurechnen, wieviel Reis Sissa denn nun zustehe. Einen Monat später kam der Verwalter der Essensvorräte vor den Thron und warf sich vor Shir Khan in den Staub: Er meldete, dass es im ganzen Reich nicht genügend Reiskörner gebe, um Sissa auszuzahlen. Benötigt würden 18.446.744.073.709.551.615 Reiskörner. Im ganzen Reich würden aber nicht einmal ein Tausendstel eines Tausendstels davon wachsen – Shir Khan erbleichte.“

Und zu Recht. Würde man die 100 Milliarden Lkws, die zum Verladen dieser Menge Reis notwendig wären, Stoßstange an Stoßstange warten lassen, bräuchte man eine Zufahrt zur Reiskammer von der Länge der fünffachen Entfernung der Erde zur Sonne. Exponentielle Kurven sind zu Beginn sehr flach. Aber irgendwann werden sie sehr steil und dann werden die Zahlen sehr, sehr groß.

In diesem Lichte betrachtet mag es verwundern, dass wir uns angewöhnt haben, das Wirtschaftswachstum in Prozent gegenüber dem Vorjahr zu messen und ständig 3 Prozent oder mehr zu fordern bzw. den 5 oder mehr Prozent von früher hinterherzutrauern. Bei Lichte betrachtet ist es gar nicht anders möglich, als dass das prozentuale Wachstum der Wirtschaft einige Jahrzehnte nach dem Krieg nach und nach kleiner wird. Denn wäre die Wachstumsrate konstant bei 5 oder gar 10 Prozent, dann würde die Wirtschaft ja exponentiell wachsen und die gigantisch großen Zahlen, die dabei entstünden, wären schlicht unrealistisch. Vermutlich ist das Wachstum von Volkswirtschaften niemals exponentiell, und wenn, dann immer nur wenige Jahre lang. Dass wir es dennoch normal finden, das Wirtschaftswachstum in Prozent anzugeben statt einfach in absoluten Zahlen, also in Milliarden Euro, und dass wir über das unweigerliche Schrumpfen der Prozentzahl nach einiger Zeit enttäuscht sind und den in unseren Augen unfähigen Politikern die Schuld dafür geben, zeigt, wie unbeholfen wir im Umgang mit dynamischen Entwicklungen sind.

Auch an Aktienkurse oder Renditen von Kapitalanlagen legen wir immer prozentuale Wachstumsraten als Maßstab an. Produktivitätszuwächse, das Umsatzwachstum von Unternehmen, werden in Prozent angegeben. Wir sind es gewohnt, exponentielle Kurven zu fordern. Und wir produzieren sie auch, wenn auch immer nur für gewisse Zeit. Und manchmal erzeugen wir sogar Kurven, die noch schneller wachsen als exponentielle Kurven: Im Jahr 1650 gab es etwa eine halbe Milliarde Menschen auf der Welt. Die Wachstumsrate betrug damals etwa 0,3 Prozent. 240 Jahre hätte es gedauert, bis sich die Weltbevölkerung verdoppelt hätte. Wenn diese Rate konstant geblieben wäre, dann wäre die erste Milliarde um das Jahr 1900 voll gewesen. Tatsächlich aber war die Weltbevölkerung bis zum Jahr 1900 bereits auf 1,6 Milliarden Menschen angewachsen, was einer Zunahme um ca. 0,7 bis 0,8 Prozent entsprach. Für eine Verdopplung waren bei diesem Wachstum nur noch ungefähr 100 Jahre nötig. Die Wachstumsrate blieb also nicht konstant wie bei exponentiellen Kurven, sondern hatte sich ihrerseits mehr als verdoppelt. Eine solche Kurve heißt superexponentiell. Und in diesem Tempo ging es weiter: Im Jahr 1965 lebten auf unserem Planeten bereits 3,3 Milliarden Menschen. In den 1970er-Jahren wurde den Kindern an den Schulen die Bevölkerungszahl 4 Milliarden beigebracht. Als diese Kinder Mitte der 1980er-Jahre Abitur machten, waren es schon 5 Milliarden. Noch vor der Jahrtausendwende wurden die 6 Milliarden erreicht. Allein im 20. Jahrhundert hatte sich die Weltbevölkerung damit vervierfacht – ein in der Geschichte der Menschheit einmaliger Vorgang. Heute sind es 7 Milliarden, 2025 werden es 8 Milliarden sein, 2050 fast 10 Milliarden, und dann wird die Kurve so richtig steil – außer es kommt etwas dazwischen …

Erzeugt wurde dieses Hyperwachstum durch viele Faktoren, einer davon war die Zunahme der Lebenserwartung, die im 19. Jahrhundert steil anstieg und zwar, jawohl, exponentiell.

Wie der Kollaps funktioniert

Wir neigen zur Maßlosigkeit, das ist schon nahe am Kern des Problems. Nehmen Sie zum Beispiel den Ölpreis – oder noch besser: das Volumen des an den Terminbörsen über Future-Kontrakte gehandelten Rohöls. Die Kurve sieht aus wie alle exponentiellen Kurven: Über Jahrzehnte fristet der Derivatehandel mit Rohöl ein Schattendasein, die Kurve ist flach wie Holland. Doch dann plötzlich, um das Jahr 2000 herum, kommt plötzlich Leben in die Bude. Die Exponentialkurve geht in ihren Knick und wird rasch immer steiler. Mittlerweile beträgt das Volumen des über Future-Kontrakte gehandelten Öls ein Vielfaches der tatsächlich gelieferten Mengen. Der Finanzderivatemarkt hat sich vollends abgekoppelt von den realen Mengen. Denn nur noch 5 Prozent aller Future-Kontrakte werden am Ende der Laufzeit in realen Öllieferungen abgewickelt, der größte Teil dagegen in Ausgleichszahlungen – mit Geld, das wiederum nur virtuell im Computer vorhanden ist. Die Investments in Rohstoffindizes haben sich allein in den fünf Jahren von 2003 bis 2008 verzwanzigfacht! Das einzige Interesse der Anleger, die in solche Zertifikate investieren, besteht in der Wette auf steigende Ölpreise.

Ähnlich maßlos-exponentiell sieht übrigens die Verschuldungskurve der USA aus. Oder die Kurve der mit Windenergie erzeugten Strommenge. Oder die Zahl der Nachkommen der im Jahr 1859 in Australien ausgesetzten 24 Kaninchen. Und genauso sehen viele andere moderne Entwicklungen aus. Immer dort, wo Menschen ins Spiel kommen, scheinen wir Exponentialkurven in Gang zu setzen.

Wachstum scheint unser ständiger Begleiter zu sein. Wachstum des verfügbaren Wissens, Wachstum der transportierten Güter auf der Welt, Wachstum des Bruttonationaleinkommens pro Kopf, Wachstum der Rüstungsausgaben, Wachstum der Zahl der Gerichtsprozesse, Wachstum der transferierten Datenmenge, Wachstum, Wachstum, Wachstum.

Und wir scheinen uns an den Gedanken gewöhnt zu haben, dass alles wächst und immer wachsen kann. Denn Wachstum finden wir erst einmal gut. Wachstum ist grundsätzlich positiv, denn was wächst, gedeiht. Aber in unserer Welt gilt genauso: Alles, was gedeiht, stirbt auch irgendwann. Alles, was wächst, bricht auch wieder zusammen. Jedes Wachstum ist immer nur temporär. Eine Straße beispielsweise wächst, während sie gebaut wird, sagen wir einmal, pro Tag um sechs Kilometer. Das geht immer so weiter, Tag für Tag, und wir können mit guter Begründung von einem linearen Wachstum der Straßenlänge sprechen. Aber irgendwann ist die Straße fertig gebaut, die Maschinen werden abgezogen, das Wachstum endet abrupt und stoppt bei null.

Oder nehmen wir einen Baum, eine Zitterpappel, die 60 Jahre lang wächst, jedes Jahr um ungefähr einen halben Meter. Irgendwann ist die maximale Baumhöhe erreicht, im Falle der Zitterpappel bei ungefähr 30 Meter. Der Baum bleibt dann zwar noch einige Jahrzehnte am Leben, bevor er abstirbt, aber er wächst nicht mehr weiter. Nichts in der Natur wächst immer weiter. Irgendwo gibt es in allen biologischen, chemischen und physikalischen Systemen einen begrenzenden Faktor, einen Sättigungsgrad, der irgendwann erreicht wird.

Erst recht gilt das für exponentielle Kurven. Da sogar besonders schnell. Typischerweise verlangsamt sich am Sättigungspunkt das Wachstum, die aufstrebende „Linkskurve“ geht für kurze Zeit in eine Gerade über und dann in eine „Rechtskurve“. Aus der exponentiellen Kurve ist dann eine s-förmige, eine sogenannte logistische Kurve geworden. Sie erreicht dann ihren höchsten Punkt, den Peak, danach gibt es zwei typische Szenarien: Entweder flacht sich die Kurve ab, weil ein stabiler Endzustand erreicht wurde, oder die Kurve bricht abrupt zusammen.

Der Wechselkurs der Reichsmark gegenüber dem Dollar während der Inflation 1923 ist so ein Beispiel. Zu Beginn der 1920er-Jahre kostete ein Dollar konstant ungefähr 50 bis 70 Reichsmark. Allerdings hatte die Exponentialkurve bereits eingesetzt und die Währung geriet immer schneller außer Kontrolle. Zu Beginn des Jahres 1923 wurde die Kurve dann immer steiler, die Wechselkurse wurden immer absurder. Als am 15. November 1923 ein Dollar schließlich 4.200 Milliarden Reichsmark wert war, brach die Kurve plötzlich ab – die Reichsmark existierte schlichtweg nicht mehr. (Ein perfektes Beispiel für eine Exponentialkurve ist die dramatische Entwicklung der Weltwirtschaftskrise, und wie sich der Währungsverfall im Leben der Bürger auswirkte. Einen achtseitigen Artikel dazu finden Sie auf der Webseite www.hoellensturz-hoffnung.de.)

Noch ein weiteres Beispiel: Griechenland war einstmals stark bewaldet. In der Antike setzte dann der Holzabbau ein. Die aufstrebende menschliche Zivilisation baute viele Häuser und Schiffe, außerdem wurde das Holz zur Verhüttung von Erz verbrannt. Der Holzbedarf stieg immer weiter. Zu Beginn konnten die Wälder sich noch regenerieren und den Holzeinschlag ausgleichen. Ein stabiles Gleichgewicht wäre möglich gewesen, wenn der Holzabbau im Sinne einer linearen Kurve konstant geblieben wäre. Aber es waren ja Menschen, also musste es eine exponentielle Kurve sein. Immer größere Kahlschlagflächen fraßen Löcher in die Küstenwälder. Der Boden wurde vom Wind davongetragen oder vom Regen weggespült, die Fläche des fruchtbaren Waldbodens verringerte sich. Aber der Holzbedarf stieg immer weiter, während der Waldboden immer stärker erodierte. Am Ende ging es ganz schnell und Griechenland war plötzlich so gut wie waldfrei. Und das bedeutet, nicht nur frei von Bäumen, sondern auch frei von Waldboden. Der Wald war für immer verschwunden. Und das war auch gleichzeitig der abrupte Endpunkt der exponentiellen Holzwirtschaftskurve in Griechenland. Noch heute staunen wir über den kargen Charme der griechischen Karstlandschaft, einer Art mediterranen Wüste – und können uns gar nicht vorstellen, dass diese knochentrockenen Landstriche einstmals von üppigen Wäldern bedeckt waren.

Schlauer geworden sind wir durch diese Erfahrungen keineswegs. Einen ganz ähnlichen Zusammenbruch durch Überbewirtschaftung erleben wir gerade möglicherweise beim weltweiten Fischfang. Wir können den Kollaps quasi live miterleben, falls er sich tatsächlich gerade ereignet. Obwohl die Fischfangflotten eine enorme technische Aufrüstung betreiben, können sie ihre jährlichen Fangerträge im Moment nicht mehr weiter steigern, sie verharren seit ein paar Jahren bei ungefähr 90 Millionen Tonnen Fisch. Der Peak ist erreicht. Wenn das bedeutet, dass die Fischpopulationen sich nicht mehr regenerieren können und dabei sind, zusammenzubrechen, ist damit auch der plötzliche Zusammenbruch der Ernährungsgrundlage von mehr als einer Milliarde Menschen besiegelt. Wir können aber noch hoffen, dass die biologische Reproduktion der Fischschwärme sich mit den Fangquoten der Menschen in einem

Gleichgewichtszustand einpegelt und die Fischfangkurve in einen stabilen Zustand übergeht. Schon in den nächsten Jahren werden wir sehen, was passiert. Wirklich voraussagen können wir es nicht, denn wir können die komplexen Prozesse in der Natur, vor allem in den Meeren, noch nicht vollständig verstehen.

Was wir aber wissen: Komplexe Systeme können sich unberechenbar verhalten, sie können zwischen zwei Zuständen hin- und herpendeln, sie können sich abflachen und auf einen stabilen Zustand einpegeln, sie können sich zu unkontrollierbaren Ausbrüchen hochschaukeln und sie können kollabieren. Typischerweise ist der Zeitraum zwischen der Erkenntnis, dass etwas unweigerlich aus dem Ruder laufen könnte, und dem Zeitpunkt der Unumkehrbarkeit des Eintretens dieser Voraussage bei komplexen Systemen und exponentiellen Kurven sehr gering: Der *Point of no Return* kommt rasend schnell. Das ist wie beim Start eines Flugzeugs: Irgendwann auf der Startbahn ist der *Point of no Return* gekommen, ab diesem Moment ist die Startbahn zu kurz, um noch ohne Crash abbremsen zu können. Der Pilot hat dann keine Wahl mehr, das Flugzeug muss abheben oder es zerschellt.

Denselben Effekt gibt es bei der Überquerung eines Ozeans mit dem Flugzeug: Wenn nicht mehr genügend Kerosin an Bord ist, um umzukehren, muss der Pilot das Meer überqueren, die Option des Umkehrens ist ab diesem Zeitpunkt nicht mehr existent.

Solange dieser *Point of no Return* sich noch gut berechnen lässt, ist er beherrschbar, aber überall dort, wo er sich nicht genau bestimmen lässt, gehen wir große Risiken ein. Wir spielen mit solchen komplexen, unberechenbaren Systemen wie mit den Holzstäbchen im *Jenga*-Spiel, welche die Spieler abwechselnd zu einem „Wackelturm" aufeinanderstapeln. Es entstehen wackelige Gebilde, immer höher. Es ist klar: Irgendeines der nächsten Holzstäbchen wird den Turm zum Einstürzen bringen. Man weiß nur nicht, welches. Wenn er einstürzt, kann man nicht sagen: Okay, dann lasse ich es. Ich lege dieses Stäbchen lieber doch nicht auf den Turm. Es ist dann zu spät. Der Spieler verliert. Denn er hat den „Strohhalm aufgeladen, der dem Kamel das Kreuz gebrochen hat", wie ein englisches Sprichwort sagt.

Wenn der *Point of no Return* naht, dann sagen wir oft: „Es ist fünf vor zwölf." Dabei wissen wir dann meistens schon nicht mehr, ob wir den Zeitpunkt der Unumkehrbarkeit nicht schon längst überschritten haben. Das gilt vor allem für exponentielle Kurven: Der Seerosengärtner kehrt vom verlängerten Wochenende heim und steht fassungslos vor dem, was noch vor fünf Tagen sein Teich gewesen ist. Als er ins Wochenende gefahren war, waren erst 3 Prozent der Wasseroberfläche von Seerosenblättern bedeckt. Er hatte sich keine Sorgen um seine teuren Zierkarpfen gemacht. Und jetzt? Jetzt sind sie alle tot, erstickt – und treiben mit den Bäuchen nach oben zwischen den dicken dunkelgrünen Blättern, die dicht an dicht stehen und kaum ein Fensterchen Wasseroberfläche durchblicken lassen. Der Teich ist restlos zugewuchert. Es ist der 30. Tag. Sein kauziger Nachbar, der die Katastrophe exakt vorhergesagt hat, winkt herüber. „Exponentiell", sagt er traurig und zuckt mit den Schultern.

Regelkatastrophen

Wir können die Katastrophe also zuerst meistens gar nicht erkennen. Und wenn wir sie noch vor Eintreten des Zusammenbruchs erkennen, ist es oft schon zu spät, der *Point of no Return* ist bereits überschritten. Aber es kommt noch schlimmer: Selbst wenn wir eine drohende Katastrophe noch so rechtzeitig erkennen, dass uns Zeit zum Handeln bleibt, können wir in vielen Fällen das komplexe und dynamische System, mit dem wir den Kampf aufgenommen haben, trotzdem nicht beherrschen.

Es ist wie bei einem Wohnwagenanhänger, der auf der Autobahn plötzlich anfängt zu schlingern. Das Auto und der Wohnwagen bilden dann ein komplexes Schwingungssystem: Der durch eine Lenkbewegung des Fahrers oder durch einen Windstoß von der Seite leicht ausbrechende Wohnwagen wird durch die Anhängerkupplung zurückgelenkt, der Schwung des Wohnwagens genügt aber, um ihn über die Mittelachse hinaus auf die andere Seite zu tragen. Dort beginnt das Gleiche von vorn.

Wenn nun die Achsabstände, Gewichte und Geschwindigkeiten in einem günstigen Verhältnis zueinander stehen, wird die Schwingung gedämpft, die Amplitude, also der Schwingungsausschlag verringert sich mit jedem Zyklus und das Schlingern verebbt.

Das komplexe System hat aber noch einen Faktor, der die Komplexität erhöht: den Fahrer. Erschrocken von der plötzlich auftretenden Schlingerbewegung, die auch den Pkw erfasst, versucht er womöglich instinktiv gegenzulenken. Dabei einen dämpfenden Effekt auf die Schwingung auszuüben, ist aber sehr schwierig und würde ein exaktes Timing erfordern. Die meisten Lenkbewegungen haben dann eher den gegenteiligen Effekt: Sie geben der Schwingung neue Energie und erhöhen den Schwung. Statt zu einer Dämpfung kommt es dann zu einer Verstärkung, das Schwingungssystem schaukelt sich hoch und im Nu fliegt der Wohnwagen mit Karacho durch die Gegend, es kommt zu einem schweren Unfall.

In vielen Fällen haben wir Menschen bereits die Erfahrung gemacht, dass Eingriffe in komplexe Systeme genau den gegenteiligen Effekt haben als den angestrebten. Der Fachbegriff dafür ist der der „Regelkatastrophe". Eingriffe in Ökosysteme sind typisch dafür: Ökosysteme sind grundsätzlich recht stabile Zustände von komplexen Systemen. Eine gewisse Anzahl von Läusen auf dem Kohl steht zum Beispiel in einem bestimmten Verhältnis zu der Zahl der Läuse vertilgenden Fressfeinde, nehmen wir Florfliegen, deren Larven die Blattläuse aussaugen – ein Verhältnis, das nur wenig um einen Gleichgewichtszustand schwankt. Vermehren sich die Läuse, weil es gerade weniger Florfliegenlarven gibt und dadurch mehr Läuse überleben, dann wird dadurch das Nahrungsangebot für die Florfliegenlarven größer, es verhungern weniger von ihnen und mehr von ihnen pflanzen sich fort, die Florfliegenpopulation wächst und dezimiert durch ihren Hunger in der nächsten Generation wiederum die Läuse. Dadurch sinkt das Nahrungsangebot für die Florfliegenlarven, weniger von ihnen können sich fortpflanzen und der Kreislauf tritt in einen neuen Zyklus ein. Die Schwingungsausschläge sind bei diesem komplexen System so gedämpft, dass ein dynamischer Stabilitätszustand vorherrscht, ein sich selbst regulierendes System.

Aber da ist auch noch der Gärtner. Ihn ärgern die Läuse, denn sie schränken seine Ernte ein. Und überhaupt findet er sie eklig. Also spritzt er Gift. Dadurch werden aber nicht nur die Läuse, sondern auch die Florfliegen getötet. Weil aber die Population der Fressfeinde an die Population der Beute gekoppelt ist, hinkt die Kurve der Florfliegen der Kurve der Läuse zeitlich immer etwas hinterher. Das bedeutet auch, dass sich der Bestand der Läuse nach der Giftattacke schneller erholt. Nun startet die neue Läusegesellschaft aber in eine Art Paradies: keine Florfliegen weit und breit! Es setzt eine Form von Wirtschaftswunder ein und die Population der Läuse explodiert. Was tut der Gärtner? Mehr Gift spritzen. Was machen die Florfliegen? Noch mehr sterben. Was machen die Läuse: Sich noch hartnäckiger vermehren. Was tut der Gärtner? Mehr Gift spritzen. Das System ist in eine Regelkatastrophe ausgebrochen. Am Ende muss der Gärtner den Kohl wegwerfen, denn er ist durch das viele Gift ungenießbar geworden.

Eingriffe in komplexe Systeme sind grundsätzlich risikoreich, denn wir verstehen die nichtlinearen Zusammenhänge zu wenig und können in chaotischen Zuständen oft nur das Chaos vergrößern. Insbesondere besteht bei komplexen Systemen, die den Zustand des Fließgleichgewichts verlassen haben, immer das Risiko der totalen Katastrophe. Ein abgeholzter Urwald ist für immer verloren, er lässt sich nachträglich auch nicht mehr aufforsten. Ein abgestorbenes Korallenriff ist für immer tot und lässt sich nicht mehr reanimieren. Eine ausgestorbene Tierart ist für immer ausgestorben. Diese unbeherrschbaren Pendelausschläge, diese abrupten Zustandsänderungen, die Punkte der Unumkehrbarkeit, die Regelkatastrophen und die Totalzusammenbrüche machen es uns so schwer, in komplexen Situationen das Richtige zu tun.

Nun sind aber kulturelle und gesellschaftliche Systeme noch um ein Vielfaches komplexer als physikalische oder biologische Systeme. Die Zyklen der ökonomischen Reproduktion, die technologischen Entwicklungssprünge, die wechselseitigen kulturellen Bezüge, die Zusammenhänge von Geburtenrate, Ökonomie, Kultur, individuellem Verhalten, biologischer und sozialer Vererbung usw. sind so komplex und vielschichtig, so vielfach aufeinander bezogen und rückgekoppelt, dass Kulturgemeinschaften wie unsere westliche, von Christentum, Demokratie und Technologie geprägte Gesellschaft sich in großer Dynamik verändert und zu starken Pendelschwingungsbewegungen neigt. In solchen Metasystemen, die aus vielen interdependenten Untersystemen bestehen, kommt es unweigerlich immer wieder zu Entgleisungen von Gleichgewichtszuständen, beispielsweise zu Ausbrüchen von Gewalt oder zu Zusammenbrüchen von Teilsystemen.

Da brechen manchmal Währungen zusammen, Unternehmen gehen Pleite, Branchen trocknen aus, Konjunktureinbrüche ereignen sich, öffentliche Kassen überschulden sich, der Verkehr in großen Städten kollabiert, Kriminalitätsraten explodieren, Börsenkurse brechen ein, Spekulationsblasen platzen, Wasserknappheit ereignet sich, gewaltbereite Gruppierungen bilden sich und verbreiten Angst und Schrecken, soziale Transfersysteme werden unfinanzierbar, Steuerflucht setzt ein, Massenzuwanderung, Politikverdrossenheit, Bildungsnotstand, Stromausfall, Pillenknick – in menschlichen Gesellschaften ereignen sich ständig Katastrophen, kleine, große oder sehr große Katastrophen, die aus einer bestimmten Perspektive nichts anderes sind als außer Kontrolle geratene Pendelausschläge von komplexen Untersystemen.

Selbst die großen Verwerfungen des 20. Jahrhunderts, die Diktaturen des Nationalsozialismus und Kommunismus, lassen sich als außer Kontrolle geratene kulturelle Pendelausschläge mit katastrophalen Auswirkungen deuten. Insgesamt allerdings hat bislang noch keine der vielen Katastrophen eines Untersystems das Metasystem der christlich geprägten, hoch technisierten westlichen Gesellschaft zum Kollabieren gebracht. Bisher hat jede der eingetretenen kleinen oder großen Katastrophen eine relative Zerstörung verursacht. Aber das Metasystem unserer Gesellschaft konnte all das kompensieren und sich immer wieder regenerieren. Wäre aber eine Metakatastrophe mit totaler Zerstörung unserer Kultur denkbar?

Was wir jedenfalls wissen: Zu Beginn sieht die totale Zerstörung eines komplexen Systems aus wie ein einfacher Pendelausschlag. Zu Beginn lässt sich der beginnende Kollaps nicht unterscheiden von einer gedämpften Schwingung. Exponentialkurven beginnen harmlos und unauffällig. Und wenn irgendwann die ansteigende Problematik augenfällig wird, ist typischerweise der *Point of no Return* schon ganz nah. Die Zeit der Erkenntnis vor dem Zusammenbruch ist nur ein kurzer Augenblick, bevor das Unheil unaufhaltsam seinen Lauf nimmt. Und Eingriffe in schwingende Systeme können darüber hinaus auch noch alles schlimmer machen.

Was wäre dann, wenn die einzelnen Untersysteme im Innern unserer Zivilisation, die inneren Organe des Organismus „westliche Gesellschaft" in großer Zahl bereits in heftigen Pendelbewegungen ausschlagen und sich so ungünstig beeinflussen, dass sie sich gegenseitig verstärken? Was, wenn diese auf Katastrophen zusteuernden Systeme sich zu Kettenreaktionen formieren? Was, wenn diese Entwicklung schon längst begonnen hat, was uns gerade so langsam dämmert?

Die Amplituden werden jedenfalls größer. Jede Wirtschaftskrise, jede platzende Spekulationsblase der letzten Jahre war größer als die anderen zuvor. Und die Einschläge rücken immer näher zusammen, das Tempo nimmt zu: Ölkrise, zweite Ölkrise, Japankrise, Asienkrise, Dotcom-Krise, US-Immobilienkrise, Finanzkrise, Eurokrise, Schuldenkrise – wir bekommen mittlerweile den Kopf gar nicht mehr aus dem Wasser. Was, wenn das nur ein Symptom dafür ist, dass sich die Wirtschafts- und Finanzsysteme gerade unkontrollierbar aufschaukeln?

Was, wenn der wirtschaftliche Druck auf die Unternehmen dadurch so groß wird, dass das Tempo und die Verdichtung der Arbeit immer schneller zunehmen? Was, wenn die Menschen den immer weiter steigenden psychischen, seelischen und physischen Belastungen in der Arbeit nicht mehr standhalten können? Sind die explodierenden Burnout-Kurven der entscheidende Hinweis darauf, dass sich genau das gerade ereignet? Was, wenn das zu immer tiefer gehenden Sinnkrisen in der Bevölkerung führt? Was, wenn das eine der wesentlichen Ursachen für den Geburtenrückgang ist? Was, wenn die Überalterung, die Überschuldung, die Zunahme der Gewalt, die Verschlechterung der Volksgesundheit und vieles mehr alles positiv rückgekoppelte, also sich gegenseitig aufschaukelnde Systeme sind? Und was, wenn jetzt, da wir die Züge einer Metakrise so langsam erkennen, der *Point of no Return* bereits längst hinter uns liegt?

Aber wie gesagt: Zu Beginn sieht eine totale Katastrophe aus wie eine Pendelbewegung. „Das gab's doch schon immer!", hören wir. „Da haben wir doch schon ganz andere schlimme Sachen überlebt." „Das wird schon wieder." – Wir wiegen uns gerne in Sicherheit und übersehen, dass es in komplexen Systemen eine Art der Entwicklung gibt, die unumkehrbar ist: den totalen Zusammenbruch.

Leben im Knick der Kurve

Eine unserer Großmütter ging einmal jedes Jahr in den Urlaub nach Baden-Baden. Am Tag vor ihrer Abreise schickte sie den Koffer voraus. Vom Erzgebirge aus reiste sie dann am ersten Tag bis nach Fulda. Dort kehrte sie ein, aß zu Abend, ging ins Bett und schlief eine Nacht. Am nächsten Morgen, nach dem Frühstück, ging es dann weiter. Nach einem langen zweiten Reisetag kam sie dann abends von den Reisestrapazen erschöpft, aber glücklich, in Baden-Baden an.

Chemnitz-Karlsruhe? Das ist heute ein Witz. Vier Stunden mit dem Auto. Da kann man den ersten Termin in Baden-Baden noch auf 9.00 Uhr legen und steht einfach ein wenig früher auf. In unseren Terminkalendern heute steht in so mancher Woche an jedem Tag eine Stadt in einem anderen Land.

Aber nicht nur die Menschen, auch die Waren werden immer schneller und immer weiter transportiert. Früher musste man zuweilen mehrere Monate auf die Lieferung einer Bestellung warten. Heute bestellt man übers Internet spätabends – und am nächsten Morgen ist das Päckchen da. Und künftig gilt: Unternehmen, die das nicht leisten können oder wollen, sind einfach weg vom Fenster. Das ist keine Frage von gut oder schlecht, von machen oder sein lassen, sondern das sind künftig einfach die Rahmenbedingungen des Wirtschaftens.

Auch innerhalb der Unternehmen rollt der Zug in immer höherem Tempo. Ständige Optimierungen an Produkten, Prozessen und Personal sind notwendig geworden, sonst sinkt die Wettbewerbsfähigkeit in rasender Geschwindigkeit, der Aktienkurs fällt, die Finanzierungsgrundlage bricht weg, das Aus droht. Die Globalisierung heizt diesen Geschwindigkeitswettbewerb weiter an: jeder gegen jeden – rund um die Uhr und rund um die Welt.

Viele fragen sich: Warum passiert all das gerade jetzt? Aber das ist eine Täuschung. Das passierte schon immer, nur lebten wir bislang am Anfang, sozusagen im flachen Teil der Exponentialkurve. Mittlerweile sind wir im Knick angekommen, ab jetzt wird die Kurve immer steiler.

Diese stetige Tempobeschleunigung ist intrinsisch, liegt im Menschen begründet. Sie ist nicht grundsätzlich zu verdammen, sie geschieht zwangsläufig, weil wir Menschen so sind. Es gäbe keine Spitzenleistungen, wenn es nicht so wäre. (Den *Focus*-Artikel „Die Jahre, in denen die Welt den Turbo einlegte" finden Sie auf der Webseite www.hoellensturz-hoffnung.de.)

Und so schufen wir eine Informationstechnologie, die Mikroprozessoren in einer exponentiell zunehmenden Geschwindigkeit entwickelt, deren Speicherdichte sich alle 18 Monate verdoppelt, wie der Mitbegründer des Prozessorherstellers *Intel* Gordon Moore in den 1970er-Jahren mit erstaunlicher Präzision prognostizierte.

So schufen wir das Internet, Personal Computer und Handys, die alles um uns herum nur noch mehr beschleunigten. Unser Wissen verdoppelt sich mittlerweile alle drei, vier oder fünf Jahre, in manchen Wissensfeldern sogar alle zwei Jahre. Es werden ständig neue Zusammenhänge geschaffen, die kaum noch durchschaut werden. Einer dieser neu geschaffenen Zusammenhänge sind die sozialen Netzwerke. Wer sich die Nutzerzahlen bei *Facebook* oder *Twitter* anschaut, kommt nicht umhin, von der ersten großen Völkerwanderung dieses Jahrtausends zu sprechen.

Dabei müssen wir verstehen lernen, dass das erst der Anfang ist. Wir leben erst im Knick der Kurve, wir spüren erst so langsam, wie schnell und wie komplex es noch werden wird. Mit den heutigen Vorboten können wir im Allgemeinen noch ganz gut umgehen. Einige Menschen allerdings nicht. Die fallen heute schon durchs Raster. Doch für die meisten von uns ist das Tempo gerade noch gut verkraftbar. Und gerade in der Wirtschaft sind ja auch die langsameren Strukturen durchaus noch existent: der Handwerker, der sagt: „Ich komme am Mittwoch", aber es ist unklar, um welche Uhrzeit. Manche öffentlichen Verwaltungen und Behörden und auch die Kirche funktionieren noch so. Diese Menschen, Unternehmen und Organisationen befinden sich sozusagen noch in der Tempozone eins unserer Gesellschaft.

Dann ist da der deutsche Mittelstand. Er ist inhabergeführt, kundenorientiert, solide finanziert. Hier herrscht Tempo, aber in Maßen, das ist die Zone zwei. Die Zone drei ist mit dem Internet und den sozialen Netzwerken über uns hereingebrochen. In dieser Zone hat nur noch der Kunde das Sagen. Um Tempo und Komplexität zu bewältigen, wird jeder Mitarbeiter autorisiert, weitreichende Entscheidungen zu fällen. Hier herrscht harter, global geführter Wettbewerbskampf.

In Zone vier werden die Dinge dann total überraschend. Ein Autohersteller meldet Rekordgewinne, doch am Abend ist die Aktie um über 4 Prozent gefallen. Hier versteht niemand mehr die wirklichen Zusammenhänge. Statt 50 E-Mails am Tag erhalten wir 500. Diese menschengemachte Turbokultur ist „unmenschlich", sie ist unbeherrschbar. Und sie existiert. Der Schmetterlingsflügel, der in China einen Sack Reis umkippen lässt, ist längst Wirklichkeit geworden. Man zieht am Morgen an einem Ende der Bettdecke und weiß nicht, ob etwas am anderen Ende zum Vorschein kommen wird – und wenn ja, was.

Unser Alltag ist nicht nur schneller, sondern auch immer komplexer geworden, Fortsetzung folgt. Unser Leben ist nicht mehr durchschaubar, nicht mehr überschaubar. Und doch müssen wir ständig handeln, etwas tun, entscheiden, machen – unser privates wie berufliches Umfeld erwartet das. Und dabei passiert es immer häufiger – denn wir haben es immer mit komplexen Systemen, Schwingungsphänomenen und Regelkatastrophen zu tun –, dass wir zwar das Gute wollen, aber das Böse bewirken. Die Konsequenzen unseres Handelns werden immer schwerer abschätzbar. Wir treffen immer häufiger Entscheidungen und natürlich auch immer häufiger falsche Entscheidungen. Gleichzeitig verwischen sich unsere Werte, wir haben keinen eindeutigen Kurs mehr in unserem moralischen Empfinden, der innere Kompass, der uns bei den vielen Entscheidungen leiten könnte, kommt uns immer mehr abhanden. Macht man das? Soll ich etwa? Darf ich das denn? Muss ich nicht sogar? – Die Zunahme von Dynamik und Komplexität ist in Zusammenhang mit dem Werteverfall in unserer Gesellschaft katastrophal.

Dynaxity, das ist ein Kunstwort aus den 1970er-Jahren und stammt ursprünglich aus der Organisationstheorie. Es setzt sich aus den Begriffen *dynamics* und *complexity* zusammen. *Dynaxity* verdeutlicht die wachsende Komplexität gekoppelt mit der zunehmenden Dynamik. Schon vor knapp 40 Jahren hatten Wissenschaftler die zum Teil überraschenden Wechselwirkungen von Systemen beschrieben, die unter Einfluss von *Dynaxity* stehen. Die Frage, die seit damals bis heute unbeantwortet ist, lautet: Wie können Menschen unter *Dynaxity*-Einfluss verantwortlich planen und konstruktiv handeln? Vielleicht geht das gar nicht. (Weitere Informationen zum Thema „Warum zunehmendes Tempo (Dynamik) und Vernetzung (Komplexität) uns an den Rand des Chaos führen" finden Sie in einem siebenseitigen Artikel auf der Webseite www.hoellensturz-hoffnung.de.)

Die Grenzen des Wachstums

Aber vielleicht ist das alles auch nur eine übertriebene Dramatisierung. Gab es nicht auch schon zu Zeiten des ersten Ölschocks die gleichen Untergangsstimmungen? 1972 erschien das Buch „The Limits to Growth", herausgegeben vom *Club of Rome*, einer Gruppe von Wissenschaftlern, deren Zusammenschluss auf eine Konferenz zu den Zukunftsfragen der Menschheit in der *Accademia dei Lincei* in Rom im Jahr 1968 zurückgeht.

Damals waren wir überwiegend selbst noch Studenten. Einer von uns begegnete auf einem Vortrag in Atlanta dem Systemtheoretiker Jay Forrester, Professor in Cambridge und Gründer der berühmten *Sloan School of Management*, dessen Methoden die Grundlage für die Berechnungen und Berichte des *Club of Rome* waren, auch für die Studie, auf der das Buch basierte, das ins Deutsche übersetzt „Die Grenzen des Wachstums" hieß.

Das Buch wurde ein Weltbestseller. 30 Millionen Exemplare in 30 Sprachen wurden bis heute verkauft. Das Buch zeigte, dass die Weltbevölkerung und die Umweltverschmutzung mindestens exponentiell zunehmen würden, dass der Ölverbrauch, der Trinkwasserbedarf usw. exponentiell zunehmen würden. Es sagte voraus, dass die Nahrungsmittelproduktion damit nicht Schritt halten können würde, dass die natürlichen Ressourcen bald erschöpft sein würden. Das Buch war voll von exponentiellen Wachstumskurven und die Argumentation war zwingend: So geht es nicht weiter. Alles wird zusammenbrechen. Das Wachstum ist begrenzt und wir stehen kurz vor dieser Grenze.

Kurz vor Erscheinen des Buches sagte der Generalsekretär der Vereinten Nationen Sithu U Thant:

> „Ich will die Zustände nicht dramatisieren. Aber nach den Informationen, die mir zugehen, haben nach meiner Schätzung die Mitglieder dieses Gremiums noch etwa ein Jahrzehnt zur Verfügung, ihre alten Streitigkeiten zu vergessen und eine weltweite Zusammenarbeit zu beginnen, um das Wettrüsten zu stoppen, den menschlichen Lebensraum zu verbessern, die Bevölkerungsexplosion niedrig zu halten und den notwendigen Impuls zur Entwicklung zu geben. Wenn eine solch weltweite Partnerschaft innerhalb der nächsten zehn Jahre nicht zustande kommt, so werden – fürchte ich – die erwähnten Probleme derartige Ausmaße erreicht haben, dass ihre Bewältigung menschliche Fähigkeiten übersteigt."

Nun aber ist alles ganz anders gekommen. Wir haben den Lebensstandard seit damals nicht nur gehalten, sondern sogar weiter verbessert. Die

Weltbevölkerung ist weiter gewachsen und nicht zusammengebrochen. Bevölkerungsdichte, Nahrungsmittelressourcen, Energie, Material und Kapital, Landnutzung usw., all dies hat sich ganz anders entwickelt, als vom *Club of Rome* prognostiziert. Wir leben noch!

Der Hauptgrund, warum die Vorhersagen so nicht eingetroffen sind, ist die Tatsache, dass wir Menschen selbst keine Konstanten im großen Spiel sind. Wir verändern uns mit, wir sind flexibel, wir sind lernfähig, wir haben uns die Fähigkeit angeeignet, inmitten des ständigen Wandels zu agieren. Wir sind extrem anpassungsfähig. So wie der Wald in Griechenland, der den zunehmenden Holzeinschlag einfach kompensierte.

Im Mai 2012 stellte Jørgen Randers, der bereits bei der ersten Publikation von 1972 unter den Autoren gewesen war, bei einer Veranstaltung des *Club of Rome* eine abermals erneuerte Prognose unter dem Titel „2052: A Global Forecast for the Next Forty Years“ vor, in Deutschland unter dem Titel „2052. Der neue Bericht an den Club of Rome“ erschienen. Darin geben die Autoren den „Wachstumsgrenzen“ noch weitere 40 Jahre Zeit – zunächst. Doch dann?

Kapitel 4

Mehr als doppelt so wild!

Das Vertrauen schwindet: 43 Prozent der Deutschen sind nicht der Meinung, dass sich die Soziale Marktwirtschaft bewährt habe. 45 Prozent glauben nicht, dass der Euro langfristig eine erfolgreiche Währung sein werde. 53 Prozent der Deutschen vertrauen ihrer Regierung nicht. 65 Prozent glauben, dass die Politik drängende Probleme nicht lösen könne. Haben wir also den Glauben in unseren Staat und unsere Politiker verloren? – Ja, offensichtlich. Aber nicht nur das, wir haben das Vertrauen ganz allgemein verloren, denn 41 Prozent der Deutschen glauben nicht mehr, dass man den meisten Menschen vertrauen könne.

Das ist kein deutsches Problem, sondern eines der gesamten westlichen Welt, und eines, das sich auf alle gesellschaftlichen Ebenen erstreckt. Beispielsweise verlieren auch die Manager und insbesondere die Akteure der Finanzwirtschaft an Vertrauen. Das Meinungsforschungsinstitut *Gallup* stellte fest, dass das Vertrauen der US-Bürger in die Banken in den letzten gut 30 Jahren von einstmals 60 Prozent stetig gefallen ist und heute nur noch 23 Prozent beträgt. Solche statistischen Schlaglichter gibt es etliche.

Wir vertrauen den Menschen nicht, die wir wählen, wir vertrauen den Menschen nicht, denen wir unser Geld geben, wir vertrauen den Menschen nicht, von denen wir den Gehaltsscheck empfangen. Wir leben in einer Atmosphäre des Misstrauens, mit zunehmender Tendenz. Dabei sehnen wir uns so sehr nach Vertrauen! 65 Prozent der Deutschen finden es außerordentlich wichtig, einen Partner zu haben, dem sie vertrauen können. Das erachten wir als viel, viel wichtiger als beispielsweise umweltbewusstes Verhalten (12 Prozent), Toleranz gegenüber anderslautenden Meinungen (14 Prozent) oder ein gesundheitsbewusstes Leben (21 Prozent). All die genannten Prozentzahlen beruhen auf Erhebungen durch die großen Meinungsforschungsinstitute *TNS Infratest* und *Institut für Demoskopie Allensbach* aus den letzten Jahren.

Die erlebte Lücke zwischen Wunsch und Wahrheit, zwischen unserem Ideal und der erlebten Realität ist riesengroß. Die Menschen fühlen sich verloren. Einst war das Vertrauen der Kitt unserer Gesellschaft. Solange sich die Individuen untereinander überwiegend vertrauen konnten, in der Familie, im Freundes- und Bekanntenkreis, unter Kollegen und im Geschäftsleben, solange gab es auch ein Grundvertrauen auf gesellschaftlicher Ebene – es sind ja dieselben Menschen, die in der Familie wie auch in Wirtschaft und Gesellschaft handeln.

Wie groß das Misstrauen in unsere politischen Entscheidungsträger mittlerweile ist, lässt sich auch an dem immer stärker werdenden Wunsch nach Bürgerbeteiligung, Volksentscheiden und Plebisziten ablesen. Eine große Mehrheit von 73 Prozent der Deutschen beklagt, dass der Einfluss der Bürger auf Entscheidungen der Politik zu gering sei. Selbst bereits von der Politik geschlossene und von den Behörden genehmigte Verträge wie im Falle des Stuttgarter Tiefbahnhofs *Stuttgart 21* halten die Menschen nicht davon ab, mit vehementen Demonstrationen und erstaunlicher Gewaltbereitschaft, einen Volksentscheid herbeizuzwingen, der allen Ernstes darüber entscheiden soll, ob das Land die bestehenden Verträge brechen soll oder nicht, Vertragsstrafe hin oder her. Die Bürger wollen endlich selbst entscheiden, denn sie glauben nicht mehr daran, dass die demokratisch gewählten Politiker in ihrem Sinne handeln.

Dabei bewahrheitet sich die Voraussage des großen deutschen Soziologen und Gesellschaftstheoretikers Niklas Luhmann: Sowohl Vertrauen als auch Misstrauen reduzieren Komplexität. Während blindes Vertrauen und eine Haltung des „Wird-schon-alles-recht-sein" der komplexeren Wirklichkeit nicht gerecht wird und dem Vertrauensmissbrauch erst Tür und Tor öffnet, so ist auch blindes Misstrauen eine grobe Vereinfachung, bei der doch alle „die da oben" Verbrecher sein müssen und alles, was die „Geldsäcke" und „Großkopferten" da machen, ja doch nur Lug und Betrug sein muss. In beiden Fällen legen die Menschen in Wahrheit ihre Hände in den Schoß und tun nichts, vor allem hören sie auf, selbst zu denken. Sie geben die Verantwortung ab – am liebsten übergeben sie sie den Ideologen. Den laut Luhmann bestmöglichen gesellschaftlichen

Zustand, nämlich die Gleichzeitigkeit von Vertrauen und Misstrauen bei den Menschen, also eine unaufgeregte Wachsamkeit, eine unbestechliche Ruhe bei gleichzeitiger integrer Wesensfestigkeit, ein selbstbewusstes Grundvertrauen – diesen Zustand haben wir quer durch unsere Gesellschaft weitgehend verloren.

Abwärtsspirale

Alles halb so wild? – Alles doppelt so wild! Der Vertrauensverlust in unserer Gesellschaft hat Auswirkungen, denn das Misstrauen gegenüber dem Staat hat eine merkwürdige Doppelmoral salonfähig gemacht: Weil das Finanzamt uns bestiehlt, könne ja wohl niemand etwas dagegen sagen, wenn man das Finanzamt betrüge – das ist eine weitverbreitete Haltung. Viele Taxiunternehmen beispielsweise versteuern gerade mal ein Drittel ihrer Einnahmen. Eine Berliner Verkehrsexpertin schätzt, dass die Taxi-Schwarzarbeit allein in Berlin die Steuerzahler jährlich mehr als 50 Millionen Euro kostet, weil viele Fahrer ihre echten Umsätze verheimlichten und Taxameter, Tachostände und Buchhaltung manipulierten sowie Schichtzettel und Tankquittungen verschwinden ließen.

Im Jahr 2000 wurde in Deutschland in rund 11.000 Fällen Schwarzarbeit festgestellt und bestraft. Schlimm genug! Bis zum Ende des Jahrzehnts stieg diese Zahl aber auf knapp 170.000 Fälle, Tendenz weiter steigend. Dabei wurden zuletzt jährliche Schadenssummen von kumuliert über 600 Millionen Euro aufgedeckt. Wohlgemerkt, das sind nur die aufgedeckten Fälle, die Dunkelziffer ist riesig.

In unserer Gesellschaft ist das Betrügen von Finanzämtern und Versicherungsunternehmen zur Normalität geworden; wer da nicht mitmacht, wird belächelt. Dabei weiß jeder, dass ein Betrügen dieser Institutionen nichts anderes als ein Betrügen der Steuerzahler und Versicherungsprämienzahler ist, die letztlich den entstandenen Schaden durch höhere Steuern und Beiträge bezahlen. Wer sich das Bad schwarz renovieren lässt oder einen Glasbruch vortäuscht, betrügt also in Wahrheit alle seine Freunde und Bekannten, seine Nachbarn und Arbeitskollegen. Das ist nicht schwer zu verstehen. Wer aber trotzdem solche scheinbaren „Kavaliersdelikte" begeht, der versucht, auf Kosten der Menschen um ihn herum sich einen Vorteil zu verschaffen, der stellt das Ich über das Wir. Das ist nichts anderes als Egoismus. Das Drama ist aber nicht, dass es vereinzelte Fälle von egoistischem Verhalten gibt, sondern dass es normal geworden ist und dass derjenige als naiv gilt, der nicht mitmacht. Ein solches massenhaft egoistisches Verhalten ist in menschlichen Gemeinschaften nur dort möglich, wo massenhaft Einzelne der Gemeinschaft nicht mehr vertrauen. Das Individuum erwartet vom Kollektiv nicht mehr, dass es in seinem Sinne handelt und entscheidet. Der gesellschaftliche Vertrauensverlust schlägt direkt um in Kriminalität und eine Verrohung der Sitten. Oder auf den Punkt gebracht: Je höher das Vertrauen, desto besser steht es um Anstand, Sitten und Moral. Und umgekehrt: Je verrohter und verdorbener eine Gellschaft ist, desto größer das allgemeine Misstrauen. (Mehr über „Vertrauen als gesellschaftlicher Erfolgsfaktor" finden Sie im Aufsatz von Hans-Joachim Hahn: „Sieben Erfolgswerte der christlich-abendländischen Kultur" auf der Webseite www.hoellensturz-hoffnung.de).

Die Abnahme des Vertrauens und die Zunahme des Betrugs an der Allgemeinheit sind nur zwei Symptome einer zerfallenden Gesellschaft. Schauen wir aber noch genauer hin: Was ist die Folge des Vertrauensverlustes? – Wenn das Vertrauen in die Gemeinschaft verschwindet, dann ist es immer weniger möglich, am Ende unmöglich, in strittigen Fragen zu einem gesellschaftlichen Konsens zu kommen. Wir finden keine Gemeinsamkeiten mehr. Wir können uns nicht mehr einigen, was gut und was schlecht ist, was richtig und was falsch ist. Und wir akzeptieren dann auch die demokratischen Einigungsverfahren und die gesellschaftlichen Grundregeln nicht mehr.

Schon vor der Volksabstimmung über den gewollten oder nicht gewollten Vertragsbruch des Landes Baden-Württemberg im Falle des Bahn-Großprojekts *Stuttgart 21* hatten die Bahnhofsgegner verkündet, im Falle einer Wahlniederlage weiterdemonstrieren zu wollen. Der Mehrheitsbeschluss des Volkes wird also von vornherein missachtet, die Menschen sind nicht mehr bereit, sich demokratischen Beschlüssen unterzuordnen. Fällt die Abstimmung so aus, wie die Menschen das wünschen, ist alles in

Ordnung, dann wird die Wahl akzeptiert. Fällt sie aber andersherum aus, dann wird das Wahlergebnis und damit die Wahl selbst nachträglich bekämpft. Hier ist das gemeinsame Verständnis, was demokratische Wahlen eigentlich sind und was deren Zweck ist, verloren gegangen. Wahlen werden nur noch als Machtinstrument gesehen. Das Ich wird auf breiter Front als wichtiger betrachtet als das Wir.

Wenn das Ich und das Wir mit zweierlei Maß gemessen werden, sinkt auch die Bereitschaft, sich einem allgemeingültigen Recht unterzuordnen. Das führt in der Konsequenz zu Lagerdenken, Klientelpolitik und am Ende zu Rechtsbeugung und zum Recht des Stärkeren. Wenn in Ladengeschäften die Kassiererin oder der Verkäufer Lebensmittel oder Getränkebons stehlen und daraufhin entlassen werden, regen sich die Menschen fürchterlich auf und werden darin von den Boulevardmedien unterstützt. Sie sympathisieren mit den Dieben, weil diese wie einstmals Robin Hood die bösen Reichen bestohlen haben. Die Bosse sollen sich mal nicht so haben wegen ein paar alten Brötchen! Geschieht ihnen doch recht! Dieselben Menschen würden sich aber genauso fürchterlich aufregen, wenn ein Bekannter sie besuchen und dabei, ohne zu fragen, ein paar DVDs mitgehen lassen würde. Würde man diesen Dieb dann noch einmal in die Wohnung lassen? Natürlich nicht.

Diese verblüffend unzivilisierte Haltung, dass vor dem Gesetz die Menschen nicht mehr gleich sind, ist selbst unter intelligenten und formal gebildeten Bürgern in Deutschland weitverbreitet. Es gibt einfach keinen Konsens mehr über Richtig und Falsch, keine gemeinsame Grundrichtung mehr. Und das ist schlimm, denn es setzt eine Abwärtsspirale in Gang. Auf Misstrauen folgt Uneinigkeit. Wer sich nicht mehr einig ist, hintergeht sich leichter, es folgen Unehrlichkeit und Betrug, die den Grund für Vertrauen und Gemeinsamkeit weiter zerstören und das Misstrauen steigern usw.

Zivilisationsverlust

Dadurch, dass die Menschen ihren Eliten und Institutionen nicht mehr vertrauen, wird jeder Einzelne auf sich selbst zurückgeworfen bei der

Entscheidung, was gut oder schlecht, richtig oder falsch ist. Werturteile und Prioritäten werden zunehmend individuell aus der jeweiligen Perspektive des Einzelnen getroffen. Kollektive Wertangebote, wie sie früher die Eltern, die Kirche, die Schulen, die Parteien oder die Führungen von Unternehmen gegeben haben, werden zunehmend weniger akzeptiert, ganz allgemein und in ganzer Breite ist die Autorität von Eltern, Lehrern, Pfarrern, Politikern und Chefs geschwunden.

Seit den 1968er-Jahren wird uns das als Freiheit verkauft, aber in Wahrheit bringt diese vermeintliche Freiheit neue unbewusste Abhängigkeiten mit sich und vor allem: eine maßlose Überforderung. Um Werturteile und ethische Fragen haben bereits Generationen von Philosophen gerungen. Es ist eben nicht so einfach. Das zivilisatorische Niveau, das wir auf der Basis der christlichen Werte in Mitteleuropa und Nordamerika erreicht haben, haben wir nicht deshalb erreicht, weil es eine zufällige Übereinstimmung der Werturteile von einer Milliarde Menschen gab, sondern weil eine gemeinsame Religion, ein gemeinsames philosophisches Fundament, eine gemeinsame Staatsgrundform, ein gemeinsames Grundrechtsverständnis und ein gemeinsamer Gesellschaftsaufbau dafür gesorgt haben, dass bei aller Meinungsverschiedenheit und Pluralität im Detail doch ein Fundament der Gemeinsamkeit besteht. Dieses Fundament, das wir uns über Jahrhunderte erworben und erkämpft haben, ist dabei, zu zerbrechen.

Die meisten Menschen sind völlig überfordert, jede wichtige Lebensfrage immer wieder aufs Neue zu durchdenken und ohne Rücksicht auf das, was andere um sie herum tun, zu entscheiden. Es kostet unendlich viel Kraft, Werturteile selbst zu finden und zu verteidigen. Werturteile wie die Missbilligung von Abtreibung, Steuerhinterziehung, „Blaumachen", häufigem Partnerwechsel oder Fremdenfeindlichkeit – um nur einige Beispiele herauszugreifen – fallen nicht vom Himmel, sie entstehen, wenn man die dahinter liegenden ethischen Grundfragen durchdacht und verstanden hat – oder Menschen folgt, die sie durchdacht und verstanden haben.

Wenn Eltern mit ihrer Autorität, Religionen mit ihren Geboten und Lebensregeln und Staaten mit ihren Gesetzen ganz entschiedene und einheitliche Positionen vertreten und weitergeben, dann ist es für den Einzelnen viel einfacher, auf diesem festen Boden zu leben und Lebensentscheidungen zu treffen. Diese Sicherheit und Verbindlichkeit, diese über Generationen erworbene Orientierung geht immer mehr verloren. Die Folge: unreife und verunsicherte Menschen, die anders reden als handeln, heute so und morgen anders entscheiden. Gesagt ist nicht mehr gleich getan, Versprechen und Eide zählen nicht mehr.

Politiker sind Vertreter des Volkes – auch in dieser Hinsicht. Ihr Verhalten macht sichtbar, was an der Basis gang und gäbe ist. Aus Erfahrung wissen wir heute, dass wir einem Politiker, der öffentlich einen Eid schwört, er habe nicht betrogen, nicht vertrauen können – im Gegenteil, wir müssen sogar besonders misstrauisch sein, wenn wir aus den vielen öffentlichen Skandalen von Barschel bis zu Guttenberg und von der Watergate- bis zur Lewinsky-Affäre gelernt haben. Denn wir haben erfahren: Worte und Taten sind zwei Paar Stiefel, und es herrscht sogar der allgemeine Konsens, dass ein Eid oder ein Versprechen, beispielsweise ein Wahlversprechen, eben ein legitimes taktisches Manöver ist und keineswegs etwas, das unbedingt zu glauben ist.

Selbst Politiker, die sich dem wertkonservativen Lager zuordnen, besetzen öffentlich einerseits konservative Positionen, wie z. B. den hohen Wert der Ehe und der Zehn Gebote, während sie anderderseits in ihrem wahren Leben ihre Ehefrau betrügen und in ihren Affären uneheliche Kinder zeugen. So steht beispielsweise im Grundsatzprogramm der CSU: „Unser Staat beruht auf Werten, die er selbst nicht schaffen kann. Deshalb müssen die christlichen Wurzeln unserer Gesellschaftsordnung bewahrt und gefördert werden. Dafür steht das ‚C' in unserem Namen und dafür arbeitet die CSU." – Das Christentum gibt aber ganz klare Lebensregeln vor, eine davon ist das sechste Gebot: „Du sollst nicht die Ehe brechen."

Ehebruch gilt zwar heute als völlig normal und gesellschaftsfähig, aber er zählt schließlich beim besten Willen nicht zu einer konservativ-christlichen Lebensführung, für die sich Politiker dieses Lagers gerne öffentlich positionieren. Diese Diskrepanz zwischen Worten und Taten der gesellschaftlichen Eliten ist das eigentlich Schlimme. Wenn wir selbst von Vertretern konservativer Volksparteien nicht mehr erwarten können, dass Reden, Denken und Handeln übereinstimmen, woran sollen sich die Menschen dann noch orientieren?

Liegt es an der politischen Ausrichtung? Auf der linken Seite des Spektrums geht es aber überhaupt nicht anders zu, wenn Politiker hier Konsumverzicht fordern und für die Reichensteuer plädieren, während sie gleichzeitig Porsche fahren, in Fünf-Sterne-Hotels absteigen und beim Hummeressen ertappt werden. Da hilft auch innerparteiliche Kritik nicht weiter. Noch einmal: Porsche fahren und Hummer essen ist an sich nicht zu kritisieren. Aber führende Politiker von antikapitalistischen Parteien, die dafür plädieren, Privilegien abzuschaffen und Vermögen wie Einkommen von oben nach unten umzuverteilen, können sich nun einmal kein Luxusleben erlauben, ohne unglaubwürdig zu werden.

Unglaubwürdigkeit findet sich überall, auch im sozialen Bereich: wenn sich beispielsweise ein gemeinnütziger Verein, der Obdachlose und Menschen, die ihr Leben nicht in den Griff bekommen, mithilfe von Spenden und öffentlichen Aufträgen unterstützt, als Dienstwagen einen *Maserati Quattroporte* mit 400 PS (Neupreis in der Grundversion: 114.320 Euro) leistet.

Welche Vorbilder geben also Orientierung? Schulleiter und Pfarrer, die wegen sexuellen Missbrauchs Minderjähriger am Pranger stehen? Können Popstars, die durch Drogenkonsum und Sexorgien in die Schlagzeilen geraten, Werte vermitteln? Kann man von Politikern, die durch freiwilligen Gruppensex, den Gebrauch Prostituierter und Vergewaltigung aufgefallen sind, eine Vorbildfunktion erwarten? Können die Fans von Weltklassesportlern nicht eher lernen, ob man seine schwangere Frau besser mit der Freundin eines Mannschaftskameraden oder mit einem berüchtigten Partygirl oder doch lieber mit einer minderjährigen Prostituierten betrügt? – Na klar, Sie können uns Polemik vorwerfen, aber bitte: Sind Popsänger, Schauspieler, Sportler und Politiker nun die Vorbilder für die Lebensentwürfe der Jugendlichen oder nicht?

Ja, unsere Gesellschaft ist frei, freier als jemals zuvor. Und Freiheit ist ein hoher Wert. Aber ist diese Freiheit, nämlich die Freiheit alles zu tun, was einem gefällt, auch wenn das auf Kosten anderer geht, wirklich echte Freiheit? Ist grenzenlose Freiheit überhaupt etwas Erstrebenswertes? Oder ist es in Wahrheit nicht vielmehr so, dass Freiheit dann wertvoll wird, wenn sie innerhalb schützender Grenzen zum Tragen kommt? Wenn der Rahmen für die Freiheit fehlt, bedeutet Freiheit im Endeffekt Stress. Stress für alle anderen, die unter dem Egozentriker leiden müssen – und, sobald die sich gegen den Egoisten wehren, auch Stress für ihn. Egoismus kostet Energie, die Gesellschaft reibt sich auf. Und verliert darüber ihre Zukunft: „Wenn über das Grundsätzliche keine Einigkeit besteht, ist es sinnlos, miteinander Pläne zu machen", sagte Konfuzius.

Ausgespielt

Der den meisten Fehlentwicklungen unserer westlichen Welt zugrunde liegende Defekt ist das ICH, in Großbuchstaben. In den Gesellschaften der Vergangenheit gab es diesen überbordenden Individualismus nicht, auch nicht in Europa. Anstelle des Einzelnen stand der Clan, die Sippe, die Familie im Vordergrund, später dann auch das Volk oder die Nation. In Mitteleuropa gibt es sogar noch Spuren der alten Tradition der Sippenzugehörigkeit, denn noch ist es üblich, sich mit dem Nachnamen anzusprechen, wenn man sich außerhalb der Sippe bewegt. Aber in den USA, wo der Individualismus besonders ausgeprägt ist, weiß man den Familiennamen des Kollegen, Geschäftspartners, Verkäufers usw. oft gar nicht mehr, es ist allgemein üblich, sich mit dem Vornamen anzusprechen.

Der Wendepunkt des Wertes der Sippe oder des Kollektivs war historisch die Reformation. Martin Luther sagte am 18. April 1521 vor dem Reichstag zu Worms: „Hier stehe ICH und kann nicht anders!" Egal, ob er diesen Satz genau so gesagt hat oder ob er ihm anschließend in den Mund gelegt wurde: Luther stellte sich gegen die Gesellschaft und die Kirche, gegen die Fürsten und die Bischöfe, gegen Kaiser und Papst, er weigerte sich, dem vorgegebenen Weg zu folgen, sondern berief sich auf sein persönliches Gewissen. An diesem Tag begann die moderne Welt. Luther war nicht gegen die Gesellschaft an sich, er unterstützte die Gesellschaft, wenn er sie in Ordnung fand, und er kritisierte sie, wenn er anderer Meinung war. Grundlage für sein Pro oder Contra waren aber seine persönliche, individuelle Entscheidung über Richtig und Falsch, nicht die von der Gesellschaft vorgegebenen Normen und Werte.

Der entscheidende Unterschied zu heute: Luthers neuer Individualismus war ein verantwortlicher Individualismus, der sich auf die christlichen Grundlagen berief und noch das Wohl der Gesellschaft im Blick hatte. Er wollte Verantwortung übernehmen. Dieser verantwortliche Individualismus, der als sorgfältig austarierte Bindung zwischen Individuum und Kollektiv die Basis des westlichen Werteverständnisses geworden ist, ist uns im Verlauf des letzten Jahrhunderts mehr und mehr abhanden gekommen. Seitdem er auf dem Rückzug ist, setzt sich zunehmend das Recht des Stärkeren durch. Dieser rücksichtslose Egoismus wird allgemein als „Darwinismus" bezeichnet.

Die Evolutionstheorie von Charles Darwin beruht neben dem Prinzip des „Survival of the fittest", also der Durchsetzungsfähigkeit des am besten an die Rahmenbedingungen angepassten Organismus, auch auf dem Prinzip der natürlichen Auslese. Vereinfacht gesagt: Das Schwache stirbt im Kampf gegen den Stärkeren, und damit sich das Leben weiterentwickelt, muss das Schwache, Kranke, Lebensuntüchtige ausgemerzt werden.

Wer dieses Prinzip, „das Recht des Stärkeren", auf das Zusammenleben der Menschen anwendet, löst den Kern der Zivilisation auf, denn menschliche Gemeinschaften sind ja unter anderem deshalb ein Entwicklungsfortschritt, weil sie für die Mitglieder Inseln schaffen, in denen das Leben nicht vom täglichen Kampf ums Dasein bestimmt wird. Wer in einer sozialen Gemeinschaft lebt, vertraut darauf, dass sein Leben und seine Grundbedürfnisse innerhalb der Gemeinschaft geschützt sind. Die Selektierung und Ausmerzung des Schwächeren ist in menschlichen Zivilisationen überwunden, gerade das ist ja der große Fortschritt des *Homo sapiens*, der unsere gesamte Kultur erst ermöglicht hat. Wer nun dem hemmungslosen Egoismus frönt, geht damit einen gewaltigen Schritt zurück in vorzivilisatorische Zeiten, als marodierende Horden in Konkurrenz um Nahrung, Boden und Fortpflanzung einander abschlachteten.

Solche Rückfälle kamen im Laufe der Jahrhunderte immer wieder vor. Aber im letzten Jahrhundert geschah etwas noch Schlimmeres: Der Darwinismus verband sich mit dem Rationalismus. Da begannen einzelne Egozentriker mit großer Intelligenz riesige Zweckbündnisse aufzubauen, um gemeinsam mit industrieller Präzision und geschäftsmäßiger Planung große Menschenmassen im Kampf um Blut und Boden aus dem Weg zu räumen: zu vertreiben, zu versklaven, zu ermorden und zu vergasen.

Der Zweite Weltkrieg und die Nazizeit sind vorbei, aber die Verbindung von Rationalismus und Darwinismus ist geblieben, sie ist mittlerweile in weite Teile der Gesellschaft eingesickert und zum *Common Sense* geworden. Vorher dominierte die Gemeinschaft das Leben des Individuums, die Gemeinschaft sorgte für den Einzelnen und der Einzelne war der Gemeinschaft verantwortlich. Heute ist diese Wechselbeziehung bei den meisten Menschen gestört. Der Einzelne ist mit sich allein gelassen, die Beziehungen zur Gesellschaft werden nur noch akzeptiert, wenn sie rational für die eigenen Interessen eingesetzt werden können oder wenn sie aus rationaler Sicht nicht zu vermeiden sind.

Das ist die Hauptkrankheit unserer Zeit: dass der Einzelne oft keine Verantwortung mehr spürt gegenüber Gott, seinem Land, seinem Heimatort, seiner Familie. Vielleicht fühlt er sich allenfalls noch verantwortlich für seine Kernfamilie, für seinen Lebenspartner und seine Kinder – aber oftmals nicht einmal mehr das. Stattdessen denken zu viele Menschen ständig darüber nach, wie sie ihren individuellen Profit maximieren und beschleunigen können. Ein Kennzeichen dafür ist, dass das Glücksspiel in unserem Alltag immer breiteren Raum einnimmt. Der Wunsch, viel Geld zu besitzen, ohne dafür ehrlich gearbeitet zu haben, ist weit verbreitet. Also im Kern: sich mehr nehmen als einem zusteht. Unverdienter

Reichtum ist für viele Menschen ein Ideal. Wer den Mut zu illegalen Wegen wie Diebstahl, Raub oder Betrug nicht hat, versucht, sich seinen Wunsch mit dem Glücksspiel zu erfüllen.

Lange Zeit war das Glücksspiel generell verboten, jetzt ist es erlaubt und wird sogar staatlich gefördert, denn der Staat verdient dabei ja kräftig mit. In Deutschland erhält der Staat unterm Strich bis zu 80 Prozent der Spielbankgewinne. In vielen westlichen Ländern ist es der Staat selbst, der Lotterien veranstaltet und darauf ein Monopol beansprucht. *La Française des Jeux*, die staatliche Lottogesellschaft Frankreichs beispielsweise, betreibt 40.000 Verkaufsstellen und setzt mit Lotterien und Sportwetten jährlich zwischen acht und zehn Milliarden Euro um. Zum Größenvergleich: Die Berliner *Charité*, eine der größten und renommiertesten Klinikverbünde Europas, setzt an vier Standorten mit über 100 Kliniken und Instituten und 13.000 Mitarbeitern eine Milliarde Euro jährlich um, also gut ein Zehntel der Pariser Lottogesellschaft.

Das Unterhaltungsprogramm im Fernsehen wird auffällig von Glücksspielen dominiert, ob das nun Wetten sind oder Wissensspiele, immer ist das Glück mit im Spiel und immer geht es dabei um sehr, sehr viel Geld. Wie problematisch das offen und staatlich motivierte Glücksspiel ist, zeigen einige Zahlen: Unter den 67 Millionen erwachsenen Deutschen sind je nach Studie zwischen 100.000 und 300.000 Menschen diagnostizierte Spielsüchtige. In den USA gelten 2 Prozent der Bevölkerung als spielsüchtig. Und schon ein Fünftel aller Facebook-Nutzer in den USA sind nach aktuellen Erhebungen süchtig nach *Online-Games*.

Warum aber sollten wir die Leute nicht einfach spielen lassen? Spielen ist doch nicht schlimm, oder? – Spielen nicht. Aber Spielsucht ist nicht zu verharmlosen. Ein Problem dabei ist, dass Spielsucht neben der finanziellen Belastung mit Ängsten, Depressionen und Schuldgefühlen einhergeht. Für die Gesellschaft problematisch ist die Beschaffungskriminalität im Zusammenhang mit Spielsucht: Nach einer Studie der kanadischen Universität von Lethbridge ist beispielsweise ein Drittel aller amerikanischen Gefängnisinsassen erwiesenermaßen spielsüchtig; ungefähr die

Hälfte davon beging die Straftaten, um das Geld zum Weiterspielen aufzutreiben. Dass das Glücksspiel als Normalität in das tägliche Leben einsickert, hat schlimme Auswirkungen. Das Spielen ist Teil unseres Denkens geworden. Wir finden es in weiten Teilen der Gesellschaft völlig in Ordnung, dass beinahe die gesamte Wirtschaft von spielenden Spekulanten dominiert wird, die im Casino-Kapitalismus ihr Geld global mal hierhin und mal dorthin transferieren, je nachdem, wo eine bessere Wette auf kurzfristigen, unverdienten Profit angeboten wird.

Börsenspekulationen sind ein einziges großes Glücksspiel, das professionell betrieben wird, um ohne Arbeit zu riesigem Vermögen zu kommen. Die Realwirtschaft, also der kleine Teil der Wirtschaft, in dem noch echte Wertschöpfung erzielt wird, ist mittlerweile völlig abhängig vom spekulativen Finanzsektor, der die Investitionsmittel aus rein profitmaximierenden Gesichtspunkten nach Gusto verteilt. Der Finanzsektor ist nach Umsätzen mittlerweile 70- bis 100-mal größer als die Realwirtschaft! Hier regiert der rationalistische Darwinismus, von der Verantwortung des Einzelnen für die Gemeinschaft ist keine Spur mehr zu entdecken. Die Folgen kann schon jetzt jeder sehen: Die fehlende „Kapitalkultur“ hat zu Situationen geführt, die trotz des Wohlstandes selbst die größten Volkswirtschaften der Erde zum Wanken gebracht haben.

Freizügig abwärts

Spielen und der Wunsch nach unverdientem Reichtum sind nur Einzelaspekte, die man beklagen kann oder nicht. Aber wo ist der Zusammenhang mit dem Zerfall der westlichen Kultur? Diese Einzelaspekte zeigen: Wenn ein Lebensbereich nicht begrenzt und reguliert wird und sich damit innerhalb vernünftiger, maßvoller Grenzen bewegt, entsteht egozentrisches, unzivilisiertes Verhalten. Das ist bei der global völlig unregulierten Finanzindustrie so, das ist aber auch sonst überall dort zu beobachten, wo die Grenzen des Verhaltens gesellschaftlich eingerissen oder nicht mehr wirksam verteidigt werden.

In einem Krieg ist das zivile bürgerliche Recht außer Kraft gesetzt, allein schon weil Polizei und Gerichte keine Chance hätten, gegen jede Übertretung der Gesetze im Kriegschaos vorzugehen, aber auch, weil im Kampf zwischen Staaten vorübergehend ein rechtsfreier Raum entsteht. Hier fallen ganz normale, vorher unbescholtene Bürger in vorzivilisatorische Verhaltensweisen zurück und beginnen zu stehlen, zu vergewaltigen und zu morden. Nichts und niemand ist da, um die Grenzen zu wahren, die ansonsten das Leben des Einzelnen einschränken.

Kultur und Zivilisation entstehen im Wesentlichen durch Einschränkung und Begrenzung. Wer diesen Zusammenhang verstanden hat, kann auch nachvollziehen, was Sigmund Freud und viele andere Wissenschaftler zu Beginn des 20. Jahrhunderts herausfanden: Wenn gesellschaftliche Normen die direkte Befriedigung von Triebimpulsen verbieten oder beschränken, wird der emotionale Konflikt, der dadurch im Menschen entsteht, auf andere Weise ausgedrückt, z. B. in Arbeit oder in kulturellen Leistungen.

In der italienischen Kinokomödie „Der gezähmte Widerspenstige“ wird der von Adriano Celentano gespielte eigensinnige Winzer Elia durch das aufreizende Verhalten der von Ornella Muti gespielten Großstädterin Lisa sexuell aufs Äußerste erregt. Hätte er keine Hemmungen und Begrenzungen, würde er sich in diesem Moment einfach auf sie stürzen und seiner Lust freien Lauf lassen. In seiner Weltsicht aber sieht er keine Möglichkeit, seine Triebe auszuleben; also nimmt er sich eine große Axt und geht hinters Haus Holz hacken, um sich irgendwie abzureagieren. – Diese Metapher verstehen wir unmittelbar und müssen unwillkürlich über den Bauer Elia schmunzeln, der wie verrückt Holz hackt und sich auf diese Weise an einem Tag gleich einen ganzen Wintervorrat Brennholz zulegt.

Was da passiert, ist nichts anderes, als was Sigmund Freud mit dem Begriff „Sublimation“ bezeichnete. Das Wort bedeutet aus dem Lateinischen übersetzt, etwas auf eine höhere Stufe zu heben, gemeint ist eine Verwandlung in etwas Höheres, Besseres: eine kulturelle, zivilisatorische Leistung, Arbeit zum Beispiel. Aus Freuds Sicht ist die ganze menschliche Zivilisation nichts anderes als die Kompensation von Triebverzicht und damit das Ergebnis von Sublimierung.

Zur selben Zeit, in der Freud diese Gedanken formulierte, nämlich zu Beginn des 20. Jahrhunderts, untersuchte der britische Ethnologe und Anthropologe Joseph Daniel Unwin knapp 100 Völker und Volksgruppen, um herauszufinden, ob es einen Zusammenhang zwischen den kulturellen Errungenschaften und der sexuellen Freizügigkeit, die in einer Gesellschaft vorherrscht, gibt. Dieses Feld war für ihn völlig ergebnisoffen, denn er war kein Anhänger der neuen Theorien Freuds. Er sagte: „Als ich mit diesen Untersuchungen anfing, wollte ich nichts beweisen, und ich hatte keine Idee, was das Ergebnis sein könnte."[2] Aber je länger er forschte, desto verblüffter war er über die Zusammenhänge, die er aufdeckte. Zeitweise sträubte er sich gegen das, was er herausfand, weil es seinem Weltbild von Freiheit und Aufklärung zum Teil widersprach. Darum versuchte er Gegenbeweise zu finden und unterschiedliche Quellen heranzuziehen, um die Lebensweise der Völker, die er untersuchte, möglichst objektiv zu erfassen. Die Sorgfalt und der Umfang seiner Arbeit sind auch heute noch aller Ehren wert. Er ordnete bestimmte Verhaltensweisen und Riten, die unterschiedliche Einschätzung übermenschlicher Mächte und die Komplexität der Sprache insgesamt vier Kulturniveaus zu. Die einfachste Kulturform nannte er „zoistisch", die nächst höher entwickelte „manistisch", die dritte „deistisch" und die vierte „rationalistisch".

Eine solche Einteilung in immer komplexer werdenden Zivilisationsstufen ist auch heute noch Stand der Forschung. Ähnliche, noch weitaus feiner differenzierte Stufenfolgen für Individuen und Gesellschaften haben in den letzten Jahrzehnten auch Wissenschaftler wie Abraham Maslow, Jean Gebser, Jean Piaget, Clare Graves, Don Beck, Jane Loevinger, Susanne Cook-Greuter und Ken Wilber ausgearbeitet, wobei die einzelnen Stufen unabhängig voneinander gefunden und bezeichnet wurden, aber untereinander immer ähnlich sind.

Als Nächstes teilte Unwin den Umgang mit der Sexualität in mehrere Stufen und berücksichtigte dabei beispielsweise das Verbot, innerhalb der

2 Joseph Daniel Unwin: Sex and Culture, London 1934, S. 412

eigenen Sippe geschlechtlich zu verkehren, den Grad der Sanktionierung von vorehelichem Sex und die Regulierungen des ehelichen Verkehrs. Dann verglich er den Grad der praktizierten Keuschheit mit dem Grad an kultureller Entwicklung in allen knapp 100 untersuchten Gesellschaften. Das Ergebnis konnte er kaum glauben: Die beiden Diagramme waren beinahe vollkommen identisch, es bestand ein direkter Zusammenhang zwischen der Regulierung des Geschlechtslebens und den kulturellen Errungenschaften der jeweiligen Gesellschaft.

Das Ergebnis war für Unwin so verblüffend, dass es ihn elektrisierte. Er forschte weiter und nahm sich mit der gleichen Akribie die historischen Verläufe der gesellschaftlichen Entwicklung vor. Er fand heraus, dass es ungefähr drei Generationen oder ca. 100 Jahre dauert, bis sich die Einführung von Regelwerken für das Geschlechtsleben in einer Gesellschaft auf das Kulturniveau positiv auswirkt. Immer wenn ein Volk die Ausübung von Sexualität durch ein Gesetz oder eine gesellschaftliche Norm eingeschränkt hatte, konnte ungefähr 100 Jahre später ein Entwicklungssprung registriert werden. Umgekehrt ließen sich immer dann Stagnation und Rückschritt innerhalb einer Gesellschaft nachweisen, wenn die Regulierung der Sexualität gelockert worden war. Die Folgen zeigten sich aber dann viel schneller: Gesellschaften wurden schon nach einer Generation zurückgeworfen oder begannen zu zerfallen, wenn beispielsweise die Monogamie nicht mehr ernst genommen oder Sex vor der Ehe deutlich leichter möglich geworden war. Unwin erläuterte hierzu:

> „Manchmal hört man, dass jemand die Vorteile eines hohen kulturellen Niveaus genießen möchte und gleichzeitig die Begrenzung der sexuellen Triebbefriedigung abschaffen wolle. Das Wesen des menschlichen Organismus scheint jedoch so beschaffen zu sein, dass diese Wünsche unvereinbar sind, sogar einander widersprechen. Solch ein Reformer gleicht dem törichten Jungen, der den Kuchen essen und gleichzeitig behalten will. Jede menschliche Gesellschaft hat die Freiheit, sich zu entscheiden, ob sie hohe soziale Energie oder sexuelle Freizügigkeit will. Die Fakten zeigen, dass beides gleichzeitig nicht länger als eine Generation möglich ist."

Unwin betont, dass in den vielen historischen Fällen, in denen die Emanzipation der Frau mit einem kulturellen Abstieg der jeweiligen Gesellschaft einherging, nicht die rechtliche Gleichstellung der Frau die Ursache für den gesellschaftlichen Rückschritt war, sondern die damit einhergehenden erweiterten sexuellen Möglichkeiten für alle. In den Fällen, in denen die Emanzipation der Frau – die er übrigens in fast allen untersuchten Kulturen fand – nicht mit einer Lockerung der sexuellen Sitten einherging, konnte das kulturelle Niveau sogar gesteigert werden. (Mehr über die Studie von Joseph Daniel Unwin finden Sie auf der Webseite www.hoellensturz-hoffnung.de.)

Wenn Sie sich nun heute in den USA, in England, in Frankreich oder in Deutschland umschauen und betrachten, welchen Raum die Sexualität in der Öffentlichkeit in den letzten beiden Generationen eingenommen hat, wenn Sie sich anschauen oder erzählen lassen, welche Videos bei Schülern kursieren, wie normal die Pornografie inzwischen geworden ist, wie Sex in Kinofilmen dargestellt wird, wie Sex als Verkaufs- und Positionierungsinstrument von Unternehmen, aber auch von Schriftstellern benutzt wird, wie Swingerclubs, Sexshops und Bordelle sich ausbreiten, wie hoch die Scheidungsrate mittlerweile ist, wie normal vorehelicher Geschlechtsverkehr geworden ist, wie früh Jugendliche ihr „erstes Mal" haben usw. – dann können Sie sehen, wenn Sie die Augen davor nicht verschließen, dass Unwins Forschungsergebnis auch heute noch zutrifft und auf unseren gegenwärtigen Werte- und Sittenverfall anwendbar ist.

Vertrauensverlust, Verlust von Gemeinschaft, Egoismus und Werteverfall – all das können wir beobachten. Unsere westliche Zivilisation fällt zurück in frühere Stadien. Gleichzeitig sind wir seit zwei Generationen Zeugen einer großen sexuellen „Befreiung" in der westlichen Welt. Glauben Sie wirklich, das eine hängt mit dem anderen nicht zusammen? Auch wenn Sigmund Freuds Triebtheorie heute als überholt gilt: Der Zusammenhang zwischen Triebregulierung und Kulturniveau bleibt frappierend. Offenbar entstehen Hochkulturen aus der Verpflichtung zu Enthaltsamkeit, Maßhalten und Bescheidenheit. Dagegen sind schon immer diejenigen Kulturen, die die alten Werte nicht mehr gelebt haben, die die Verhaltensgrenzen gesprengt haben, relativ rasch untergegangen. Zustände spätrömischer Dekadenz haben bei uns Einzug gehalten, wie im alten Rom, als die Sitten zerfielen, die Familien erodierten und in der Folge das Römische Reich seine Wehrenergie verlor, überrannt wurde und unterging. Und diese Entwicklung nimmt an Geschwindigkeit zu.

Hohe Werte haben unsere Zivilisation einstmals zur Blüte gebracht: Einigkeit, Rechtsstaatlichkeit, Freiheit in Verantwortung, Nächstenliebe, Gerechtigkeit, Demokratie, Friedensliebe, Fleiß und Sorgfalt, universelle Menschenrechte – darauf gründet unser gesamter Wohlstand. Aber das Pendel schwingt gerade zurück, und zwar mit rasender Geschwindigkeit. Der Werteverfall ist dramatisch. Erst verlieren wir unsere Werte, dann verlieren wir unseren Wohlstand. Immer mehr Menschen versuchen heute auf Kosten anderer zu leben. Die Denkweise weiter Teile der Bevölkerung zielt rein auf persönlichen Profit: möglichst schnell zu möglichst viel Geld kommen und dafür möglichst wenig tun.

Die dramatisch wachsende Zahl von Scheidungen, von unehelichen Kindern und alleinerziehenden Müttern zeigt den Zerfall der Institution Familie an – hier werden die verlorenen Werte am stärksten deutlich. Im Berufsleben sind es Mobbing, Betrug, Korruption, Ausbeutung und Machtmissbrauch, die den Wertezerfall illustrieren. (Mehr über die fehlende Nachhaltigkeit in unseren sozialen Beziehungen finden Sie im Aufsatz von Hans-Joachim Hahn: „Sieben Erfolgswerte der christlich-abendländischen Kultur" auf der Webseite www.hoellensturz-hoffnung.de.)

Noch halten viele die Menschenrechte hoch und wollen Frieden schaffen, doch die Denkweise, die Haltung, die Weltsicht unserer westlichen Gesellschaft ist nicht mehr homogen, sie fasert aus, ist krank geworden. Das ist der Keim all unserer Probleme. Alles halb so wild?

TEIL II

ZWÖLF

Kapitel 5

Die neuen Diktaturen

„Wir haben in der Nacht zum 4. Juli ca. 5.000 Quadratmeter der Genmaisversuchsfläche in Rheinstetten-Forcheim zerstört. Einen Teil davon haben wir platt getrampelt, der andere Teil ist so beschädigt, dass er nicht mehr weiterwachsen kann. Die Pflanzen können keine Kolben mehr ausbilden. Damit ist der Versuch gescheitert. Das Landwirtschaftliche Technologiezentrum Augustenberg (LTZ) wollte in Rheinstetten die sogenannte ‚Koexistenz' von genmanipulierten und nicht genmanipulierten Maispflanzen erforschen. Jeder vernünftig denkende Mensch weiß, dass eine Koexistenz nicht möglich ist. Ein großflächiger Anbau von gentechnisch veränderten Pflanzen führt über kurz oder lang zu Auskreuzungen. Pollen lassen sich nicht beherrschen. Saatgutkonzerne wie *Monsanto* machen mit der Gentechnik die Bauern weltweit von sich und ihren Produkten abhängig. Sie gefährden damit sowohl die Welternährung als auch die biologische Artenvielfalt. Das LTZ und der dafür zuständige Landwirtschaftsminister Hauk machen sich mit den Genversuchen in Rheinstetten zu Helfershelfern der Gentechnikkonzerne. Sie missachten den Willen der Bevölkerung, die Gentechnik in der Landwirtschaft mit großer Mehrheit ablehnt. Zäune, Wachtürme und Wachposten haben uns nicht abgehalten und werden uns nicht davon abhalten, uns gegen *Monsanto* und seine Kollaborateure mit allen Mitteln zur Wehr zu setzen.

Gezeichnet: Kommando *Biene Maja*"

Mit allen Mitteln

Alle Entscheidungen, die wir treffen, sind Güterabwägungen. Manchmal sind das große Entscheidungen. Die Entscheidung, ein Attentat auf einen Diktator zu verüben, wie sie beispielsweise Claus Schenk Graf von Stauffenberg traf, oder die Entscheidung, Terroristen zu töten, wie sie Helmut Schmidt bei der Erstürmung des Lufthansa-Flugzeugs „Landshut" in Mogadischu im Deutschen Herbst 1977 traf, sind extreme Güterabwägungen, bei denen herausragende Persönlichkeiten das Recht auf Leben vieler über das Recht auf Leben Einzelner gestellt haben.

Das sind harte Gewissensentscheidungen. Eine große Persönlichkeit trifft eine solche Entscheidung nicht leichtfertig, sie ist sich der Konsequenzen für sich selbst und für andere bewusst. Graf Stauffenberg misslang das Attentat auf Adolf Hitler und er bezahlte sein Scheitern mit seinem Leben und indirekt mit dem Leben vieler anderer Opfer des Staatsterrors des Naziregimes. Solche Entscheidungen sind für diejenigen, die sie treffen, mit großen Seelenqualen verbunden. Keinesfalls triumphieren sie. Sie bezahlen einen hohen seelischen Preis für ihre Entscheidung, denn wenn sie in der Güterabwägung Ja zum einen Gut und Nein zum anderen Gut sagen, dann nicht deshalb, weil sie das verneinte Gut ablehnen.

Sie stehen persönlich gerade für die Lösung eines Konflikts, mit dem sie das verneinte Gut erst recht verteidigen. Denn sowohl Helmut Schmidt als auch Graf Schenk von Stauffenberg haben das Recht auf Leben verteidigt, indem sie in ihrer Gewissensentscheidung bewusst Recht gebrochen haben. Sie wussten: Auch Adolf Hitler, auch die RAF-Terroristen haben ein Recht auf Leben. Und mehr noch: Sie wussten, dass es aufgrund ihrer Entscheidung Kollateralschäden geben würde, die auch anderen Menschen das Leben kosten würden. Beispielsweise besiegelte Helmut Schmidt mit dem Befehl zur Erstürmung der Lufthansa-Maschine auch die Ermordung der RAF-Geisel Hanns Martin Schleyer. Unter solchen Umständen solche harten Entscheidungen treffen zu können, zeugt von Größe, Verantwortung, Demut, Mut, Integrität und Respekt. Solche Entscheidungen verteidigen den Menschen und seine Grundrechte, es sind zutiefst menschenfreundliche Entscheidungen. Vor solchen Persönlichkeiten können wir uns nur verneigen.

Diese Haltung, eine Güterabwägung zu treffen, nimmt auch die jeweilige Gegenseite in Anspruch. Beispielsweise haben die nationalsozialistischen Staatsterroristen des Dritten Reichs im Rahmen ihrer Rassenideologie das Recht der Deutschen auf Lebensraum höher bewertet als das

Recht der Juden auf Leben. Und die RAF-Terroristen haben in ihrer kommunistischen, antiimperialistischen Ideologie einen Krieg gegen das „System" geführt und dabei mit ihren Banküberfällen, Mordanschlägen, Geiselnahmen und Bombenanschlägen jede Menge Grundrechte von Einzelpersonen als weniger wichtig erachtet als ihre politischen und weltanschaulichen Ziele. Das Recht auf Leben in Freiheit haben sie nur für sich selbst verteidigt, indem sie versuchten, mit Geiselnahmen gefangene Terroristen freizupressen.

Stauffenberg und Schmidt trafen Entscheidungen mit Todesfolge, die Nazischergen und die RAF-Terroristen trafen ebenfalls Entscheidungen mit Todesfolge. Alle waren der Überzeugung, richtig zu handeln. Es ist also nicht jede Güterabwägung automatisch legitim, sondern es bleibt immer die Frage: Was wollen die Entscheider eigentlich und grundsätzlich? Die Entscheidungen von Stauffenberg und von Schmidt empfinden wir als menschlich, die Entscheidungen der Nazis und der RAF empfinden wir als unmenschlich. Warum eigentlich?

Das Argument, dass immer das richtig ist, was gemeinhin in der Bevölkerung der verbreitete Wille ist, zählt nicht, denn im Dritten Reich war erwiesenermaßen die Mehrheit der Bevölkerung an den begangenen Verbrechen gegen die Menschlichkeit entweder direkt beteiligt oder ging ihnen passiv aus dem Weg und ermöglichte sie dadurch. Das Argument, dass richtig ist, was die Staatsmacht vertritt, ist ebenfalls erwiesenermaßen falsch, denn beispielsweise die Besetzung Tibets und die Ermordung und Folter von unbewaffneten Mönchen oder die Tötung von Hunderten von friedlich Protestierenden auf dem Platz des Himmlischen Friedens in Peking durch die chinesische Staatsmacht waren Verbrechen gegen die Menschlichkeit, obwohl sie staatlich legitimiert waren.

Was also ist richtig und was ist falsch? Dazu braucht es in allen menschlichen Gemeinschaften einen Moralkodex. In unserer westlichen Welt sind das die ethischen Grundlagen, die durch die jüdische und die christliche Religion gelegt worden sind. Darauf aufbauend gibt es die universellen Menschenrechte und die jeweiligen modernen Verfassungen der

Staaten, in Deutschland das Grundgesetz. Ganz allgemein und vereinfacht könnte man sagen, dass alle individuellen Güterabwägungen, die kurzfristig den Bruch einzelner Rechte beinhalten, dann gut und richtig sind, wenn sie den kurzfristigen Rechtsbruch nur deshalb in Kauf nehmen, um prinzipiell und langfristig die Zehn Gebote, das Grundgesetz und die Menschenrechte zu verteidigen.

Darüber hinaus ist es eine Sache des Maßes und der Leidensfähigkeit. Solche Gewissensentscheidungen trifft man nicht alle Tage. Sie sind so schwerwiegend, dass es eines erheblichen Leidensdrucks bedarf, bevor man zu dem Mittel des zweckgerichteten Rechtsbruchs greift, um höhere Werte zu verteidigen. Ansonsten sind die Rechte der anderen schlichtweg zu respektieren – auch dann, wenn nicht alles so läuft, wie man das gerne hätte. Streitfragen sind normal und gehören zu einer aufgeklärten Gesellschaft dazu. In einer rechtsstaatlichen Demokratie gibt es ja ausgeklügelte Mechanismen, um zu seinem Recht zu kommen und um Konflikte zu lösen. Es gibt die Verfahren des Antrags und der Bewilligung, es gibt die Abstimmung, es gibt Gerichtsverfahren usw. All diese Mechanismen sollen sicherstellen, dass die allgemeingültigen Rechte befolgt und damit gewahrt werden. Vor diesem Hintergrund ist es beängstigend zu sehen, wie in unserer Gesellschaft der Rechtsbruch aus Güterabwägung immer mehr von der Ausnahme zur Normalität wird. Und wie dieser Rechtsbruch aus Güterabwägung immer mehr von der Gewissensentscheidung eines Einzelnen zu einer großen Bewegung geworden ist, die sich durch alle gesellschaftlichen Schichten und alle politischen Lager zieht.

Es ist völlig in Ordnung, gegen den Bau einer Startbahn zu sein, gegen Gentechnik, gegen Atomenergie, gegen französische Waren, gegen den Vietnamkrieg oder gegen Sparmaßnahmen der Regierung. Es ist sogar völlig in Ordnung, gegen den Unterschied von Mann und Frau und gegen jede Form von Autorität zu sein. Darüber kann man streiten, darüber kann man verhandeln. In dem Moment aber, wo Gegner Güterabwägungen treffen und beschließen, Grundrechte anderer Menschen vorsätzlich zu verletzen, muss man fragen: Was wollen diese Menschen eigentlich? Welche grundsätzliche Absicht verbirgt sich hinter ihrer Einzeltat? Und letztlich: Ist diese Absicht menschenfreundlich wie bei Helmut Schmidt oder Graf Stauffenberg oder menschenfeindlich wie bei den Nazis und der RAF?

Wenn Haus- und Landfriedensbruch, Blockaden, Sachbeschädigung, Sabotage, Körperverletzung und Nötigung oder gar Totschlag normaler, vorsätzlicher oder in Kauf genommener Bestandteil von Willensbekundungen werden, wenn mit diesen Straftaten versucht wird, demokratisch und rechtlich legitimierte Projekte zu vereiteln, wenn diese Straftaten in weiten Teilen der Bevölkerung, in den Medien und in der Politik auf Verständnis und Sympathie stoßen, dann stimmt etwas nicht, dann ist etwas faul im Staate. Dann ist die staatliche Ordnung selbst gefährdet, dann bröckelt das ganze Gemeinwesen.

Denn dann steuert die ganze Bewegung unweigerlich auf einen Entscheidungspunkt zu, an dem unsere Gesellschaftsordnung als solche auf dem Spiel steht. Entweder die Aktivisten und ihre Sympathisanten haben recht, dann ist der Staat in seiner momentanen Form abzuschaffen und durch etwas Neues zu ersetzen, oder sie haben nicht recht, dann müssen sie hinter Schloss und Riegel.

Die Frage ist also: Gibt es eine solche gesellschaftsbedrohende Bewegung? Wie weit ist sie bereits vorgedrungen? Und: Was ist das Neue, das diese Bewegung fordert, wesentlich und eigentlich? Was genau ist das gedankliche Konzept dahinter, die geistige Verbindung? Und weiter: Wollen wir das, was diese Bewegung fordert, wirklich? Und wenn nicht: Können wir uns überhaupt noch dagegen wehren oder gehen wir unter?

Rechtsverdreher

Einzelne Chaoten, die irgendein Thema für sich als Ventil für das Ausleben persönlicher Aggressionen nutzen, gibt es immer wieder. Fußball-Hooligans beispielsweise nehmen die sportliche Rivalität von Vereinen zum Anlass, um Krieg zu führen. Sie wollen einfach nur prügeln und andere Menschen verletzen, darüber hinaus haben sie keine politischen oder ideologischen Ziele. Für die Borussen und gegen die Bayern zu sein, ist nur ein austauschbares Motiv, es könnte auch eine andere Sportart, eine andere Stadt oder ein ganz anderes Spielfeld als Sport sein. Für die „Arier" und gegen die Juden zu sein würde genauso passen bzw. für das Kreuz und gegen den Halbmond wäre ebenso denkbar.

Auch vielen der vermummten Demo-Touristen des sogenannten *Schwarzen Blocks*, der in Deutschland genauso auftritt wie in den USA oder in Italien, geht es nicht erkennbar um irgendwelche ideologischen Motive. Sie benehmen sich so, als sei der Anlass der jeweiligen Demonstration egal, Hauptsache sie haben es mit einem bewaffneten Gegner zu tun, nämlich der Polizei, was wesentlich herausfordernder ist, mehr Spaß macht und zur Profilierung innerhalb der jeweiligen Szene mehr Chancen birgt, als wehrlose Omis, Bankangestellte, Homosexuelle, Manager oder Türken zu verprügeln. Problematisch wird es, wenn die Chaoten immer mehr werden. Dann gibt es ein gesellschaftliches Übel, eine Wurzel der Gewalt, und darum muss sich eine Gesellschaft kümmern. Dabei geht es um die Integration von Immigranten, die klaffende Schere der Einkommensverhältnisse, Jugendarbeitslosigkeit, Bildungsprobleme usw.

Aber das sind Probleme innerhalb einer Gesellschaft, die so oder ähnlich immer mal wieder, mehr oder weniger verstärkt auftreten. Dies sind keine Probleme, die gleich die ganze Gesellschaft infrage stellen. Was uns aber erschüttert und was wir als massive Bedrohung empfinden, ist ein viel größeres Problem als das der Chaoten. Was wir sehen, ist, dass sich Medien, Politik, Aktivisten und Sympathisanten aus allen Bevölkerungsschichten und politischen Lagern gegen Recht und Gesetz formieren und die bisherigen gesellschaftlichen Strukturen immer weniger verteidigt werden. Was wir sehen, ist, dass das Neue, was da jenseits von Grundgesetz, Menschenrechten und christlicher Ethik entstehen soll, einen Rückschritt um viele Jahrhunderte darstellt, einen unglaublichen kulturellen Verlust.

Plötzlich und immer heftiger werden von dieser breiten Bewegung die Standards und Normen unserer Gesellschaft nicht mehr akzeptiert.

Grundrechte, demokratische Prinzipien, Recht auf Eigentum, Recht auf körperliche Unversehrtheit, gleiches Recht für alle usw. werden systematisch ausgehebelt, das Grundgesetz wird ausgehöhlt. Wir hören auf, über Meinungsverschiedenheiten zu streiten und greifen stattdessen einander massiv an, sprechen einander ehemals sicher geglaubte Grundrechte ab.

Ein Unternehmen, das einen wissenschaftlichen Versuch im Freiland durchführen will, um festzustellen, wie sich gentechnisch veränderte Pflanzen in der Realität verhalten, welche Komplikationen sich ergeben können und wie die Umwelt darauf reagiert, ist zunächst einmal auf der Suche nach Wahrheit und Gewissheit. Ob Genmais wirklich Schaden anrichtet oder nicht, müsste eigentlich auch die Gentechnikskeptiker interessieren, denn Beweise für die Schädlichkeit gibt es immerhin bislang so gut wie keine. Wenn das Unternehmen dann die ziemlich aufwendigen Genehmigungsverfahren durchläuft, welche demokratisch gewählte Regierungen aufgestellt haben, wenn es auf der Basis der geltenden Gesetze handelt und alle öffentlichen Regeln befolgt, handelt es ganz offensichtlich in keinerlei Weise verbrecherisch.

Man kann über Gentechnik diskutieren. Man kann auch darüber streiten, ob die angewendeten Gesetze und Verfahren richtig sind, aber man darf nicht einfach das Feld zerstören, denn das ist ein Rechtsbruch: vorsätzliche Sachbeschädigung, Hausfriedensbruch – eine Straftat. Und wohlgemerkt: Es geht dabei nicht um die Frage, ob man für oder gegen Gentechnik ist, sondern um einen Straftatbestand.

Das sollte eigentlich einleuchten, doch merkwürdigerweise ist das Vorgehen der Täter für weite Kreise der Bevölkerung legitim. Befragt man die Leute und Vertreter politischer Parteien, liest man Zeitungsberichte, dann findet man überall Verständnis und Sympathie für die Täter und große Vorbehalte, Abneigung, ja, teilweise gar Hass für die Opfer der Straftat. Außerdem eine krude, undifferenzierte Vermischung von Fakten und Meinungen. Wer Fakten benennt, z. B. eine Straftat auch als solche bezeichnet, wird dadurch in den Augen vieler Meinungsmacher in Politik und Medien zum „Kollaborateur". Das Unternehmen wird in der öffentlichen Wahrnehmung in weiten Kreisen zum eigentlichen Verbrecher gestempelt, die Täter werden zu Helden stilisiert. So eine Umkehrung der Auffassung von Recht und Gerechtigkeit ist nur möglich, wenn dahinter eine Gewissensentscheidung, eine Güterabwägung steht, wie eingangs bei Graf Stauffenberg oder Helmut Schmidt beschrieben. Auf der einen Seite Recht und Gesetz, auf der anderen Seite … ja was eigentlich? Was ist es denn, was da in einer Güterabwägung höher veranschlagt wird als das Recht auf Eigentum und das Hausrecht – beides universelle Grundrechte? Ist Gentechnik ein Verbrechen gegen die Menschlichkeit?

Fakt ist, dass Gentechnik ein Verfahren ist, das das Erbgut von Lebewesen verändert. Die bisherigen, in den letzten paar Jahrtausenden angewendeten Verfahren der Gentechnik lassen sich unter dem Begriff „Zucht“ zusammenfassen. Sämtliche Nahrungsmittel mit Ausnahme der wenigen Wildtiere, die gelegentlich auf unserem Speiseplan auftauchen, sind die Ergebnisse von Zucht und damit von Gentechnik. Jedes Brot, jedes Stück Fleisch, jeder Apfel, jeder Tee – dies alles sind Nahrungsmittel, die auf Zuchtformen beruhen und sie wurden keineswegs in natürlicher Form vorgefunden. Gegen die Veränderung des Genoms von Tieren und Pflanzen durch den Menschen gibt es also in Wahrheit keinerlei Widerstand, auch nicht von den „Gentechnikgegnern“, sie wird als völlig normal empfunden und ist etwas zutiefst Menschliches.

1982, also vor ungefähr 30 Jahren, wurde in den USA das erste, nach neuen gentechnischen Laborverfahren hergestellte Medikament gesetzlich zugelassen: Humaninsulin zur Behandlung von Diabetes. Seither sind viele weitere Medikamente durch gentechnische Laborverfahren entstanden, z. B. Medikamente zur Behandlung von Hepatitis, AIDS, Krebs, Kleinwüchsigkeit, Arthritis, Hämophilie und vielem mehr. Auch gegen diese Form der Gentechnik gibt es in der Gesellschaft keinen Widerstand, erst recht keine Straftaten. Unter allen Gentechnikgegnern in den USA, in Frankreich, England oder Deutschland wird es rein statistisch viele Menschen geben, die täglich durch gentechnische Verfahren hergestellte Medikamente einnehmen. Die Leistungen der Medizintechnik und der Pharmaunternehmen werden gefeiert, und jeder, der persönlich einmal davon profitiert hat, dessen Leben möglicherweise dadurch gerettet wurde, kann abschätzen, welchen Dienst an der Menschheit der sinnvolle Gebrauch der Gentechnik darstellen kann.

Weder Erbgutveränderungen durch den Menschen noch gentechnische Laborverfahren werden demnach abgelehnt. Wogegen sind die Gentechnikgegner dann überhaupt? Selbstverständlich kann man darüber streiten und offen diskutieren, ob die Praxis der großen Saatgutkonzerne wie *Monsanto* in allen Teilen legitim ist oder nicht. *Monsanto* stellt gentechnisch veränderte Maissorten her, die gegen ein ganz bestimmtes, ebenfalls von *Monsanto* hergestelltes Gift resistent sind. Die Logik dahinter: Der Bauer kann massenweise Gift auf seinem Feld ausbringen, das Schädlinge und Unkraut vernichtet, aber den Mais unbehelligt lässt. Diese Geschäftsidee hat etwas Perfides, denn sie macht es nicht nur einfacher, Gift in der Umwelt auszubringen, was die bekannten ökologischen Schäden nach sich zieht, sondern sie macht die Bauern abhängig von den Giftprodukten des *Monsanto*-Konzerns. Denn der Mais ist gentechnisch auf das *Monsanto*-Gift eingestellt. Der Bauer kann keine anderen Giftsorten mehr verwenden, sobald er sich für dieses Saatgut entschieden hat; Preiserhöhungen beim Gift ist er dann machtlos ausgeliefert.

Selbstverständlich widerspricht solch ein Verfahren erkennbar unseren Moralvorstellungen. Wenn es mit den bestehenden Gesetzen nicht zu unterbinden ist, dann ist das eine Aufgabe für die Legislative. Eine bessere Balance zwischen dem Recht auf freie Geschäftsausübung des Konzerns und den Freiheitsrechten der Landwirte wäre hier sicherlich wünschenswert. Darüber ließe sich leicht ein Konsens herstellen. Aber trotzdem bleibt es dabei, dass nach Recht und Gesetz die Umweltaktivisten die Täter sind und der Konzern der Geschädigte. Ein Gewissenskonflikt, der eine Güterabwägung erfordert, ist hier doch gar nicht erkennbar. Auch die dafür typischen Gewissensbisse, die notwendige Überwindung zur als notwendig erachteten Straftat, die Demut und Abwesenheit von Triumph, der intendierte Schutz des Rechts, das übertreten wird – all das, was typisch ist für eine echte Güterabwägung, ist hier nicht erkennbar. Stattdessen haben sich hier Menschen einfach über geltendes Recht egoistisch hinweggesetzt und ernten dafür sogar noch die Sympathie der Öffentlichkeit.

Was ist korrekt?
In Österreich gibt es eine Spezialität, nämlich eine traditionelle Nachspeise, die man in jedem guten Kaffeehaus auf der Speisekarte findet, ein im Wasserbad gekochter Schokopudding mit Schlagsahne mit dem Namen „Mohr im Hemd". Der Name der Nachspeise führte in der Vergangenheit zu einigen Protesten, man fand das Wort „Mohr" diskriminierend. Der Begriff ist bereits im Althochdeutschen des 8. Jahrhunderts belegt und bezeichnete ursprünglich einen Mauren, also einen Menschen aus Nordafrika, insbesondere aus Mauretanien. Der etymologische Ursprung geht auf das griechische Wort *mauros* mit der schlichten Bedeutung „schwarz", „dunkel", „dunkelhäutig", „dunkelhaarig" zurück.

Das Wort galt viele Jahrhunderte lang als völlig passend und war allgemein gebräuchlich. Viele Menschen sind aber seit ungefähr Mitte der 1970er-Jahre der Meinung, dass sowohl „Neger" als auch „Mohr" rassistisch-diskriminierende Begriffe seien. „Weiße", wie wir hellhäutigen Europäer bei manchen Völkern genannt werden, oder „Langnasen", wie die Chinesen uns bezeichnen, empfinden wir dagegen aus ungenanntem Grund selbst nicht als rassistisch-diskriminierend. Warum auch: Unsere Haut ist schließlich in der Tat weißer als die der meisten Menschen auf der Welt und unsere Nasen sind im Durchschnitt tatsächlich länger als die der Chinesen.

Also, wie nennen wir jetzt, was wir benennen wollen? Zu Menschen mit dunkler Hautfarbe „Menschen mit dunkler Hautfarbe" zu sagen, ist sehr unpraktisch. Es ist aber wenig ratsam, es mit „Schwarzer" zu versuchen, denn das heißt ja nichts anderes als „Neger" und wird von immer mehr Leuten ebenfalls als Schimpfwort gedeutet. Bleibt also noch „Farbiger", aber auch das empfinden immer mehr Leute bereits als abwertend, denn Weiß ist schließlich auch eine Farbe und „farbig" klingt wie „eingefärbt", also irgendwie unecht, und das will man schließlich niemandem unterstellen. Im Moment fährt man noch am besten mit „Afrikaner" bzw.

„Afro-Amerikaner“, auch wenn der Mensch, den man damit bezeichnet, in Wien lebt und mit Afrika oder Amerika gar nichts am Hut hat.

Der österreichische Ableger des Eiscremeherstellers *Langnese* (sic!) heißt „Eskimo“. Die Marke wurde bereits 1927 als Eismarke in Österreich eingeführt und später von Langnese gekauft. So zu heißen ist seit ungefähr 30 Jahren problematisch, denn der Name „Eskimo“ wurde von einigen Menschenrechtsaktivisten auf das Wort *ashkipok* aus der Sprache der *Anishinabe* zurückgeführt, einem Indianervolk Nordamerikas. *Ashkipok* heißt „Rohfleischfresser“. Au weh! Darum erklärte man „Eskimo“ als Wort für diskriminierend und ersetzte es durch „Inuit“, um die arktischen Völker im nördlichen Polargebiet politisch korrekt zu bezeichnen.

Die Antidiskriminierungswächter waren nun zufrieden, dafür regte sich peinlicherweise Widerstand bei den Bezeichneten: Da „Inuit“ streng genommen nur für die Völker passend ist, die *Inuktitut* sprechen, es aber andere Polarvölker gibt, die eben gerade nicht *Inuktitut* sprechen, sondern beispielsweise *Yupik*, können sich diese Völker mit der Bezeichnung „Inuit“ nicht identifizieren und kommen sich vor wie Badener, die man als „bayerisch“ bezeichnet, nur weil sowohl Baden als auch Bayern an den Bodensee angrenzen.

Außerdem hat bereits 1978 der Linguist Jose Mailhot, der selbst die Sprache der kanadischen Innu spricht, herausgefunden, dass das Wort „Eskimo“ einfach „Menschen, die eine andere Sprache sprechen“ bedeutet. Die Cree-Indianer Nordamerikas hatten so einfach alle nicht mit ihnen verwandten Völker im Norden mit diesem Sammelbegriff bezeichnet. Der Begriff eignet sich also wunderbar als Bezeichnung, die keinem auf den Schlips tritt, und wird von den Polarvölkern selbst heute gerne verwendet, beispielsweise sagen die den Grönlandwal jagenden Inupiat voller Stolz, dass sie zum großen Volk der „Eskimo“ gehören. Trotzdem hält sich mit erstaunlicher Hartnäckigkeit der strenge Blick und der tadelnde Kommentar der Gutmenschen, wenn das Wort „Eskimo“ fällt. – „‚Eskimo‘ heißt ‚Fischfresser‘, du Ignorant. Heute sagt man ‚Inuit‘!“ – Wenn Ihnen so etwas das nächste Mal passiert, dürfen Sie laut lachen.

Als nun aber ausgerechnet die Firma *Eskimo* im Jahr 2009 eine neue Eissorte auf den österreichischen Markt brachte und „Cremissimo à la Mohr im Hemd" taufte, brach ein Sturm der Entrüstung los, denn die Firma verwendete in der Werbung den Slogan: „I will mohr!" – Das war den Antidiskriminierungstruppen des Guten zu viel. *Eskimo* wurde öffentlich Rassismus vorgeworfen. Die wild protestierenden politisch korrekten Bürger unterschiedlicher Hautfarbe zeigten *Eskimo* beim österreichischen Werberat an. Dort darf sich jeder, der sich von einer Werbung „belästigt, verletzt oder irregeführt fühlt", beschweren. Ergebnis: Das Unternehmen gab unter dem öffentlichen Druck klein bei und entschloss sich, die Werbung zurückzuziehen. Die Werbung wurde von der Website des Herstellers gelöscht, die Plakate wurden landesweit entfernt.

Sie mögen vielleicht belustigt abwinken, aber bedenklich finden wir, dass der Druck so groß war, dass die Verantwortlichen bei *Eskimo* sich nicht trauten, gegen diesen offensichtlichen Schwachsinn anzukämpfen und lieber in Kauf nahmen, eine Menge Geld zu verlieren. Die Menschen und Unternehmen lassen sich von einer schäumenden Minderheit einen Maulkorb anlegen und ziehen den Kopf ein. Die Meinung der Wenigen bestimmt den Diskurs, Gegenmeinungen werden sofort aggressiv niedergemacht – und das funktioniert. Wie kann das nur sein? Obwohl die Achtundsechziger-Generation einst Freiheit predigte und gegen Tabus kämpfte, tut sich diese Generation ganz besonders mit dem Erfinden und Durchsetzen neuer Tabus hervor. Die ganze politische Korrektheit ist nichts anderes als der systematische Aufbau von Tabus. Über vieles darf man nicht mehr sprechen, ohne einen Sturm der Entrüstung und übelste Hetze zu ernten.

Das Wort „Nation" beispielsweise in den Mund zu nehmen, macht einen Menschen in den Augen der politisch Korrekten sofort zu einem verkappten Nazi. Wer die Wörter „Asylant", „Jude", „Aussiedler", „Türke" benutzt, muss sehr gut aufpassen, dass er nicht sofort verdächtigt wird, ein schlechter Mensch zu sein. Es gibt Wörter, die von den Lektoraten in den Verlagen glatt aus dem Autorenmanuskript gestrichen werden. Beispielsweise schlägt die Sprachpolizei zuverlässig zu, wenn das völlig normale deutsche Wort „Führer“ verwendet wird. Ein solches Unwort für einen Menschen in einer Führungsposition zu verwenden, ist offenbar verboten, ohne dass dazu jemals ein Gesetz verabschiedet worden wäre. Stattdessen wird man gezwungen, das gleichbedeutende englische „Leader“ zu verwenden oder das umständliche „Führungskraft“. Es gibt Lektoren, die Autoren die Veröffentlichung verweigern, wenn sie darauf bestehen, dieses deutsche Wort korrekt zu verwenden. Das Wort „Führer“ ist tabu, wer es dennoch verwendet, wird schnell verdächtigt, ein heimlicher Nazi zu sein oder Blut-und-Boden-Terminologie zu verwenden, völlig unabhängig vom eigentlichen Inhalt der Aussage. Tabus sind aber stillschweigende Übereinkünfte, die Verhalten gebieten oder verbieten. Der mit einem Tabu belegte Gegenstand wird damit jeder rationalen Begründung oder Kritik entzogen.

Bei Tabus geht es überhaupt nicht um die Auseinandersetzung mit Inhalten oder um das Ausfechten von Meinungsverschiedenheiten, wie es einer pluralistischen Gesellschaft angemessen wäre, sondern sie sind Ausdruck einer egozentrisch-diktatorischen Grundhaltung, die etwas gebietet oder verbietet, allein deshalb, weil man persönlich eine bestimmte Meinung hat, die man aber nicht begründen oder verteidigen, sondern einfach durchsetzen will.

Sofort unter Naziverdacht oder zumindest unter dem Verdacht, ein schlechter Mensch zu sein, steht heute auch jeder, der den Namen „Sarrazin“ in den Mund nimmt. Im Jahr 2010 erschien das Buch „Deutschland schafft sich ab“[3] des damaligen Bundesbankvorstands Thilo Sarrazin. Es wurde mit über einer Million verkaufter Exemplare das meistverkaufte Sachbuch eines deutschen Autors im ganzen Jahrzehnt. Ganz offenbar war der Gegenstand des Buches, nämlich die Sorge um die Zukunft Deutschlands, hoch relevant. Dem Erscheinen folgte eine heftige Kontroverse, in der mit einer unglaublichen Vehemenz gegen den Autor des Buches gehetzt wurde. Er wurde insbesondere von vielen Vertretern aus Politik und Medien unter anderem als „Rassist“, „Stammes-

---

3 Thilo Sarrazin: Deutschland schafft sich ab, München [1]2010

krieger", „Antisemit", „Biologist", „Rechtspopulist" und „Volksverhetzer" beschimpft, verlor sein Amt als Vorstand der Deutschen Bundesbank und wurde als SPD-Mitglied mit einem Parteiausschlussverfahren konfrontiert, das allerdings scheiterte. Bemerkenswerterweise hatten viele derjenigen, die am lautesten gegen Sarrazin polemisierten – leider wohl auch die Bundeskanzlerin –, das Buch gar nicht gelesen.

Wer das Buch tatsächlich liest, wird darin jede Menge Statistiken und Fakten finden, aber keinerlei rassistische, antisemitische oder gar volksverhetzende Meinungsäußerungen. Der Autor war sichtlich bemüht, stichhaltige Belege für seine Aussagen heranzuziehen. Die einzige Tat, derer sich Sarrazin offenbar schuldig gemacht hat, war, die Fakten auf den Tisch zu legen und wahrheitsgemäß auszusprechen, was die politisch Korrekten tabuisiert hatten.

Was hat Sarrazin in dem umstrittenen Buch geschrieben? Er konstatiert beispielsweise Zeichen des intellektuellen Verfalls der Gesellschaft: „Die kontinuierliche Abnahme des quantitativen Potenzials an wissenschaftlich-technischer Intelligenz wird sich fortsetzen." – Und er kann diese Aussage belegen. Er äußerte außerdem die Meinung, dass eine rein materielle Armutsdefinition bei der Bekämpfung der Armut nicht hilft: „Nicht die materielle, sondern die geistige und moralische Armut ist das Problem." Er beklagt auch, dass eine starke Umverteilung der Einkommen die weniger Leistungsstarken in die Nichtbeschäftigung treibt und dort bindet. Er benennt Defizite im deutschen Bildungssystem. Dann kritisiert er, dass 60 Prozent der Ehen türkischer Staatsbürger in Deutschland mit einem „Importpartner" aus der Türkei, meistens aus der eigenen Familie, geschlossen werden:

> „Ganze Clans haben eine lange Tradition von Inzucht und entsprechend viele Behinderungen. Es ist bekannt, dass der Anteil der angeborenen Behinderungen unter den türkischen und kurdischen Migranten weit überdurchschnittlich ist. Aber das Thema wird gern totgeschwiegen."[4]

---

4 Thilo Sarrazin: Deutschland schafft sich ab. München [1]2010, S. 316

Solche Sachen darf man also in unserem Land nicht mehr sagen, auch wenn sie stimmen und nachweisbar sind. Viele seiner Detailaussagen, beispielsweise, dass Gebildete immer weniger Kinder bekämen und die geistige Fitness bei weniger Gebildeten immer weiter abnähme, wurden im Nachgang von Wissenschaftlern bestätigt. Aber die zustimmenden Aussagen gingen ohnehin in einem infernalischen Lärm unter, in dem sich beinahe jede deutsche Zeitung und viele führende Politiker gegenseitig darin überboten, unsachgemäß, ehrabschneidend und irreführend über den Autor herzuziehen.

Dabei gab es, kaum wahrgenommen, viele besonnene Stimmen. Der Schriftsteller Ralph Giordano freute sich über die „furchtlose Sprache“ des Buches und die dadurch eröffnete Chance, endlich über die bestehenden Integrationshemmnisse sprechen zu können. Die Schriftstellerin Monika Maron lobte, das Buch habe das „Sprechverbot“ gelockert. Die Islamkritikerin Necla Kelek schätzte den „wichtigen Beitrag“ Sarrazins, der Muslime auffordere, über ihre Rolle in Deutschland zu reflektieren.

Viele vernünftige Menschen sorgten sich vor allem um die hanebüchene Rezeption des Buches. Der Publizist Henryk M. Broder kritisierte den „erste[n] Fall von Hexenjagd in Deutschland seit Mitte des 17. Jahrhunderts“. Der ehemalige Bundesbildungsminister und Erste Bürgermeister von Hamburg, Klaus von Dohnanyi, bemerkte eine „reflexhafte Ächtung“ Sarrazins statt eines „fairen Prozesses“. Der spätere Bundespräsident Joachim Gauck stellte fest, Sarrazin habe „Mut bewiesen“ und „über ein Problem, das in der Gesellschaft besteht, offener gesprochen als die Politik“. Und der Journalist Berthold Kohler schrieb in der *Frankfurter Allgemeinen* am 9. September 2010:

> „Wer solche [...] Bücher schreibt, muss sich auf politische und gesellschaftliche Ächtung gefasst machen. [...] Die Freiheit der Andersdenkenden war einmal. Auch Voltaire scheint in Potsdam und Berlin nicht mehr häufig gelesen zu werden.“

Die Freiheit der Andersdenkenden war einmal! Weite Teile der Politik und der Medien wie auch ein großer Teil einer erstaunlich uninformierten Bevölkerung benahmen sich wie die Inquisition im Mittelalter. Warum? Weil das Buch von Sarrazin keine Rücksicht auf die *Political Correctness* nahm, sondern entgegen aller Tabus und Denkverbote aussprach, was viele über die Immigranten in Deutschland dachten und denken:

> „Wer da ist und einen legalen Aufenthaltsstatus hat, ist willkommen. Aber wir erwarten von euch, dass ihr die Sprache lernt, dass ihr euren Lebensunterhalt mit Arbeit verdient, dass ihr Bildungsehrgeiz für eure Kinder habt, dass ihr euch an die Sitten und Gebräuche Deutschlands anpasst und dass ihr mit der Zeit Deutsche werdet – wenn nicht ihr, dann spätestens eure Kinder. Wenn ihr muslimischen Glaubens seid, o.k. Damit habt ihr dieselben Rechte und Pflichten wie heidnische, evangelische oder katholische Deutsche. Aber wir wollen keine nationalen Minderheiten. Wer Türke oder Araber bleiben will und dies auch für seine Kinder möchte, der ist in seinem Herkunftsland besser aufgehoben. Und wer vor allem an den Segnungen des deutschen Sozialstaats interessiert ist, der ist bei uns schon gar nicht willkommen.“[5]

Wir sind weltoffene, weitgereiste, gebildete und tolerante Menschen – und wir können jedes Wort, das da steht, unterschreiben. Und wir tun das hier allein schon deshalb ausdrücklich, um ein Zeichen zu setzen gegen die immer mächtiger werdenden Feinde der Meinungsfreiheit, die Mörder der inhaltlichen Auseinandersetzung, die Sprach- und Denkwächter der *Political Correctness* und die dumm diskriminierenden, selbst ernannten Antidiskriminierungspolizisten in den Redaktionen, Verlagen und hinter den Rednerpulten in Europa!

Männlein oder Weiblein? – Ach, egal!

Eine weitere, bereits unglaublich weitverbreitete Form der Meinungsdiktatur in unserer Gesellschaft ist die des *Gender Mainstreaming*, der Gleichstellung der selbst wahrgenommenen und gefühlten „sozialen“

5 Thilo Sarrazin: Deutschland schafft sich ab. München [1]2010, S. 326

Geschlechtsidentität von Menschen auf allen gesellschaftlichen Ebenen. Das jagt uns wirklich Angstschauer über den Rücken. Ein paar kleine Beispiele: Für den Naturpark Eifel wurde die Werbung „gegendert". Das Umweltministerium Nordrhein-Westfalen beauftragte zwei Expertinnen, die nach elfmonatiger Arbeit einen 67-seitigen Abschlussbericht vorlegten, in dem sie unter anderem empfahlen, die Abbildung eines röhrenden Hirsches auf den Werbeprospekten zu streichen, weil er stereotype Geschlechterrollen fördere.

Der Heraldiker Vladimir Sagerlund entwarf das Wappen für die schwedischen Friedenstruppen, die Teil der *Nordic Battlegroup* sind und für die Europäische Union Krisengebiete befrieden sollen. Gemäß schwedischer Tradition wählte er einen Löwen als Wappentier. Der schwedische „Folkungerlöwe" wird seit dem 13. Jahrhundert in schwedischen Wappen verwendet und steht vor allem für „Mut". Es ist ein männlicher Löwe, der darum mit einer dichten Mähne und mit einem Penis dargestellt wird. Es kam, wie es kommen musste: Einige Soldatinnen forderten, den Penis aus der Darstellung zu entfernen. Da man eine Klage vor der EU befürchtete, geschah das auch umgehend. Dabei entbehrte dies nach Sagerlund jeder Grundlage: „Für die entmannte Ausgabe kann ich nicht einstehen. Wappenschilde ohne Genitalien gab man früher denen, die die Krone verrieten."

2008 sprachen sich im Europäischen Parlament 504 Abgeordnete bei nur 110 Gegenstimmen und 22 Enthaltungen für eine Initiative aus, bei der der Werbewirtschaft untersagt werden sollte, sexistische Klischees in der Fernsehwerbung zu verwenden. Demnach soll es verboten werden, eine Hausfrau hinter dem Herd oder vor einer Waschmaschine zu zeigen. Das Problem dabei ist: Es gibt aber nun einmal Hausfrauen und die eine oder andere Waschmaschine wird tatsächlich noch von einer Frau bedient, so rückständig das manchen EU-Abgeordneten auch erscheinen mag. Ein Verbot, Frauen darzustellen, die Waschmaschinen bedienen, ist nichts anderes als totalitärer Zwang. Andere Klischees dagegen, etwa das der „Powerfrau" oder neue Klischees wie der sich liebevoll um sein Baby kümmernde, ein Elternjahr einlegende Papi sollen nicht abgeschafft werden. Das Europaparlament forderte pauschal, dass „traditionelle Geschlechterrollen infrage gestellt werden müssen, wenn die Gleichstellung der Geschlechter erreicht werden soll". Dass es Männer wie Frauen genauso gibt wie Kühe und Stiere, wird also von diesen Leuten als ein Dogma begriffen, das abgeschafft werden muss. Es wird dann durch neue Dogmen ersetzt.

Diese und alle ähnlichen Initiativen tragen nicht nur totalitäre Züge, sondern sind zudem vollkommen willkürlich. Die Freiheit der Menschen wird auf diese Weise Schritt für Schritt systematisch eingeschränkt, um die Meinung einer durchgeknallten Minderheit durchzusetzen. So funktioniert eine Zwangsherrschaft: Meinungen werden diktiert. Man nennt so etwas „Diktatur", auch wenn in diesem Fall gewählte Volksvertreter die Ausführenden sind. Es kam jedenfalls noch nie vor, dass ein Volk in einer Abstimmung darüber entscheiden konnte, ob es „gegendert", also geschlechtergleichgeschaltet werden möchte. Das Ergebnis wäre dann nämlich eindeutig.

Im Oktober 2007 hat der damalige Gouverneur von Kalifornien, Arnold Schwarzenegger, ein Gesetz unterzeichnet, welches verbietet, dass in Schulbüchern oder Schulaktivitäten eine diskriminierende Einstellung zu Geschlechterrollen verbreitet wird. Explizit wird dort festgelegt, dass „Toiletten und Umkleideräume desjenigen Geschlechts gewählt werden dürfen, mit dem sich eine Person identifiziert". Entscheidend ist also nicht mehr, ob ein Mensch ein Mann oder eine Frau ist, sondern, ob sich eine Frau gerade als Frau fühlt oder ob sie gerade Lust hat, lieber ein Mann zu sein. Mit großer Sicherheit allerdings käme eine Frau, die sich in der Männertoilette herumtreibt, weil sie sich gerade irgendwie kerlig fühlt, ungestraft davon, während ein Mann, der gerade weibliche Rundungen an sich spürt und deshalb lieber auf die Damentoilette geht, mit großer Wahrscheinlichkeit als auf frischer Tat ertappter Vergewaltiger ins Gefängnis. Aber das ist nur eine Vermutung.

Auch wenn diese Beispiele teilweise absurd und komisch sind, müssen wir uns klar machen, dass sie von einem größer werdenden Teil der

Bevölkerung überhaupt nicht mehr als absurd und komisch empfunden werden, sondern bitterernst gemeint sind. Und dies sind nur kleinste Ausschnitte aus einem riesigen Themenfeld. *Gender Mainstreaming* ist wie ein Eisberg, bei dem der größte Teil unterhalb der Sichtbarkeitslinie bleibt. (Einen ausführlicheren Artikel zum Thema „Neue Aufklärung und Gender-Mainstreaming" von Manfred Spreng finden Sie auf der Webseite www.hoellensturz-hoffnung.de.)

Das Thema ist über 30 Jahre alt, eigentlich noch älter, und hat seine Wurzeln im Feminismus. Simone de Beauvoir sagte damals: „Man wird nicht als Frau geboren, sondern dazu gemacht." *Gender* bezeichnet das „soziale" Geschlecht, im Gegensatz zum biologischen Geschlecht, auf Englisch: *sex*. Gemäß der *Gender*-Ideologie ist das biologische Geschlecht eine nachrangige Sache. Maßgeblich sei vielmehr die Art und Weise, wie jeder Einzelne sich selbst und seine Beziehungen zu anderen empfinde. Die Existenz von Männern und Frauen sei lediglich ein soziales Konstrukt. Jegliches Geschlechterverhalten wird als lediglich erlernt betrachtet, Weiblichkeit und Männlichkeit seien psychisch und kulturell angeeignet. Ja, mehr noch, jede Annahme der Existenz von Geschlechtern sei bereits eine gewaltsame Zuweisung von Identität durch das „heterosexuelle Patriarchat". Diese Behauptung ist die intellektuelle Basis aller *Gender*-Bestrebungen, die heute in allen europäischen Regierungen so forsch vorangetrieben werden. Um es auf den Punkt zu bringen: Wer zu einem Jungen sagt, er werde einmal ein Mann, oder zu einem Mädchen, es werde einmal eine Frau, der übt damit nach Meinung der *Gender*-Ideologen auf die Kinder Gewalt aus, mit der Absicht, sie zu einem Leben als heterosexuelle Wesen zu zwingen. Wer *Gender Mainstreaming* vorantreibt, glaubt, dass die Gesellschaft durch sprachliche Wiederholung von Stereotypen erzwinge, dass wir uns für einen Jungen oder ein Mädchen, einen Mann oder eine Frau halten. Die prominenteste Vertreterin dieser nach unserem Verständnis völlig verrückten und wissenschaftlich nie und nimmer haltbaren Randmeinung in Deutschland ist Alice Schwarzer. Ihre Meinung ist, dass „die Gebärfähigkeit auch der einzige Unterschied ist, der zwischen Mann und Frau bleibt. Alles andere ist künstlich aufgesetzt."

Geschlechteridentität, also das Übereinstimmen von biologischem Geschlecht mit dem Selbstverständnis des jeweiligen Menschen, wird von der *Gender-Mainstreaming*-Bewegung abgelehnt. Bestehende Geschlechterrollen sollen aufgelöst werden, damit die Geschlechtergrenzen aufgelöst und verwischt werden können. Das erklärte Ziel ist: Frauen und Männer sollen nicht mehr voneinander unterscheidbar sein und von der gewaltsam aufoktroyierten Geschlechterrolle befreit werden. Diese Ideologie verkleidet sich zu Beginn mit dem Thema der Gleichstellung der Frau mit dem Mann. Solange es dabei um die Gleichberechtigung der Frauen geht, also um das Herstellen und Verteidigen von gleichen Rahmenbedingungen, Rechten und Chancen, hebt jeder von uns Professoren sofort die Hand: Ja, bitte beseitigt alle rechtliche Ungleichheit und alle Benachteiligungen der Frauen, die eventuell noch vorhanden sind! Selbstverständlich!

Aber die Grenzen sind fließend. Unmerklich verschiebt sich der Fokus: Wir hören noch „Geschlechtergerechtigkeit", aber gemeint ist eigentlich schon Geschlechtergleichheit. Aus dem Kampf für gerechte Ausgangsbedingungen wird schleichend ein Kampf für Ergebnisgleichheit: die gleiche Anzahl von Mitgliedern, Vorständen, Führungskräften, die gleichen Durchschnittsgehälter, die gleichen Berufe – die Quoten kommen! In der fehlgeschlagenen Lissabon-Strategie der Europäischen Union wurde das im Jahr 2000 so formuliert: Das Humankapital der Frauen, die nicht lohnabhängig vollbeschäftigt sind, bleibt schlicht und einfach ungenutzt, und diesen Missstand gilt es zu bekämpfen, wenn Europa innerhalb von zehn Jahren zum wettbewerbsfähigsten Wirtschaftsraum der Welt werden soll. Das neue Stereotyp, das neue Dogma von der Rolle der Frau lautet also: auf gar keinen Fall Hausfrau und Mutter! Eine Frau arbeitet Vollzeit! Ab hier bleiben unsere Hände unten, denn die Ergebnisse von gesellschaftlichen Prozessen vorwegzunehmen unter Ignoranz der Unterschiede zwischen Männern und Frauen, das überschreitet für uns die Grenze der Zuständigkeit des Staates.

Wenn freiwillig weniger Frauen als Männer technische Berufe wählen, in Führungspositionen der Wirtschaft streben, Vollzeitarbeitsplätze in

Anspruch nehmen oder überhaupt einer Erwerbsarbeit nachgehen, obwohl Mädchen und Frauen in unseren Bildungsangeboten eher bevorzugt als benachteiligt werden, dann ist das keine Fehlentwicklung, sondern einfach die gesellschaftliche Realität, die sich gerne im Laufe der Zeit verändern darf, aber die es nicht durch staatliche Eingriffe zu korrigieren gilt. Unserer Meinung nach haben Frauen das gute Recht, in Wirtschaft und Gesellschaft andere Wege einzuschlagen als Männer, und umgekehrt. Quoten, die Ergebnisgleichheit herstellen sollen, sind blanke Ideologie und diskriminieren Männer und Frauen gleichermaßen.

Aber das *Gendern* ist mittlerweile nicht mehr aufzuhalten. Es gibt inzwischen in allen Behörden *Gender*-Beauftragte, die alle Maßnahmen darauf prüfen sollen, ob Frauen im Ergebnis im Hintertreffen sind. Die Bundesregierung hat mittlerweile das *Gender Mainstreaming*, also das Verbot der Unterscheidung zwischen Mann und Frau als durchgängiges Leitprinzip und Querschnittsaufgabe festgelegt. Verkauft wird das als Fortschritt: „Damit reiht sich die Bundesregierung in die weltweiten Aktivitäten zur wirkungsvolleren Durchsetzung von Gleichstellungspolitik ein."

Gender Mainstreaming ist in der gesamten westlichen Welt auf dem Vormarsch und darum ein unglaublich mächtiger Trend. Alle politischen Parteien, die im Bundestag und in den Länderparlamenten vertreten sind, wurden davon erfasst. Seit ungefähr 1995 wird die Ideologie massiv von der Europäischen Union und der UNO vorangetrieben. Forderungen, die sich daraus ergeben, sind beispielsweise, dass die Geschlechtsbezeichnung aus dem Personalausweis zu streichen ist. Auch soll bereits im Kindergarten und in der Schule nicht nur mehr Toleranz gegenüber anderen Formen des sexuellen Verhaltens anerzogen werden, sondern es sollen auch sogenannte „erweiterte geschlechtliche Identitätskonzepte" als Normalität eingepflanzt werden.

In „gegenderten" Liedtexten werden in unseren Kindergärten beispielsweise ehemals männlich attribuierte Eigenschaften mit Mädchen verbunden, während ehemals gesellschaftlich als weiblich verankerte Eigenschaften Jungen zugeschrieben werden. Darin kommt beispielsweise vor, dass Mädchen mutig, tapfer und stark sind, Fußball spielen und auf Bäume klettern und dass Jungen zärtlich, lieb und ruhig sind, streicheln, singen, stricken und nähen. Die Erzieherinnen wollen mit dieser Form der sogenannten „positiven Diskriminierung" die vermeintlich von den Eltern in die Kinder eingepflanzten falschen Geschlechterstereotypen wieder zurückdrängen.

Vor allem die Universitäten geraten immer mehr zu *Gender*-Baustellen. Auf die streng geschlechtsneutrale Schreibweise wird beispielsweise am Institut für Gesellschafts- und Sozialpolitik der Johannes-Kepler-Universität in Linz so großen Wert gelegt, dass das ordnungsgemäße *Gendern* von schriftlichen Arbeiten den Studenten fünfmal so viele Punkte bringt wie Ausdruck, Rechtschreibung und Grammatik.

Eine Konsequenz dieses Denkens ist der Kampf der *Gender*-Ideologen für die Normalität der Homosexualität. Schwul oder lesbisch zu sein, soll nicht nur als gesellschaftsfähig, sondern als eine positive Entwicklung angesehen werden. Überzeugungstäter in Sachen Feminismus und *Gender Mainstreaming* lehnen es gleich ganz ab, von Homosexualität zu sprechen, denn die Einteilung in Mann und Frau, in hetero- und homosexuell sei lediglich ein „westliches Konstrukt" und man müsse ergo von vielen „Homosexualitäten" sprechen. Sex findet nach dieser Denkvorschrift also nicht zwischen Mann und Frau statt und in Ausnahmefällen zwischen Männern bzw. zwischen Frauen, sondern unter Menschen. Dann entfällt die Differenzierung, dass Homosexualität nicht der Normalfall ist, denn das wird als diskriminierend empfunden. Dass es da einen ganz bedeutenden Unterschied gibt, nämlich dass heterosexuelle Paare Kinder bekommen können und die homosexuelle Fortpflanzung nicht möglich ist, kann und darf so nicht mehr gedacht und gesagt werden. Ein Denkverbot folgt auf das nächste – und das sogar bei Parteien, die öffentlich immer noch gerne für Familie und Werte stehen wollen. (Eine Sammlung emotionaler, sachlicher und statistischer Argumente für die Ehe und Familie finden Sie in der Dokumentation von Thomas Schirrmacher: „Der Segen von Ehe und Familie – Erkenntnisse aus Forschung und Statistik" auf der Webseite www.hoellensturz-hoffnung.de.)

Das Furchtbare an der weiten Verbreitung dieser Ideologie ist, dass man sich nicht mehr öffentlich gegen sie stellen kann, ohne beruflichen Selbstmord zu begehen. Der Italiener Rocco Buttiglione sollte 2004 EU-Innenkommissar werden. Er ist als Philosophie- und Politikprofessor hoch qualifiziert, beherrscht sieben europäische Sprachen und hatte bereits Ministererfahrung in der italienischen Regierung. Als Vertrauter und Freund des letzten Papstes hatte er eine wichtige und für Europa nützliche Beziehung zum Vatikan – immerhin sind noch immer über 70 Prozent der Europäer Christen. Er war genau in dem Moment weg vom Brüsseler Fenster, als er freimütig zugab, dass Homosexuelle für ihn keine Sonderrechte besitzen. Er sagte vor dem Innen- und Justizausschuss des Europäischen Parlaments: „Die Rechte Homosexueller sollten auf dieselbe Weise verteidigt werden wie die aller europäischen Bürger.“ Er sei aber nicht bereit, Homosexuelle als eigene Gruppe anzuerkennen, die anders behandelt werden müsse als alle anderen Menschen. Buttiglione weiter: „Die Familie soll es Frauen ermöglichen, Kinder zu bekommen und vom Mann beschützt zu werden, der für sie sorgt. Das ist die traditionelle Definition der Ehe, die ich befürworte.“ Niemand dürfe vom Staat wegen Fragen der Sexualität benachteiligt werden, meinte er. Dies ergebe sich aus der Menschenrechtskonvention und der EU-Verfassung und er halte sich daran. Er werde Homosexuelle wie alle anderen Europäer vor Diskriminierung schützen. Eine Sonderbehandlung lehne er aber ab …

Es gab einen Tumult, ausgelöst durch die Vertreterinnen und Vertreter des *Gender Mainstreaming*, unter den Abgeordneten. Auf die schäumenden Anklagen der selbst ernannten Verteidiger der Rechte von Schwulen, Lesben, Bi- und Transsexuellen reagierte er besonnen und ruhig, antwortete geistreich und höflich in fünf verschiedenen Sprachen, zitierte Kant, Cicero und Max Weber, wie aus den Protokollen hervorgeht. Auch nach genauester Prüfung lässt sich seinen Aussagen nichts Diskriminierendes oder gar Homophobie entnehmen. Seine Standpunkte waren wohlüberlegt und standen auf dem festen Fundament der europäischen Kulturgeschichte. Anschließend stimmte der Innenausschuss ab und lehnte Buttiglione mit 26 zu 27 Stimmen als Innenkommissar ab, ein in der Geschichte der EU bis dahin einmaliger Vorgang. Heute ist so etwas bereits normal: Wer nicht mit dem *Gender Mainstreaming* konform geht, hat keine Chance mehr auf öffentliche Ämter, außer vielleicht noch in der katholischen Kirche, obwohl es auch da bereits Sprachvorgaben für Pfarrer gibt: „Liebe Christinnen und Christen …"

Gesetzesflut und Regelwut

Männer und Frauen sollen also ein und dasselbe sein. Aber irgendwoher müssen die Kinder ja kommen. Wie war das noch mit den Bienen? Im Frühjahr schwärmen die Bienen aus, wenn der Imker nicht aufpasst. Sie wollen sich fortpflanzen. Unbemerkt ist im Bienenstock eine zweite Königin großgezogen worden. Es kann aber nur eine geben. Also verlässt eine von beiden mit einem großen Teil der Arbeiterinnen den Bienenstock, um einen neuen zu gründen. Meist nur ein paar Hundert Meter entfernt sammeln sie sich und hängen in einer großen Traube an einem Ast oder Ähnlichem. Der Imker läuft dann mit einer Kiste hinterher und versucht, den Schwarm wieder einzufangen. Dass zwei Schwärme von verschiedenen Imkern gleichzeitig schwärmen und sich ausgerechnet auch noch an derselben Stelle niederlassen, ist extrem unwahrscheinlich.

Doch wir sind ganz offenbar der Meinung, dass es dafür dringend ein Gesetz braucht. Darum gibt es im BGB den Paragrafen 963:

> „Vereinigung von Bienenschwärmen: Vereinigen sich ausgezogene Bienenschwärme mehrerer Eigentümer, so werden die Eigentümer, welche ihre Schwärme verfolgt haben, Miteigentümer des eingefangenen Gesamtschwarms; die Anteile bestimmen sich nach der Zahl der verfolgten Schwärme."

Ja, auch so etwas ist absurd und lächerlich. Aber auch fällt nicht der Einzelfall ins Gewicht, sondern die schiere Flut von Gesetzen und Vorschriften in den westlichen Staaten. Deutschland verabschiedete im Bundestag in 60 Jahren rund 7.000 Gesetze. Hinzu kommt, dass es in EU, Bund und Ländern konkurrierende und überlappende Rechtsnormen gibt. Allein das Bundesrecht umfasst beinahe 2.000 gültige Gesetze mit fast

50.000 Einzelnormen sowie fast 3.000 Rechtsverordnungen mit fast 40.000 Einzelnormen.

In den anderen Ländern der westlichen Welt ist es kein bisschen anders. An einem einzigen Tag, dem 1. Januar 2011, traten allein im Bundesstaat Kalifornien 725 neue Gesetze in Kraft, darunter z. B. auch eines mit der Möglichkeit, Eltern zu einer Gefängnisstrafe zu verurteilen, wenn ihre Kinder mehr als 10 Prozent des Schuljahres fehlen. In der Schweiz müsste ein Hobbygärtner eigentlich eine 94 Seiten umfassende „Verordnung über den Pflanzenschutz" studieren, bevor er zur Grabkelle greifen darf; ein Polizist muss allein die 800 Vorschriften des Schweizer Straßenverkehrsrechts auswendig können. Und in Belgien müsste ein Bürger, der auf dem Laufenden bleiben will, täglich ein neues Gesetz und acht königliche Erlasse lesen, denn innerhalb von 15 Jahren hat sich die Anzahl der belgischen Gesetze verdoppelt. – Gesetze, Dekrete, Erlasse, Verordnungen, Ordonanzen, Regeln und Vorschriften – eine Krankheit der westlichen Welt.

Restlos alles, jeder auch noch so kleine Lebensbereich muss gesetzlich geregelt sein. Warum nur? Ist das wirklich nötig? Wird es von den politischen Akteuren als notwendig erachtet, weil die Menschen sonst nicht zurechtkommen? Braucht es für alles eine Vorschrift, weil die Menschen unmündig und verantwortungslos sind und es ihnen an gesundem Menschenverstand fehlt? Aber vielleicht ist es ja genau anders herum: Vielleicht brauchen die Menschen gar nicht mehr mündig, verantwortungsvoll oder klug sein, weil es ja für alles Vorschriften gibt. Was war zuerst da, das Ei oder die Henne? Natürlich gibt es durchaus politische Bestrebungen, den Gesetzesfilz zu lichten und die Vorschriftenflut einzudämmen. Aber wenn drei alte Vorschriften abgeschafft werden, werden gleichzeitig sieben neue erlassen. Es wurde zum Beispiel erkannt, dass die ungefähr 20 Millionen montierten Verkehrsschilder in Deutschland schlicht des Guten zu viel sind. Durchschnittlich alle 28 Meter steht ein Verkehrsschild. Nach vorsichtigen Schätzungen verschiedener Verbände ist mindestens ein Drittel aller Schilder einfach überflüssig. 75 Prozent der Autofahrer wollen eine Reduzierung. Allerdings hat es durchschnittlich 350 Euro gekostet, ein Verkehrsschild aufzustellen. Dieses wieder abzubauen, würde noch einmal ungefähr 150 Euro kosten. Das will also gut überlegt sein. Es wurde gut überlegt und in einer Gesetzesvorlage wurden dann 22 für überflüssig gehaltene Verkehrsschilder zur Abschaffung empfohlen. Der damalige Verkehrsminister Wolfgang Tiefensee konnte eine Reduzierung von Vorschriften aber offenbar nicht kampflos hinnehmen. Er sorgte dafür, dass zwölf neue Verkehrszeichen erfunden und der Gesetzesvorlage angefügt wurden, damit der Verlust an Schildern sogleich wieder ausgebügelt würde. Ob und wann dieser oder ein ähnlicher Gesetzesentwurf in die Tat umgesetzt wird, steht allerdings in den Sternen.

Die Vertreter des Staates gehen davon aus, dass es nur dumme Menschen gibt, die bevormundet werden müssen. Das Flugverhalten der Bürger soll gesteuert werden. Der Staat reguliert, was „Lebenszeit" ist: Man muss ab 67 Jahren aufhören zu arbeiten. Der Staat legt fest, wie ein Unternehmer seine Mitarbeiter einstellen oder entlassen muss, wie ein Kindergarten oder eine Metzgerei auszusehen hat. Es gibt nichts, was einfach so sein darf, wie es jemand für sinnvoll erachtet.

Weil die Gesetzeslage mittlerweile völlig unüberschaubar geworden ist, ja nicht einmal Experten wie Steuerberater alle Gesetze kennen können, wird ständig etwas unter Strafe gestellt, ohne dass es jemand versteht. Der Klient eines Steuerberaters, der aus der damaligen Sicht heraus beraten worden ist, hat sich plötzlich strafbar gemacht und muss Steuern nachzahlen, weil sich die Gesetze geändert haben. So etwas passiert ständig. Obwohl im deutschen Grundgesetz unter Artikel 19 eine Einzelfallgesetzgebung verboten ist, entwickeln sich viele Rechtsgebiete, insbesondere das Steuerrecht, immer mehr zu einem Einzelfallrecht, in dem jede auch noch so kleine Ausnahme und jeder noch so spezielle Spezialfall durch einen eigenen Paragrafen geregelt wird.

Die Folge: Querulanten beeinflussen die öffentliche Wahrnehmung. Die Klagebereitschaft steigt, und zwar auf allen Rechtsgebieten. Das größte Sozialgericht Deutschlands in Berlin kam 2005 noch mit 55 Richterstellen aus. 2012 waren es bereits 127, Tendenz steigend. Der unbedingte Wille, seinen individuellen, persönlichen Standpunkt durchzusetzen, und der Widerwille, sich allgemeinen Rechtsnormen zu beugen, eskaliert immer mehr. Es wird geklagt, was das Zeug hält. Gleichzeitig schwindet die Autorität der staatlichen Ämter und Institutionen immer mehr, denn die Haltung „Ich will mein Recht!" macht ja auch vor den Behörden nicht halt. Dass das Finanzamt oder das Bauamt oder der Bürgermeister oder die Vertreterin des Jugendamts falsch entschieden und gehandelt hat, ist dann der willkürlichen Meinung des Einzelnen unterworfen, der in irgendeinem Paragrafen mithilfe irgendeines Anwalts schon einen Ansatzpunkt findet, um sich durchzusetzen. Rechtsschutzversicherung und Prozesskostenhilfe machen es auch finanziell möglich. Das lohnt sich fast immer, denn die Gerichte entscheiden heute ja in den meisten Fällen nicht mehr über Recht und Unrecht, sondern moderieren einen Vergleich. Am oben erwähnten Sozialgericht in Berlin werden 80 Prozent der Verfahren ohne Urteil beendet. Richter begreifen sich als Schlichter, die Streit eindämmen wollen, statt das geltende Recht durchzusetzen. Auch dadurch verliert der Staat immer mehr Autorität.

Es ist ein Paradoxon: Je stärker der Staat sich gebärdet, je mehr Geld er verbraucht – und die Staatsausgaben steigen unaufhörlich –, in je mehr Dinge er sich einmischt und je mehr er sich in allen Lebensbereichen aufbläht, desto weniger wird er ernst genommen und desto weniger scheren sich die Bürger darum, was er ihnen vorschreiben will. Der starke Staat macht sich schwach.

Der induzierte Kultur-Abort

Die Aushöhlung der Grundrechte, der Verlust der gemeinsamen weltanschaulichen Basis, *Political Correctness*, *Gender Mainstreaming*, Gesetzesflut – all diese zunehmenden Trends haben zwei Dinge gemeinsam: Sie schränken die Freiheit ein und sie sind im Kern menschenfeindlich. Der Mensch und sein schöpferischer Geist sind ein Affront gegen den Anspruch der Gleichheit. Der Mensch steht für Differenzierung, Komplexität, aber auch Ordnung und Gerechtigkeit. Das Ziel all dieser genannten, sich verstärkenden Strömungen ist aber Einebnung, Simplifizierung und Chaos, um universelle Gleichheit zu erreichen.

Wir Autoren sehen all diese Einzelphänomene als einen großen, miteinander verbundenen und verwobenen gesellschaftlichen Trend, einen nicht mehr aufhaltbaren, sich selbst verstärkenden Erdrutsch, eine großräumige Bewegung. Wir nennen dieses Phänomen „Ökosozialismus". Damit meinen wir keine bestimmte politische Partei oder politisches Lager, denn die Bewegung hat alle Parteien des demokratischen Spektrums erfasst, obwohl sie im Kern undemokratisch ist. Vielmehr handelt es sich um ein großflächiges Wertesystem, ein Denkmuster, das bereits breit um sich gegriffen hat und das sich selbst als einzig vernünftige, moderne Weltanschauung begreift, während es alle anderen Denkweisen als rückständig, reaktionär oder erzkonservativ abwertet. Nach einer nationalsozialistischen und einer kommunistischen deutschen Gesellschaft taumeln wir gerade in die nächste totalitäre Zwangsgesellschaft – und die meisten bemerken es nicht einmal, ja, die meisten haben sich in ihr bereits geistig eingerichtet, sie würden diese These weit von sich weisen und uns am liebsten den Vogel zeigen.

Aber lassen Sie sich einmal auf folgende Gedanken ein: Statt die geistige Freiheit des Einzelnen zu schützen, schreibt der ökosozialistische Staat das politisch korrekte Denken mit „sanfter Diktatur" vor. Statt die wirtschaftliche Freiheit des Einzelnen und sein Eigentum zu schützen, zielt das staatliche Umverteilungssystem auf eine Nivellierung der Einkommen und letztlich auf die Abschaffung des Eigentums. Statt die wirtschaftliche Effizienz der Marktwirtschaft zu nutzen, geht man in wichtigen Bereichen wie der Energiepolitik zur ineffizienten Planwirtschaft über. Statt einen Anreiz zu geben, die Besten in unser Land zu holen, schafft man Anreize, dass unsere Besten das Land verlassen. Statt die Bürger in der Liebe einer Familie ihre Identität und ihren Charakter entwickeln zu lassen, werden sie kollektiv an der Ausbildung ihrer Persönlichkeit gehindert. Statt die für das biologische Weiterbestehen eines Volkes unersetzliche Familie zu schützen, werden unfruchtbare Lebensgemeinschaften gefördert und die Familie diskreditiert. Statt die Motivation und

Fähigkeit zu stärken, ihr Leben selbst zu meistern, werden die Kinder des paternalistischen Staates in Unmündigkeit und Abhängigkeit gehalten. Statt rational und vorurteilsfrei die besten Lösungen für technische und wirtschaftliche Probleme zu suchen, werden diese durch irrationale Dogmen verhindert. Statt die Identität eines Volkes zu erhalten und zu stärken, wird es seiner nationalen, seiner kulturellen wie auch religiösen Identität beraubt und anderen Kulturen und Religionen ausgeliefert.

Wie soll man all das im Zusammenhang interpretieren? Ganz offensichtlich ist unseren politischen Vordenkern an einem Weiterbestehen des deutschen Volkes als Wirtschafts- und Kulturnation nicht gelegen. Die Politiker, die zum großen Teil den Amtseid darauf abgelegt haben, „das Wohl des Deutschen Volkes zu mehren und Schaden von ihm abzuwenden", tun offenbar oft exakt das Gegenteil. Dabei folgen sie der ökosozialistischen Doktrin der Gleichheit. Der Ökosozialismus stellt Gleichheit über Gerechtigkeit, Chaos über Ordnung, Vereinfachung über Vielschichtigkeit, Einebnung über Differenzierung. Es darf in den Augen der Ökosozialisten keine Armut und keinen Reichtum geben, Menschen dürfen nicht als „dumm" oder „intelligent" eingestuft werden, Leistungen nicht bewertet werden, es darf auch keine Männlichkeit und keine Weiblichkeit mehr geben. Und weil es das alles nicht mehr geben darf, darf man über diese Dinge nicht nachdenken, darüber sprechen und schon gar nicht schreiben. Es gibt in der Tat einen Zustand, in dem Menschen weder ärmer oder reicher noch männlicher oder weiblicher, weißer oder dunkelhäutiger, dümmer oder klüger, deutscher oder türkischer sind als andere: den Tod. Im Tod sind alle Menschen gleich. Im Kern ihrer Geisteshaltung sind die Ökosozialisten, ohne es zu wissen, die Unterdrücker des Lebendigen. Denn solange etwas lebendig ist, muss es ja zwangsläufig gegen die Gleichheitsdoktrin verstoßen und darum abgeregelt werden.

Die partei- und schichtenübergreifende Bewegung des Ökosozialismus ist in Wahrheit eine moderne Ersatzreligion. Wie jede Religion hat sie ihre eigenen Dogmen, Tabus und Riten. In den letzten 300 Jahren verabschiedeten sich die Intellektuellen in ihrer großen Mehrheit vom christlichen Glauben. Dieses Vakuum wurde durch Strategien für eine bessere Welt ausgefüllt, die letztlich ein Paradies auf Erden zum Ziel hatten. Allerdings hielt bislang keine dieser Utopien ihr Versprechen. Denn das gerade von scharfsichtigen marxistischen Denkern erkannte eigentliche Bedürfnis des Menschen nach Liebe und Geborgenheit kann keine dieser Pseudoreligionen und noch weniger eine Gesellschaft erfüllen, die auf ihnen aufbaut. Gegenwärtig läuft der nächste Versuch.

Aber eben nicht Liebe und Geborgenheit, sondern Abtreibung ist die Natur des Ökosozialismus. Nicht nur die ungeborenen Kinder, auch die geschlechtliche Identität, die deutsche Nationalität, alle kulturellen Unterschiede, alle differenzierenden Gedanken sollen abgetrieben werden. Die Menschheit soll eingeschränkt und an ihrer Entfaltung gehindert werden. Als Argumente dafür dienen der Umwelt-, Tier- und Klimaschutz sowie die vielfältigen Ausprägungen der Antidiskriminierungskampagnen. Es darf keine Transzendenz mehr geben. Die Menschen machen die Natur zum Gott. Demnach ist der Mensch nur ein Abfallprodukt, ein Krebsgeschwür, das der Natur schadet und sich selbst abtreiben muss. Und wir Mitteleuropäer sind bei der Selbstabtreibung ganz vorne mit dabei.

Kapitel 6

Die Zerstörung der Identität

„War einmal ein Bumerang;
War ein Weniges zu lang.
Bumerang flog ein Stück,
Aber kam nicht mehr zurück.
Publikum – noch stundenlang –
Wartete auf Bumerang."

Joachim Ringelnatz

Der ehemalige Ratsvorsitzende der Evangelischen Kirche in Deutschland, Wolfgang Huber, beklagte einmal in einem Vortrag die Begleiterscheinungen der modernen Wissensgesellschaft:

> „Die Entwicklung der Gesellschaft ist von ökonomischen und politischen Imperativen bestimmt. [...] Man pflegt diesen Prozess als Säkularisierung zu bezeichnen. Das erscheint mir als eine unzulässige Verharmlosung. Denn wir haben es nicht nur mit einer Verweltlichung ursprünglich religiöser Gehalte, sondern wir haben es in vielen Hinsichten mit einem weittragenden Traditionsabbruch zu tun."[6]

Ja, an die Stelle der Traditionsgesellschaft ist die Wissensgesellschaft getreten. Die konkreten gesellschaftlichen Vorgaben, welche Lieder zu singen, welche Bücher zu lesen, welchen Propheten zu glauben, welche Manieren zu pflegen, welche Feste zu feiern, welche Riten zu begehen, wie ein Leben zu führen ist – diese Vorgaben wurden im Staub der Jahrhunderte zurückgelassen. Gott sei Dank!

---

6 Wolfgang Huber: „Die Rede von Gott und die Weltlichkeit der Welt", 22.02.2004, Humboldt-Universität zu Berlin

Der moderne Mensch wähnt sich im Lichte und Glanz der neuen Freiheit, künftig alles selbst entscheiden zu dürfen. Und tatsächlich geht es uns damit offensichtlich unglaublich gut: Noch nie in der menschlichen Geschichte gab es einen so ausgeprägten Wohlstand für alle wie in unserer Zeit und in unseren Breiten. Es gibt keine einengenden Verhaltensregeln mehr: keine Pflicht zum sonntäglichen Kirchgang, keine dörfliche Zwangsverpflichtung zur Mitgliedschaft im Schützenverein, keine Zwangsfortsetzung der unternehmerischen Familientradition mittels Übernahme des Familienbetriebs aus väterlicher Hand. Es gibt Meinungsfreiheit für jeden, zumindest vordergründig. Demonstriert und protestiert wird, was das Zeug hält, vor allem im Studentenalter. Vorbei ist's mit der dumpfen Spießbürgerlichkeit, wo schon die etwas längeren Haare oder zu kurzen Röcke Anlass für spitze Bemerkungen in der Nachbarschaft gaben. Jeder kann sich frei entwickeln, ganz nach seinen Präferenzen und Möglichkeiten. Nie gab es mehr individuelle Freiheit, nie eine größere Fülle von Möglichkeiten der Lebensgestaltung und nie gab es weniger soziale Kontrolle als heute. Die Auswahl von Kleidungsmarken, Fußballvereinen, deren Fahne man aus dem Fenster hängt, Popstars, die man „geil" findet, ist unübersichtlich geworden. Wir sind heute endlich befreit, wir haben das Korsett der verstaubten Traditionen gesprengt.

Wir haben auch viel mehr persönlichen Raum zur Verfügung. Beispielsweise wohnen wir heute selbst als Single oder alleinerziehende Mütter oder als Kleinstfamilie in geräumigen Wohnungen. Während vor 40 Jahren die fünfköpfige Familie in einer Drei-Zimmer-Wohnung lebte, ist es heute normal, dem Einzelkind das größte Zimmer der Wohnung für die freie Entfaltung zu bieten. Wir haben sogar verbrieften Anspruch auf diesen großen persönlichen Raum. Laut einem Urteil des Sächsischen Landessozialgerichts (LSG) vom 4. März 2011 müssen sich Kleinkinder von ALG-II-Beziehern lediglich „zur Not" ein Kinderzimmer teilen.

Auch der virtuelle Raum, in dem wir uns bewegen, ist gewachsen: 36 Prozent der Grundschüler haben einen eigenen Fernseher in ihrem Zimmer und die freie Auswahl aus über 100 deutschsprachigen Fernsehkanälen. Oder sie gehen gleich ins Internet mit Zugang zu derzeit ca. einer Billion Webseiten und gut einer Milliarde *Facebook*-Seiten. Im Kino erscheinen pro Jahr über 500 neue Filme, genug für mindestens einen pro Tag. Oder man lädt sich die Filme bei *Apple* oder *Amazon* auf den Laptop herunter. All das sind Formen der gewachsenen Freiheit im Alltag, die wir nicht geringschätzen dürfen, weil sie unser Lebensgefühl in weiten Teilen der Gesellschaft bestimmen.

Auch die Arbeitswelt hat sich massiv verändert und lässt uns viel mehr Freiheit: Während man früher täglich und rund um die Uhr arbeiten musste, zu den frühen Zeiten der Industrialisierung in manchen Fabriken immerhin noch 16 Stunden pro Tag in einer Sechstagewoche und bis 1957 noch 48 Stunden wöchentlich, müssen die Angestellten heute in den meisten Betrieben nur noch ungefähr 40 Stunden pro Woche arbeiten – wenn sie nicht gerade im Urlaub sind. Die geleisteten Arbeitsstunden pro Jahr und Person haben sich in den letzten 100 Jahren ungefähr halbiert. Die Folge: Wir haben kollektiv mehr Freizeit, enorm viel Freizeit, so viel wie noch nie in der Geschichte. Also viel Zeit, um fernzusehen, Kleidung zu kaufen, Musik zu hören, auf Konzerte oder ins Kino zu gehen, im Internet zu surfen oder auf *Facebook* zu gehen.

Auch materielle Sorgen kennen wir nicht mehr, jedenfalls nicht, wenn man historische Maßstäbe anlegt: Pro Kopf haben die Bundesbürger durchschnittlich 58.000 Euro im Sparstrumpf. Das übertrifft sogar die durchschnittlichen Pro-Kopf-Schulden, bestehend aus persönlichen und anteiligen öffentlichen Schulden in Bund, Ländern und Gemeinden, die sich auf ca. 48.000 Euro pro Kopf summieren. Auf 1.000 Einwohner kommen 573 Autos und 603 Computer. Unsere Kaufkraft hat sich seit dem Krieg etwa verfünffacht. Der Stundenverdienst einer Bürokraft vor 60 Jahren belief sich auf umgerechnet 56 Cent, heute sind es 14,05 Euro, also ungefähr 25-mal so viel, während Waren und Dienstleistungen im selben Zeitraum sich nur um das knapp Fünffache verteuerten. Die weitgehende Abwesenheit von Geldsorgen und damit große Existenzsicherheit – jedenfalls im historischen Vergleich –, auch das ist eine Form von Freiheit.

Deutschland kletterte in der Finanzkrise von Platz 22 auf Platz 10 der am meisten entwickelten Länder der Welt. Der *Human Development Index* (HDI) berücksichtigt Faktoren wie Pro-Kopf-Einkommen, Gesundheit, Bildung, Lebenserwartung, Geschlechtergerechtigkeit und politische Freiheit. Freiheit ist erfolgreich und Erfolg bringt Freiheit. Das alles sind reale, belegbare und damit unbestreitbare, fantastische Verbesserungen auf allen Ebenen der Gesellschaft und sie gehen alle in eine Richtung: die individuelle Freiheit. Und wir alle – wir Autoren eingeschlossen – begrüßen die in historischen Maßstäben gesehen unglaublich großen individuellen Freiheiten, die in den letzten Jahrzehnten noch immer weiter zugenommen haben.

Eigentlich müsste es uns also grandios gehen. – Tut es das wirklich?

Wer bin ich – und wenn ja, wie viele?

> „Ich bin 24 Jahre alt, entstamme der Mittelschicht und habe eigentlich keinerlei Sorgen. Ich habe eine technisches Studium, zu Beginn habe ich es ein wenig schleifen lassen, doch mittlerweile schaffe ich es bei diesem Tempo, lediglich ein Jahr über der Mindeststudiendauer zu bleiben, bei einem Notendurchschnitt von 2.0.
>
> So gesehen habe ich eigentlich nichts zu klagen, mir geht es gut, sehr gut eigentlich, denn es fehlt mir an nichts. Ich bin nicht reich, aber ich muss mir eigentlich nicht wirklich Sorgen bezüglich meiner Zukunft machen. Ich kann mich gut verkaufen, habe einen Abschluss in einem Studiengang mit einer Arbeitslosenrate von 2 % und nach meinem Studium werde ich sicherlich keine Probleme haben, mich im Leben zurechtzufinden, Geld zu verdienen etc. Ich gehe später ein wenig fort, wahrscheinlich gelingt es mir auch diesen Abend, eine aufzureißen, ein wenig mein Ego zu polieren, zumindest in letzter Zeit war ich ganz erfolgreich im Bezug auf das.
>
> Doch ich weiß nicht, was ich mit meinem Leben anfangen soll, mir fehlt vollkommen die Orientierung, bzw. in welche Richtung ich gehen soll. Party machen, Studium beenden, Frau suchen, Kinder machen, in Pensi-

> on gehen. Ist es das? Ich bin jetzt nicht depressiv oder sonst irgendwie ‚gefährdet', aber ich sitze oft an meinem Schreibtisch und frage mich, was ich hier mache. Es gibt kein höheres Ziel oder einen sonstigen Sinn, dem ich folgen könnte, bzw. ich sehe eigentlich keines. Manchmal wünsche ich mir einfach, dass eine starke Vaterfigur hinter mir steht, mir auf die Schulter klopft und mir den Weg zeigt, wohl wissend, dass nur ich mir selbst helfen kann und ich dieses Problem nur selbst bewältigen kann.
>
> Wohin soll ich gehen? Was ist wirklich wichtig im Leben? Warum das alles? Das letzte Mal so richtig lebendig war ich im Boxring. Man konzentriert sich nur auf den Gegner und die Welt rund um einen verschwindet einfach, der Kampf ist zu Ende und man kann stolz auf sich sein, da man sich behauptet hat. Doch auf der Uni, zu Hause am Schreibtisch, auf dem Weg zur Arbeit, nur die Frage: ‚Was soll ich tun?'"

So schrieb ein anonymer Nutzer des Forums *Psychotherapiepraxis.at* im Jahr 2008. Nur wer selbst völlig abgestumpft ist, überliest die Not und die Hilflosigkeit, die aus diesem Forenbeitrag spricht. Einem anderen anonymen Nutzer fiel dazu ein ganz spontaner Rat ein:

> „Wenn du Lust hast schwimmen zu gehen, gehe schwimmen! Wenn du Bock auf Party hast, dann geh Party machen. Und wenn du dir einen Hund kaufen möchtest, dann kaufe dir einen Hund. Überlege nicht vorher, was du machen könntest, müsstest oder solltest. Sei einfach spontan und lass alles auf dich zukommen."

So also sehen viele junge Leute das Leben: Mach, worauf du Bock hast. Die Option, sich selbst zu verwirklichen, mündet in den Zwang, sich selbst zu verwirklichen. Dass dann der Wunsch nach der „starken Vaterfigur" auftaucht, die einem Orientierung, Stärke und Vertrauen schenkt, ist kein Zufall. Aber dieser Wunsch nach väterlicher Führung bleibt im familiären Rahmen oft unerfüllt, denn diese Option fällt heute leider meistens weg. Mit diesem Vakuum, das potenziell Raum für einen diffusen „Ruf nach einem Führer" gibt, haben wir in Deutschland bereits traumatische Erfahrungen gemacht. Die Menschen sind frei, aber „entwurzelt", selbstverantwortlich, aber verunsichert, ungebunden, aber orientierungslos, materiell abgesichert, aber existenziell gefährdet.

Wo Orientierung von außen entfällt, wo also immer weniger äußere Einschränkungen wirksam sind und immer weniger Grenzen erlebt werden, wird innere Orientierung wesentlich. Je mehr Möglichkeiten uns offenstehen, desto wichtiger wird die Identität. Denn um sich in einem Meer von Möglichkeiten und Chancen zurechtzufinden, um Optionen bewerten und einen eigenen Kurs einschlagen zu können, brauchen wir insbesondere die Fähigkeit, Vielfalt psychisch gesund verarbeiten zu können. Das aber geht nur, wenn wir im Kern unseres Wesens, in unserer Identität, gefestigt sind.

„Identität" ist ein philosophischer, aber auch ein psychologischer Begriff. Zunächst einmal bedeutet er „Übereinstimmung". Vereinfacht möchten wir sagen, dass ein Mensch genau dann eine starke Identität hat, wenn er weiß, wer er ist. Wenn das Bild, das er in seinem Bewusstsein von sich konstruiert hat, mit dem, wie er sich selbst erlebt, spürt und erkennt, in möglichst vielen Merkmalen gut übereinstimmt, dann resultiert daraus eine starke, entwickelte und widerstandsfähige Identität.

Es gibt zwei identitätsbildende Prozesse: den der Selbsterkenntnis und den der Selbstgestaltung, darin sind sich die Psychologen weitgehend einig und so steht es auch in den akademischen Lehrbüchern. Bei der Identitätsbildung geht es also hauptsächlich darum, dass sich der Mensch mit etwas identifiziert. Wenn das bei einem jungen Menschen gesund und störungsfrei ablaufen kann, dann ergeben sich daraus einerseits klare Zugehörigkeiten zu Gruppen, indem bestehende Gruppenidentitäten als eigene Wesensmerkmale übernommen und akzeptiert werden, andererseits klare Zeichen von Signifikanz und Einzigartigkeit, weil der Mensch eigene, persönliche Wesensmerkmale ausbildet. In dieser Balance von Fremdbestimmung durch das Kollektiv einerseits und Selbstbestimmung durch das Individuum andererseits, also durch die sozialen Rollen und Gruppenzugehörigkeiten auf der einen Seite und durch die Erfahrung der individuellen Andersartigkeit auf der anderen Seite, können sich starke Persönlichkeiten voller Selbstvertrauen entwickeln – in einem Integral aus Wir und Ich.

Dazu gehören dann Fremdzuschreibungen und Selbstzuschreibungen wie beispielsweise: Ich bin ein Schultze (Familie), Feuerbacher (Gemeinde), Stuttgarter (Stadt), Schwabe (Landsmannschaft bzw. der Dialekt), Baden-Württemberger bzw. Süddeutscher (Region), Deutscher (Nationalität). Aber auch: Ich bin Demokrat, Fußballfan, Mitglied beim VfB Stuttgart, Automechaniker bei Daimler; ich bin Christ katholischer Konfession, Ehemann und Vater. Und nicht zuletzt: Ich bin ein Mann. Auch der Freundes- und Bekanntenkreis, die politische Orientierung, kulturelle Eigenheiten und viele Traditionen wie Bräuche, Feste, Vereinsleben, Musik und Kleidungsstil, als „normal" empfundene und akzeptierte Verhaltensweisen und Werte tragen zur Bildung einer persönlichen Identität bei.

Die Identität ist ein ganzes Bündel aus Selbst- und Fremdzuschreibungen, und je umfangreicher und konsistenter es ist, desto stärker ist die Identität. Sie gibt uns Orientierung und Halt: Nur derjenige, der weiß, wer er ist, kann eine Vorstellung davon entwickeln, wo er sich befindet. Und nur derjenige, der weiß, wo er sich befindet, kann sinnvoll bestimmen, wohin er will. Diese „innere Sicherheit", das gesicherte Wissen über sich selbst, wird durch den allgemeinen Traditionsabriss zumindest angegriffen. Die Taue, die uns mit unseren Vorfahren, unserer Region, unseren kulturellen Gepflogenheiten verbanden, sind gekappt. Und einmal verloren gegangen, verschwinden Traditionen leicht auf Nimmerwiedersehen.

Manche Menschen zerbrechen allein schon daran, andere kommen aber ganz gut damit zurecht. Es gab ja schon immer auch Menschen, die sich nicht mit ihrer traditionellen Rolle identifiziert haben und die keineswegs daran zerbrochen sind. Sie bauen sich – ganz modern „im Hier und Jetzt" – eine Identität auf, die nicht in Traditionen verankert ist. Das ist möglich, kostet aber Zeit und Kraft. Und noch dazu ist diese mühsam erworbene individuelle Identität immer einem sozialen Dauerbeschuss ausgesetzt, denn wenn jeder sich seine eigene Identität zusammenbaut, ist die Differenz der Lebensentwürfe so groß, dass der Schutz der Gemeinsamkeit entfällt.

Viele Menschen, denen man tagtäglich begegnet, sehen sich und die Welt so anders, dass Selbstverständlichkeiten zur Seltenheit werden. Jeder Zug der Persönlichkeit steht exponiert im Raum der Rechtfertigung: Warum hast du kein iPhone? Warum hast du weiße Schnürsenkel? Wie, du hast keinen Fernseher? Rauchen ist absolut nicht okay! Zieht den Bayern die Lederhosen aus! Findest du Lady Gaga nicht affig? Warum fliegen Sie an Weihnachten in den Süden? Ist doch unökologisch! Wie kannst du nur Cola trinken! Was, du gehst freiwillig in die Kirche? Ich käme nie auf die Idee, ein japanisches Auto zu fahren! Selbstständig sein ist das einzig Wahre. Wieso haben Sie nicht studiert?

In einer multimedialen, multioptionalen und globalisierten Gesellschaft gibt es jeden Tag etliche Angriffe, die am Selbstbild des Einzelnen rütteln. Traditionen haben früher Identität gestiftet, und zwar kollektive Identitäten. Im Schutze der sozialen und regionalen Herkunft und im Schutze der Kenntnis allgemeingültiger Regeln und Riten brauchte es weder den Aufwand zur Konstruktion eines gültigen Selbstbildes noch den Aufwand zur Verteidigung desselben. Wer man war, war selbstverständlich. Doch das fällt heute weg. Der Aufwand, jemand zu sein, wächst erheblich.

Natürlich sind die Regeln traditioneller Gesellschaften nicht per se gut. Aus heutiger Sicht war sicher gut, dass man sich früher beispielsweise um die Älteren, Schwächeren und Sterbenden zu kümmern hatte. Aber das Kastensystem in Indien, der Kannibalismus in Südseegesellschaften oder die Beschneidung von Frauen in Afrika empfinden wir sicher als keine guten Traditionsregeln. Aber ob gut oder schlecht: Traditionen halten Gesellschaften zusammen. Als Luther der Anführer der protestantischen Revolution wurde, wollte er nicht die Gesellschaft spalten. Er wollte sie reformieren, und zwar so, dass die Anzahl schlechter Regeln geringer wurde und die Anzahl guter Regeln zunahm. Regeln generell abzuschaffen, das stand ihm fern. Was aber passiert, wenn die Regeln, ob gut oder schlecht, insgesamt an Bedeutung verlieren, können wir heute beobachten.

Wir beklagen also nicht generell den Traditionsabriss und wir wollen auch nicht wieder zurück in eine traditionelle, provinzielle Welt. Ganz im Gegenteil! Aber lassen Sie uns nicht so selbstverständlich über die Folgen hinweggehen! Es lässt sich jedenfalls feststellen: Die neuen, immens großen individuellen Freiheiten der Menschen in der westlichen Welt bringen viel Lust und viel Last zugleich mit sich. Irgendwo müssen die Menschen Halt finden können, um sich zu identifizieren und zu definieren. Denn können sie das nicht, zerbrechen sie. Und Gesellschaften, die den Menschen keine Chance bieten, ihre Identität zu entwickeln, zerbrechen ebenfalls. Momentan kommen „im Westen" noch viele Menschen ganz gut damit zurecht, dass ihre Identität neuerdings mühsam erworben und verteidigt werden muss. Traditionen fallen als Anker weitgehend aus. Aber schließlich gibt es ja auch noch andere Institutionen, auf die man sich verlassen kann, beispielsweise die Familie. Doch wie sieht es da aus?

Davor war's schöner, allein zu sein

Wickie macht sich Frühstück. Sie ist leise, denn ihr Vater ist noch im Bett. Er hatte Spätschicht und darf nicht gestört werden. Ihre Mutter ist schon unterwegs. Wickie mümmelt Müsli. Nebenher schreibt sie E-Mails auf ihrem Smartphone. Die Milch ist alle, sie schreibt ihrem Vater einen Zettel: Milch kaufen. Dann geht sie los zur Bushaltestelle, um den Bus zur Schule zu nehmen. Die Reitsachen für nachmittags schleppt sie gleich mit, denn es lohnt sich nicht, mittags zwischendurch nach Hause zu fahren. Wäre ja sowieso keiner da. Mittags isst sie auf der Straße eine Leberkässemmel vom Bäcker. Abends um sieben, als sie wieder heimkommt, ist sie hungrig vom Reiten. Das Essen steht im Backofen. Die Eltern schauen fern. Hausaufgaben muss sie noch machen, Buch und Schulheft legt sie sich beim Essen neben den Teller ...

Dass es weitverbreitet keine gemeinsamen Tischzeiten mehr gibt, ist so normal geworden, dass es kaum noch auffällt. Die gemeinsamen Mahlzeiten prägten jedoch einstmals das alltägliche Familienleben. Am Esstisch wurden Probleme besprochen, über das Tagwerk berichtet, hier erhielten die Kinder Einblick in die Gedankenwelt der Eltern, hier wurden Lösungen gesucht, wurde erzählt, motiviert, gelobt, kritisiert, gestritten und gebetet, hier wurde Verbundenheit geschaffen und „Leben gelernt".

Natürlich: Hier wurde auch entwertet, gedemütigt, manipuliert und kontrolliert. Die Familien von einst waren kein Idyll. Und Familie sein, heißt auch keineswegs nur, miteinander zu essen. Aber der Esstisch ist ein Schlaglicht, ein verloren gegangenes Symbol gelebten Familienalltags. Zwar steht noch im Grundgesetz unter Artikel 6, Absatz 1: „Ehe und Familie stehen unter dem besonderen Schutze der staatlichen Ordnung", aber was heißt denn das ganz praktisch? Findet eine irgendwie geartete familiäre Gemeinsamkeit im Alltag quer durch die Gesellschaft überhaupt noch nennenswert statt? In der Realität frühstücken nur noch 38 Prozent der Menschen gemeinsam mit der ganzen Familie, 23 Prozent nehmen gemeinsam das Mittagessen ein. Zwar essen immerhin drei Viertel der Familien abends gemeinsam, aber 77 Prozent der Deutschen finden es ganz normal, beim Essen fernzusehen. Das ist in Frankreich, England oder den USA nicht viel anders, eher noch extremer.

Eine Art von Gemeinsamkeit findet in vielen Familien heute vor allem vor dem Fernseher statt. Aber das Fernsehen ist keine Tätigkeit, die man miteinander ausübt, sondern nebeneinander. Vielleicht ist das besser als nichts, aber es ist auch ein Symptom für den inneren Zustand der Familie, der früher zentralen sozialen Institution, die heute gesellschaftlich kaum mehr Stellenwert genießt. Die verbindlichen Strukturen der Familie sind nicht mehr opportun und der Gedanke der Familie als Schicksalsgemeinschaft verschwindet.

Wer öffentlich für die Institution Familie einsteht, wer zugibt, ein „Familienmensch" zu sein, weckt einerseits bei seinen Gesprächspartnern die Sehnsucht nach der „heilen Familie", denn da klafft bei vielen ein gähnendes Loch im Leben. Andererseits wird man als Verteidiger der Institution Familie oft als hoffnungslos gestrig wahrgenommen und vermittelt den Eindruck, als würde man dafür plädieren, dem Einzelnen die Selbstverwirklichung zu verwehren. Als ob die Familie ein Gefängnis wäre, ein Ort der Unfreiheit, der bindet statt ermöglicht. – Dieses negative, vielleicht sogar subtil pubertäre Bild von Familie, das von Enge und Restriktionen geprägt ist, aus denen es auszubrechen gilt, ist ein gesellschaftliches Phänomen. – Aber was bedeutet das für den Einzelnen?

In Wahrheit ist eine Familie ein konstruktiver Ort, Ausgangspunkt von Entwicklung und Ermöglichung. An der Sozialisation und dem Prozess der Identitätsbildung eines jungen Menschen sind in intakten Familien immer mehrere Generationen beteiligt, die miteinander in lebendiger Wechselwirkung stehen: Eine Generation profitiert von der anderen. Die Familie ist immer die Keimzelle von Kultur gewesen, hier werden Sitten, Gebräuche, Traditionen, Riten und Denkweisen eingeübt, werden Erfahrungen weitergegeben, wird ethisches Bewerten gelernt, werden Verhaltensmuster begründet. Die gelernten Werte sind eine wichtige Stütze für die Herausbildung der Identität des Individuums, aber auch für den Fortbestand von Kulturen. Wo drei Generationen miteinander verwoben sind, können sich spezifische und bewährte Formen des Zusammenlebens stabil fortsetzen. Partnerschaft und Elternschaft, Konfliktlösung und Fürsorge können eingeübt werden. Diese Stabilität setzt sich in der Identität des Einzelnen fort und gibt ihm auf seinem Lebensweg Sicherheit und Orientierung. Das Verständnis und Bewusstsein einer zusammenlebenden Drei-Generationen-Familie ist schon lange untergegangen, sie spielt in der Öffentlichkeit und in unserem Alltag kaum mehr eine Rolle. Das ist eine Tatsache, aber damit ging für die Herausbildung der persönlichen Identität auch viel Terrain verloren – ein weiteres kleines Puzzlesteinchen.

Wenn es mit der Karriere nicht klappt, wenn man mal Mist gebaut hat im Leben, wenn man von einem Schicksalsschlag heimgesucht wird, wenn Beziehungsprobleme, finanzielle Sorgen oder Krankheit quälen, dann ist die Familie da, um einen aufzufangen. So sollte es zumindest sein, aber so ist es heute immer weniger. Der Staat hat es sich stattdessen aufgebürdet, der Familie diese Aufgaben abzunehmen, vor allem durch die finanzielle Versorgung im Fall von Arbeitslosigkeit, Krankheit, Alter und Pflegebedarf. Aber es zeigt sich, dass der Staat diese Aufgaben nicht besser erfüllt als früher die Familie. Im Gegenteil: Er droht zu scheitern, denn im Gegensatz zur Institution Familie, die über Tausende von Generationen funktioniert hat, brechen die staatlichen Sozialsysteme schon nach drei, vier Generationen zusammen, weil sie nicht nachhaltig konstruiert wurden und weil unterschätzt wurde, wie die sozialen Systeme mit der inneren Verfassung und der äußeren Struktur der Gesellschaft in Wechselwirkung stehen. Wie Versorgungsansprüche von Einzelnen sich auf Motivation, Bereitschaft, Verhalten oder Entscheidungen in der Gesamtgesellschaft auswirken, wie somit soziale Systeme neue Abhängigkeiten erzeugen und Gesellschaften verändern, das lernen wir erst nach und nach zu verstehen.

Uns dämmert beispielsweise so langsam, dass Transferleistungen immer mit dem Erzeugen von Abhängigkeiten verbunden sind und dass Gerechtigkeit, insbesondere Generationengerechtigkeit, auf staatlicher Ebene enorm schwierig herzustellen ist. Im Grunde war das systematische Auflösen der Auffangkapazitäten der Familien und der Aufbau von staatlichen Ersatzinstitutionen in den letzten 100 Jahren ein großes gesellschaftliches Experiment mit ungewissem Ausgang. Was am Ende dabei herauskommt, erleben wir möglicherweise gerade zu unseren Lebzeiten. Dass der Aufbau der staatlichen Sozialsysteme mit dem Abbau des sozialen Systems der Familie einhergeht, birgt jedenfalls Risiken. Wir vermuten, dass die staatlichen Sozialsysteme die Familie nicht ersetzen können – Fürsorge besteht eben nicht nur aus finanzieller Zuwendung, ganz abgesehen davon, dass die Finanzierung selbst immer kritischer wird: Der Posten Sozialausgaben hat in den europäischen Haushalten gigantische Formen angenommen, ist seit Jahren ohne neue Schulden schon nicht mehr finanzierbar und blockiert nötige Investitionen an anderer Stelle – beispielsweise auch im Bildungssystem.

Der Zeitgeist scheint sich selbst zu widersprechen: Auf der einen Seite sehnen sich die meisten Menschen nach der großen Liebe, nach Glück,

Sicherheit und Geborgenheit, beklagen Orientierungslosigkeit und Sinnkrise, aber auf der anderen Seite wird die Familie als Hort all dieser Werte verschmäht. Wer in der Familie keine positiven Erfahrungen mit familiärem Zusammenleben macht, dem geht der Sinn dafür verloren. Wer den Sinn für die Familie aber verloren hat, kann ihn auch nicht an die nächste Generation weitergeben, die dann wiederum keine positiven Erfahrungen mit der Familie verknüpft usw. Wenn das familiäre Gewebe einer Gesellschaft einmal eine Laufmasche hat, dann löst sich der Stoff der Kultur immer weiter auf, bis er nur noch aus losen Enden besteht.

Doch Menschen sehnen sich nach Familie, das zeigt die vom Mineralölkonzern *Shell* finanzierte Jugendstudie 2010: Mehr als drei Viertel der Jugendlichen meinte, dass man eine Familie braucht, um wirklich glücklich leben zu können. Die Realität sieht aber ganz anders aus:

> „Ich träume natürlich auch davon, meinen Traummann kennenzulernen, mit dem ich eine Familie gründe. Zwei Kinder wären super – ein Junge und ein Mädchen. Am besten Zwillinge. Dazu ein Hund und ein Meerschweinchen und ein Haus mit Garten",

sagt das 28-jährige Erotik-Model Micaela Schäfer, das sich im RTL-Dschungelcamp vor Millionen TV-Zuschauern möglichst oft und umfassend ihrer Textilien entledigt. Und dann gibt sie zu:

> „Ich bin leider seit vier Jahren Single … es wird mir selber oft unheimlich. Weil andere das nicht verstehen können und ich selber verstehe auch nicht, warum es leider so lange schon so geht."

Sie versteht es nicht, und so wie sie verstehen die meisten Menschen nicht, warum sich das Familienglück einfach nicht mehr von selbst einstellt. In der Tat gibt es vollständige Familien, die mindestens aus Vater, Mutter und Kind bestehen, immer weniger. Dementsprechend werden dauerhafte Beziehungen – Stichwort „Ehe" – immer seltener erlebt. So wird Familie für immer mehr Menschen zu einem romantischen Ideal von emotionaler Geborgenheit, von beständiger, heiler Welt; sie wird immer mehr zum Mythos, zum heiligen Gral, den man niemals erlangt.

Warum lösen sich die Familien auf? Der Kern jeder Familie ist die Paarbeziehung. Familien kann es nur geben, wenn es Paarbeziehungen gibt, die lange genug halten und genügend gemeinsame Zeit ermöglichen, um Kinder großzuziehen. In Frankreich beispielsweise hält eine Paarbeziehung im Durchschnitt nur noch drei Jahre. In Belgien kommen auf 100 Eheschließungen über 70 Scheidungen, in Spanien 67, in Deutschland 57. Nirgendwo auf der Welt steigen die Scheidungsraten so stark wie in Europa.

Jüngeren Studien zufolge nimmt in wirtschaftlichen Krisenjahren interessanterweise die Scheidungsrate in westlichen Gesellschaften entgegen dem langjährigen Trend immer auch wieder leicht ab. Bemerkenswert ist, dass in diesen Jahren in Umfragen immer auch ein durchschnittlich höheres Maß an Zufriedenheit in der Partnerschaft angegeben wird. Was sollen wir daraus schließen? Dass Not und Bedrohung zusammenschweißen? Oder umgekehrt: dass der Bindungswille sinkt, je besser es uns wirtschaftlich geht?

Es gibt übrigens keinen direkten Zusammenhang zwischen der Scheidungsrate und der Geburtenzahl. In Frankreich beispielsweise, wo ungefähr die Hälfte aller Ehen geschieden wird und Lebensabschnittspartner besonders häufig wechseln, wird den Frauen die Verbindung von Beruf und Mutterschaft bekannterweise leicht gemacht, indem ein flächendeckendes staatliches Betreuungsangebot für Kleinkinder angeboten wird, die Écoles maternelles. „Die französischen Frauen haben eine Wahlfreiheit errungen, die ihnen kein Mann mehr streitig machen will“, sagte die Journalistin und Autorin Françoise Giroud. Und siehe da: In Frankreich gibt es eine deutlich höhere Geburtenrate als in Deutschland. Zwar bekommen auch dort immer weniger Frauen Kinder, aber die bringen dafür nicht selten vier, fünf oder sechs Kinder auf die Welt, und zwar quer durch alle Bevölkerungsschichten. Das wird sowohl finanziell als auch betreuungsorganisatorisch vom Staat ermöglicht. Der Punkt ist nur:

Zwar gibt es in Frankreich mehr Kinder als in Deutschland, aber es gibt deshalb keineswegs mehr Familien. Im Gegenteil: Man kann deshalb beim Vergleich von Frankreich mit Deutschland nicht von einer besseren Vereinbarkeit von Beruf und Familie sprechen, sondern eigentlich nur von einer besseren Vereinbarkeit von Beruf und Mutterschaft: Es gibt mehr Scheidungskinder, mehr Kleinkinder in staatlichen Einrichtungen, mehr Halbgeschwister, mehr berufstätige und alleinerziehende Mütter, nämlich prozentual fast doppelt so viele. Die so oft gelobte kinderfreundliche französische Familienpolitik ist eine Antifamilienpolitik.

Je höher die Scheidungsrate, desto höher ist statistisch auch die Zahl der vorehelichen Beziehungen. Die Neigung zum immer häufigeren Partnerwechsel, egal, ob mit oder ohne Trauschein, ist statistisch Fakt. Ausgehend von der einstigen traditionellen Einehe, „bis dass der Tod euch scheidet", und dem Verbot vorehelicher Sexualkontakte sind wir auf dem Weg zur vollkommen promiskuitiven, bindungslosen Gesellschaft bereits ein gutes Stück weitergegangen und das nicht etwa nur in Subkulturen. Was soll am Ende dieses Weges stehen? Eine Art gesellschaftlicher Swingerclub? Die explosionsartige Zunahme der Promiskuität ist faktisch in vollem Gange, da gibt es kein Halten mehr.

In den modernen, freien Formen des Zusammenlebens, insbesondere in den Wohngemeinschaften, sowohl den studentischen Zweck-WGs als auch den häufiger werdenden Senioren-WGs oder „Plus-WGs" von Menschen ab ca. 50 Jahren aufwärts, gibt es viel Familienersatz: gegenseitige Fürsorge bei gleichzeitiger persönlicher Freiheit, lockere und doch vertraute und verantwortungsvolle Verbindungen auf Zeit – aber eben nur auf Zeit. WGs können durch ihren temporären Charakter und durch die Fluktuation der WG-Mitglieder oft nicht den gleichen Stabilitätsanker geben wie Familien, das gilt vor allem für Kinder. Familien lösen sich nicht nur auf, die Tendenz zur Auflösung wird auch noch zusätzlich über die Generationen weitergegeben. Es lässt sich statistisch leicht feststellen, dass Kinder von geschiedenen Eltern selbst ein höheres Scheidungsrisiko mitbringen: Heiraten zwei Scheidungskinder, ist die Scheidungsrate zweieinhalb mal höher als bei Kindern, deren Eltern zusammengeblieben sind. Das zeigen aktuelle Auswertungen der „Mannheimer Scheidungsstudie“, der bislang umfassendsten Untersuchung dieser Art in Deutschland.

Das Ergebnis ist Vereinzelung. Dieser Effekt liegt auf der Hand, es ist vollkommen evident, dass Scheidungswaisen wenig Neigung besitzen, Großfamilien zu gründen. Und tatsächlich: Noch nie gab es in Europa so viele allein wohnende junge Menschen. Vier Millionen Männer und Frauen in den Zwanzigern leben in Deutschland allein, das ist in dieser Altersgruppe bereits beinahe jeder Dritte, Tendenz steigend. Die Menschen verlieren den Mut und die Fähigkeit zu verbindlichen, dauerhaften Beziehungen. Was dadurch immer mehr fehlt, ist die Fähigkeit zum Verzicht zugunsten des anderen, zum Aushalten von Konflikten, zum Erlernen einer gesunden Streitkultur, zum Erarbeiten von gemeinsamen Lösungen, kurz: die Fähigkeit zum sozialen Frieden.

Wir steuern mit Volldampf auf eine Gesellschaft zu, die erstmalig in der Geschichte der Menschheit nicht mehr auf der Keimzelle Familie beruht. Erstmals findet die Herausbildung der Identität nicht mehr primär im geschützten Rahmen der Familie statt, sondern in aller Öffentlichkeit: in Kitas, Kindergärten, Schulen, im Fernsehen und im Internet. Erstmalig wachsen Generationen heran, die nicht mehr in der Familie gelernt haben, wie Gemeinschaft funktioniert. Die Folgen? Unabsehbar!

Erziehungskompetenz oder Erziehungskonkurrenz?
Denn der Staat ist nicht nur bei der materiellen und emotionalen Versorgung der Menschen in allen Lebenslagen überfordert, sondern auch bei der Erziehung der Kinder. Für die Entwicklung eines gesunden Selbstwertgefühls und einer gesicherten Identität ist es keineswegs hilfreich, Kinder schon im Alter von drei Jahren oder früher von der Mutter zu trennen, Kinder früh zu sexualisieren und zu „gendern“. Genau das betreibt aber der Staat, und zwar immer öfter sogar mit Zwang.

Leicht messen lässt sich die schnelle Zunahme der Betreuung außer Haus der unter Dreijährigen: Nach offiziellen Statistiken wurden 2006 knapp 14 Prozent der Kinder unter drei Jahren in Kitas betreut, 2007 knapp 16 Prozent, 2010 bereits 23 Prozent, Tendenz weiter steigend. Nach Studien des Deutschen Jugendinstituts in München würde sich die Anzahl der außer Haus betreuten Kinder unter drei Jahren momentan schlagartig verdoppeln, wenn die Betreuungsangebote der Nachfrage entsprächen. Der massive Ausbau solcher Betreuungsangebote ist in der Tat erklärte Politik der meisten Regierungen in Europa. Wir streben auch in Deutschland ganz offen Verhältnisse wie in Dänemark an, wo laut Statistischem Bundesamt 73 Prozent der Kinder unter drei Jahren außer Haus betreut werden.

Für die Kinder zwischen drei und sechs Jahren ist die Betreuung in Kitas mittlerweile ohnehin fast überall in der westlichen Welt flächendeckend. Das bedeutet nichts anderes, als dass das pädagogische Personal öffentlicher Einrichtungen mittlerweile quer durch die Gesellschaft mehr Zeit mit Kindern unterhalb des Schulalters verbringt als die Eltern. Der gesellschaftliche Mainstream, vertreten von Politik und Medien, begrüßt diese Entwicklung, bewertet sie einhellig als gut und richtig und treibt sie weiter voran.

Die Idee dahinter ist ja auch nachvollziehbar. Den Müttern in den 1960er-Jahren in Mitteleuropa oder Nordamerika ging es ja definitiv nicht gut: Sie waren tagsüber einsam, sowohl unter- als auch überfordert, sie waren gut ausgebildet, aber als Hausfrau von intellektueller Forderung und Förderung abgeschnitten und fühlten sich zu Hause nutzlos geparkt. Dass glücklichere Mütter auch glücklichere Kinder haben, ist ein logischer und unbestreitbar einsichtiger Gedanke. Als ein verständliches Motiv erweist sich dabei auch das Bemühen des Staates, die erwerbstätigen Mütter zu entlasten, um deren Potenzial für die persönliche berufliche Entfaltung und ebenso auch für die gesamte wirtschaftliche Entwicklung besser zu nutzen. Insbesondere auf europäischer Ebene ist diese Zielsetzung bestimmende Handlungsanleitung.

Leider wurde aus dem staatlichen „Angebot" mehr und mehr ein gesellschaftliches „Gebot": Betreuung und Kindererziehung? Sache des Staates! Definitiv nicht Sache der Eltern und vor allem nicht Sache der Frau. Aus der Wahlfreiheit, die wir begrüßen, wurde eine neue Form von Alternativlosigkeit, die wir ablehnen. Es wird immer so getan, als ginge es für die Frauen um die bessere Vereinbarkeit von *Familie* und Beruf. Das ist falsch. Das Wohl der Familie spielt indes allenfalls eine Nebenrolle. In Wirklichkeit geht es nämlich hier immer nur um die bessere Vereinbarkeit von *Mutterschaft* und Beruf: Wie sehr staatlich gewollt wird, dass die Mütter von Kleinkindern arbeiten gehen und so schnell wie möglich wieder an ihren Arbeitsplatz zurückkehren, kann man beispielsweise auch daran ablesen, dass mittlerweile gesetzliche Grundlagen geschaffen wurden, nach denen finanziell indirekt diejenigen bestraft werden, die ihre Kinder lieber zu Hause erziehen, anstatt sie in die Obhut des Staates, also in Kitas zu geben, wo sie nach Staatsvorgaben erzogen werden.

Die Frage ist, ob dieses Mainstream-Prinzip den dafür zu zahlenden Preis auf Dauer wirklich wert ist. Oder anders ausgedrückt: Ist der Ansatz nachhaltig oder werden wir in 20 Jahren feststellen, dass die „Folgekosten" falsch eingeschätzt worden sind? Diese Frage ist leider weitgehend ein gesellschaftliches Tabu. Gleichzeitig wird sogar behauptet, dass der Staat die Kinder im Allgemeinen besser erziehen kann als die eigenen Eltern. Aber stimmt das auch?

Fachleute erklären hierzu übereinstimmend, dass die Mutter bei Kleinkindern emotional eine weit herausragende Stellung einnimmt, die durch nichts zu ersetzen ist. Der Fötus hört bereits im Mutterleib die Stimme der Mutter und ist nach der Geburt instinktiv darauf fixiert. Der häufige und störungsfreie Kontakt der Mutter zum Kleinkind ist die Basis für so komplexe Leistungen, wie zum Beispiel die Sprachentwicklung. Wird die Dyade, also die Zweierbeziehung zwischen Mutter und Kind in den ersten drei Lebensjahren, ständig oder dauerhaft unterbrochen, dann sind Sprachentwicklungsstörungen sowie Lese- und Schreibbehinderungen oft die Folge. (Einen vertiefenden Artikel von Manfred Spreng zum Thema: „Hörentwicklung bei Kindern" finden Sie auf der Webseite www.hoellensturz-hoffnung.de.)

Neueren Forschungen zufolge verläuft die geistige und emotionale, aber auch die motorische und sensorische Entwicklung in den ersten Lebensjahren in sogenannten „Sprüngen". Bevor ein Kind eine neue Fähigkeit erlernt, eine neue Einsicht bekommt oder sich einen neuen Teil der Welt erschließt, zieht es sich notwendigerweise zurück, sucht den engen Kontakt zur Mutter (und nicht zu irgendeiner Ersatzperson) und fällt in dieser „Vor-Sprung-Zeit" entwicklungsmäßig sogar ein kleines Stück zurück. In diesen Tagen oder Wochen hängt das kleine Kind an der Mutter wie eine Klette, weint viel, ist emotional instabil und schutzbedürftig. Erst wenn sich das Kind der Liebe, des Schutzes und der Verfügbarkeit der Mutter ausreichend versichert hat, wagt es den „Sprung". Auf diese Weise lernt es Stehen, Gehen, Sprechen, die Welt der Musik entdecken usw. Die neuen Fähigkeiten werden dann schlagartig angenommen und das Kind kann innerhalb von wenigen Tagen, was es vorher nicht konnte, beispielsweise komplexe Muster erkennen, zwischen „Ich" und „Du" sowie „Mein" und „Dein" unterscheiden, den eigenen Willen entdecken, allgemeingültige Prinzipien verstehen und einsehen, dass man sich für oder gegen etwas entscheiden kann, aber dann auch die Konsequenzen der Entscheidung tragen muss. Diese Sprünge können nicht sauber, vollständig oder rechtzeitig stattfinden, wenn das Kind keine Sicherheit in der Ur-Beziehung zur Mutter findet. Die Autoren Hetty van de Rijt und Frans X. Plooij haben über die entwicklungskritischen ersten Jahre einen wunderbaren Elternratgeber geschrieben, der ein Weltbestseller wurde und in deutscher Übersetzung „Oje, ich wachse!"[7] heißt. Darin kann man nachlesen, wann welche Entwicklungssprünge anstehen, und es ist eindrücklich beschrieben, wie stark sich das Kind der Nähe zur Mutter versichert, bevor es springen kann.

Natürlich können auch andere Personen diese Vertrauensstellung einnehmen. Wenn die Mutter ausfiel, übernahm das schon immer ein anderes Familienmitglied, beispielsweise die Tante oder die Oma, wenn sie in der Lage sind, eine annähernd ebenso enge Bindung zu dem Kind aufzubauen wie die leibliche Mutter. Professionelle Erzieherinnen sind dazu

7 Erw. u. akt. Aufl. München 2005.

aber allein schon aus organisatorischen und ganz praktischen Gründen in den allermeisten Fällen gar nicht in der Lage, so sehr sie auch die durchschnittlich neun Kinder mögen, für die sie nach dem vom statistischen Bundesamt errechneten Personalschlüssel in Kitas allein und gleichzeitig verantwortlich sind. Wer das nicht glaubt, möge einmal einen Tag in der Kita hospitieren.

Eigentlich müsste es jedem intuitiv klar sein, dass nicht nur die Entwicklungsfähigkeit, sondern auch die Bindungsfähigkeit eines Menschen gestört werden muss, wenn in frühester Kindheit die wichtigste und engste Bindung, die ein Mensch haben kann, unterbunden wird. Erkennen kann man die Folgen davon an den zunehmenden Verhaltensstörungen und den zunehmenden emotionalen Störungen, insbesondere Depressionen. Der typisch westliche Staat übernimmt sich mit der Aufgabe der Kindererziehung und schafft sich selbst massive neue Probleme, denn immer mehr Kinder sind nicht schulfähig, stören den Schulbetrieb durch ihre Verhaltensauffälligkeiten, ihre Lernschwächen und ihre Defizite an mentaler und kognitiver Reife. Die Arbeit der Lehrer wird dadurch immer belastender, die Ergebnisse und Erfolge der Schulen immer bescheidener.

Der renommierte deutsche Pädagoge Dr. Martin R. Textor, Spezialist für Bildung im Kindergarten, Verhaltensauffälligkeiten und Kindeswohlgefährdung, schreibt:

> „Nach verschiedenen Untersuchungen werden heute zwischen 20 und 25 Prozent aller Kindergartenkinder als verhaltensauffällig oder psychisch gestört eingestuft; mindestens 5 Prozent sind behandlungsbedürftig.“[8]

Er spricht von körperlichen, psychischen und sozialen Auffälligkeiten, von Nägelkauen, Essstörungen, Angststörungen, Depressionen, Konzentrationsstörungen, Aggressionen und vielfältigen Entwicklungsstörungen.

8 Martin R. Textor, in: Erich Stutzer (Hrsg.): Praxisratgeber Kindertagesbetreuung, Teil 5.5, Juni 2006

„Der Umgang mit verhaltensauffälligen Kindern ist inzwischen zur größten beruflichen Belastung von Erzieher/innen geworden."[9]

Die Ursachen für die vielfältigen emotionalen, psychischen und sozialen Probleme der Kinder liegen natürlich auch in defizitären Familienverhältnissen, also beispielsweise in extremen Erziehungsstilen: Sie reichen von grober Vernachlässigung bis hin zu Verwöhnung und Überbehüten. Aber was in vielen Darstellungen völlig unterschlagen, ja fast schon tabuisiert wird: Viele der Probleme der Kinder, insbesondere im psychosozialen Bereich, werden von überfordertem pädagogischem Personal erzeugt.

Kinder werden unterfordert oder langweilen sich; die darauf folgenden Stressreaktionen werden nicht adäquat erkannt und beantwortet. Hochbegabte Kinder werden zu Minderleistern gemacht, schüchterne oder gar schweigende Kinder werden ins Schneckenhaus getrieben, provozierende Kinder werden mit Ausgrenzung und Beziehungsabbruch bestraft und damit gezwungen, ihre Provokationen noch zu verstärken. Zu große Gruppen machen es Kindern schwer, Bindungen aufzubauen, wechselndes Personal verunsichert die Kinder, undifferenzierte und auf die individuellen Bedürfnisse einzelner Kinder nicht eingehende Bildungsprogramme werden den Kindern nicht gerecht. Mangelnde Qualifikation, fehlende Supervision, defizitäre Teamführung in den Einrichtungen sorgen für Konflikte innerhalb des Personals. Die Vielfalt der Probleme in den Kitas ist enorm. In vielen Fällen wird der Staat dem Vertrauen der Eltern in seine Einrichtungen zur frühkindlichen Erziehung nicht gerecht.

Im Gegensatz zur *de facto* immer massiver durchgesetzten „Kita-Pflicht" ist die Schulpflicht wichtig. Ab sechs Jahre haben die meisten Kinder, die in intakten Familien aufwachsen durften, eine körperliche, geistige und seelische Reife entwickelt, die es ihnen ermöglicht, mit anderen Kindern gemeinsam zu lernen. Zunehmend schwieriger wird der Alltag in den

9 a.a.O.

Grundschulen, weil diese Voraussetzungen flächendeckend nicht mehr gegeben sind. Leider hat der heutige Schulalltag, vor allem in der Primarschule mit respektvollem Umgang nur noch wenig zu tun. Ohne die vielfältigen Probleme der Schulen hier detaillierter aufrollen zu wollen – denn das würde den Rahmen dieses Buches wahrlich sprengen und dazu gibt es auch bereits genügend Literatur –, möchten wir den allgemeinen Charakter der Defizite im Schulbetrieb skizzieren: Es fehlt an Respekt. Respekt der Schüler vor den Lehrern, die als Autoritäten systematisch demontiert wurden, aber auch Respekt der Lehrer vor den Schülern, die mit der Individualität und Differenz der Schüler größte Probleme haben. Sie empfinden sowohl besonders starke, intelligente, weit entwickelte Schüler als auch schwache, zurückgebliebene oder sozial gehandicapte Schüler als Störung des stressigen Schulalltags und richten an beiden Polen des Schülerspektrums erheblichen Flurschaden an.

Es fehlt auch an Respekt zwischen den Schülern. Die Bereitschaft zur Gemeinschaft, die immer auch Verzicht zugunsten des jeweils anderen erfordert, ist in den Schülergemeinschaften immer weniger vorhanden. Das sehen wir nicht als Ursache, sondern als Symptom gesellschaftlichen Niedergangs. Wenn eigentlich Verzicht, Wohlwollen, ein offenes Angebot im sozialen Miteinander und die Übernahme von Verantwortung gefordert wären, um Konflikte jeder Art zu lösen, ist die Antwort im Schulalltag stattdessen oft Aggression. Ein friedliches und förderliches Zusammenleben kann in den Schulen – abgesehen bislang noch von den Gymnasien bzw. von den Schulen der Sekundarstufe II des *International Standard Classification of Education* (ISCED) wie auch der *High School* in den USA oder der *Lycée* in Frankreich – weitgehend nicht mehr eingeübt werden. Stattdessen setzen sich andere Verhaltensweisen durch: Machtstreben, Ellenbogenmentalität, Egoismus, Recht des Stärkeren, Unterdrückung der Schwachen, „nach oben buckeln, nach unten treten". Schule, insbesondere die Primarschule, verkommt zum Übungsgelände für Gewalt.

Natürlich kommt es dabei sehr auf das Kollegium und insbesondere auf die Schulleitung an, aber insgesamt steht der Trend fest: Die Statistiken der

Gewalttaten an Schulen werden immer länger: Beleidigungen, Drohungen und Erpressungen, das sogenannte „Abziehen“ oder Mobbing, egal ob in England, in Frankreich, in den USA oder in Deutschland. In den USA werden mittlerweile viele Schulen von bewaffnetem Sicherheitspersonal bewacht, was bewirkt, dass Schüler vor allem vor und nach der Schule Gewalttaten zum Opfer fallen. US-amerikanische Schüler begehen pro Jahr rund 150.000 schwere Gewaltverbrechen wie Vergewaltigung und Körperverletzung. In Großbritannien prügeln sich ein Drittel aller Schülerinnen zwischen 11 und 15 mindestens einmal im Jahr ernsthaft mit einem anderen Mädchen. In Frankreich werden jeden einzelnen Tag zwischen fünf und zehn Lehrer von Schülern gewalttätig angegriffen, und dabei werden nur die Gewalttaten mitgezählt, die zur Anzeige kommen.

Wenn Regionen und Traditionen, Familien, Kitas und Schulen immer verbreiteter als identitätsstiftende Orte ausfallen, dann bleibt am Ende nur noch die Möglichkeit, sich auf sich selbst zu besinnen und trotz aller Schwierigkeiten sein Selbst von innen heraus zu bilden. Und die Tatsache, dass selbst Waisenkinder es schaffen, eine gesunde Identität auszubilden, zeigt doch, dass es geht. Ja, das geht – vorausgesetzt, man lässt die Jungen Männer werden und die Mädchen Frauen …

Sex lernen

> „So hat der Senat mit dem Landesinstitut für Schule und Medien im Jahr 2006 eine Handreichung herausgegeben, die im Internet abrufbar ist und verschiedene Spiele zum Thema empfiehlt. In einer Scharade sollen Schüler der Sekundarstufe I und II pantomimisch Begriffe wie ‚Sado-Maso‘, ‚Orgasmus‘ und ‚Darkroom‘ darstellen. Und in Rollenspielen sollen sie ein *Coming Out* üben, indem sie sich vorstellen, sie würden der Familie beim Abendessen ihre Homosexualität beichten. Außerdem sollen sie probehalber ein lesbisches oder schwules Wochenende planen …“[10]

10 Lydia Harder: Für ein anderes Bild der Familie, in: *Frankfurter Allgemeine Zeitung*, 20.07.2011

Kaum einer regt sich darüber auf, wie unsere Kinder in Kitas und Schulen zwangssexualisiert werden. Wir schon. Dass die Bewegung des *Gender Mainstreaming* auch eine Übersexualisierung der Kinder mit sich bringt, ist für viele Menschen eine absurde Behauptung, für uns aber leider eine bittere Wahrheit. Wir möchten hier klar differenzieren: Wir kritisieren nicht die sexuelle Aufklärung. Es ist klar, dass wir, wenn wir einen verantwortlichen Umgang unserer Kinder mit Sexualität erreichen wollen – vor allem angesichts der Themen Verhütung, Missbrauch und AIDS – früh anfangen müssen, mit den Kindern über Sex zu reden. Diese Frühaufklärung ist sowohl Ursache als auch Folge einer sehr frühen Sexualisierung der Kinder. Wir können alle miteinander gerne engagiert darüber streiten, was denn der richtige Zeitpunkt ist, um damit anzufangen.

Hier geht es uns aber um etwas ganz anderes: Von der Öffentlichkeit weitgehend unbemerkt, hat sich eine zwanghafte und absurde Form der staatlich verordneten Übersexualisierung in den Kitas, Kindergärten und Schulen breitgemacht, die in der Tendenz versucht, die ganz normale heterosexuelle Orientierung zu diskreditieren und für Homosexualität oder bisexuelle Beliebigkeit zu werben. Ideologisches Ziel dieser Programme ist die Auflösung der Geschlechtsidentität in der Bevölkerung.

Wie kann das sein? Die weltanschaulich durch die Ideologien des Ökosozialismus und des *Gender Mainstreaming* geprägte Bildungspolitik über alle Parteigrenzen hinweg will den Menschen ja nicht primär gleiche Bildungschancen und die Möglichkeit zur freien Entfaltung ihrer Persönlichkeit geben, sondern sie will die Menschen im Endeffekt gleichmachen. Dazu muss sie erklärtermaßen frühzeitig in die Ausbildung der Identität der Männer und Frauen eingreifen, also schon dann, wenn es noch Jungen und Mädchen sind, denn sonst ist es spätestens in der Pubertät für die Gleichmacherei zu spät. Die Kinder müssen durch staatliche Bildung geschlechtlich neutralisiert werden. Das geht nur, wenn das Thema „Sex“ massiv in den Vordergrund gerückt wird und insbesondere die Grenzen zwischen den Geschlechtern verwischt werden. Und weil in den Augen der *Gender*-Architekten die Eltern insbesondere darin versagen, ihren Kindern die Homosexualität als gleichgestellte Option neben der Heterosexualität beizubringen, muss das der Staat erledigen: Sex, und insbesondere Homosexualität, gehört nach Meinung des heutigen Mainstreams der Bildungspolitiker in die Bildungspläne der Kitas, Kindergärten und Grundschulen, sonst kann der neue, sexuell gleichgeschaltete Mensch nicht entstehen.

Sie finden das, was wir hier schreiben erschreckend, verstörend und realitätsfern? Das können wir nachvollziehen. Aber wischen Sie es nicht einfach als unhaltbar vom Tisch. Wenn das alles Unsinn wäre, würden wir aufatmen. Aber leider ist es die Realität, abzüglich aller Schönfärberei. Darum haben wir das absichtlich so drastisch geschrieben. Wir alle haben uns schon zu sehr daran gewöhnt und erschrecken, wenn uns jemand darauf hinweist: Viele Politiker und Pädagogen scheinen geradezu davon besessen zu sein, die Kinder möglichst früh zu sexualisieren.

Das Land Nordrhein-Westfalen möchte Homosexualität auf dem Lehrplan sehen. Es startete die Kampagne „Schule der Vielfalt". Ziel der Initiative ist ausdrücklich, Homosexualität in der Schule zu enttabuisieren. Dass damit neue Normen und Tabus errichtet werden und die Differenz zwischen den Geschlechtern ausgerechnet in einem Lebensalter aufgehoben wird, wo Jungen sich versichern müssen, was es heißt, ein Mann zu sein, und Mädchen, was es heißt, eine Frau zu sein, um eine gesunde und robuste Identität herauszubilden, wird dabei völlig unter den Teppich gekehrt. Wichtiger als eine erfolgreiche Pubertät, aus der Männer und Frauen hervorgehen, ist vielen Bildungspolitikern die Ideologie des *Gender Mainstreaming*. – Wir fragen uns: Zu welchem Zweck soll Kindern Homosexualität gelehrt werden? Warum genügt es nicht, als Lehrer zu lernen, Kinder liebevoll, einfühlsam und gerecht zu behandeln?

Ein weiteres Beispiel aus Baden-Württemberg: Laut einem Bericht im *Mannheimer Morgen* vom 09.08.2013[11] fordert Baden-Württembergs

11 Peter Reinhardt: Homosexualität als Pflichtstoff, in: *Mannheimer Morgen*, 09.08.2013; http://www.morgenweb.de/nachrichten/sudwest/homosexualitat-als-pflichtstoff-1.1151375

SPD die Verankerung gleichgeschlechtlicher Lebensweise in den Unterrichtsfächern:

> „Die SPD-Abgeordneten wollen die Homosexualität und deren gesellschaftliche Probleme in allen weiterführenden Schulen breit in den Bildungsplänen festschreiben. Eine Reform wird ohnehin vorbereitet. ‚Wir haben die feste Zusage, dass das Thema an mehreren Stellen verankert wird', berichtet Stefan Fulst-Blei (Parlamentarischer Geschäftsführer) zum aktuellen Stand. Als ersten Anknüpfungspunkt nennt das SPD-Papier die Sexualerziehung im Fach Biologie. Es dürften keine Unterschiede mehr gemacht werden zwischen Heteros, Homos und Bisexuellen. Im Gemeinschaftskundeunterricht ließen sich die Rechte von Homosexuellen bei den Grundrechten als Beispiel abhandeln. Die Genossen fordern eine Abbildung der gesellschaftlichen Realität auch in den Textaufgaben der Mathematik. In die Fragestellungen müssten künftig neben den Mutter-Vater-Kind-Familien auch die Lebensformen von Alleinerziehenden und Regenbogenfamilien mit gleichgeschlechtlichen Eltern thematisiert werden."

Die Sexualisierung wird aggressiv durchgesetzt. Wenn Eltern beispielsweise der Meinung sind, dass für ihre Kinder Homosexualität kein zwingender Bestandteil des Unterrichts sein sollte, werden sie kriminalisiert, als „homophob" beschimpft und es wird ihnen Hass und Diskriminierung gegenüber Homosexuellen unterstellt. Eltern, die an deutschen Gerichten versuchten, ihr Kind vom Zwang zum Sexualkundeunterricht befreien zu lassen, blieben bis hin zum Bundesverfassungsgericht durchweg erfolglos. Die staatlichen Institutionen sind sich einig: Das Geschlecht beim Sex muss beliebig sein, Homosexualität soll und muss den Kindern nahegebracht und als Lebensform angeboten werden.

An der Berliner Humboldt-Universität arbeitet ein vom Familienministerium finanziertes *Genderkompetenz*Zentrum, das auf der Arbeitsgrundlage, es gibt keine biologischen Grundlagen, die die Zugehörigkeit zu einem Geschlecht festlegen, Modelle entwickelt hat, bei denen zwischen fünf verschiedenen Geschlechtern unterschieden wird.

Wer also heute eine heterosexuelle Grundorientierung als normal empfindet, gilt in unserer Gesellschaft in zunehmendem Maße als Sonderling. Homosexualität wird stattdessen zur Norm und in die sexuelle Entwicklung der Kinder soll möglichst früh eingegriffen werden, zum geschlechterneutralen Sprachgebrauch erzogen werden – Stichwort „nichtidentitäre Jugendarbeit“ – sowie zum „Mut“, möglichst früh und ständig Sex zu haben, egal mit wem. Es wird formuliert, dass Kinder schließlich ein Recht auf Sexualität hätten, die alte jüdisch-christliche Tradition sei überholt, demgemäß solle Sexualität bereits im Kindergarten gefördert werden.

Das ist erst der Anfang. Wie es weitergeht, kann man in den Ländern erforschen, die beim *Gender Mainstreaming* schon einen Schritt weiter sind als die Deutschen: In Oslo beispielsweise erklärte die Leiterin eines Kindergartens unter Berufung auf Kinderpsychologen, dass die Kindergarten- und Vorschulkinder ermutigt werden sollen, ihre sexuellen Empfindungen in Sexspielen, Nackttänzen und Masturbation freier auszudrücken. – Wir halten so etwas für eine Straftat. Würde unseren Kindern oder Enkeln so etwas widerfahren, wir Professoren würden versuchen, eine solche Straftat vor Gericht zu bringen, auch wenn das leider kaum Erfolgsaussichten hätte.

Die Anzahl der Menschen, denen es kalt den Rücken hinunterläuft, wenn sie so etwas lesen, wird aber immer geringer. Entsprechende Meldungen in den Zeitungen sind stets klein und finden sich auf den hinteren Seiten. Weil der Wertewandel bei diesem Thema so groß und so rasant ist, wird die Gesellschaft in „sexuell Befreite“ und „Prüde“ gespalten, heftige Konflikte sind vorprogrammiert. Wenn aber viele Eltern wüssten, was Erzieher und Lehrer bisweilen predigen, dann würden sie jenseits von jeder politischen Orientierung auf die Barrikaden gehen, denn ein gesunder Instinkt sagt jedem Vater und jeder Mutter: mit meinem Kind nicht!

Die Bundeszentrale für gesundheitliche Aufklärung in Deutschland, die dem Familienministerium untersteht, hat vor einigen Jahren einen Ratgeber für Eltern zur kindlichen Sexualerziehung vom ersten bis zum sechsten Lebensjahr herausgebracht, finanziert mit Steuergeldern und 100.000-fach kostenlos verteilt. Eltern, Großeltern oder jene, denen die Pflege der Kinder anvertraut wird, wurden darin zur sexuellen Stimulation ihrer Kleinkinder aufgefordert. Der Titel: „Körper, Liebe, Doktorspiele". Erst nachdem unter anderem der Leiter des Instituts für Familienwissenschaften, Prof. Dr. Dr. Thomas Schirrmacher, kritisiert hatte, dass die Tipps zum Umgang mit den Geschlechtsorganen kleiner Kinder vor Gericht den Tatbestand des sexuellen Missbrauchs erfüllen würden, zog die damalige Familienministerin Ursula von der Leyen die Broschüre aus dem Verkehr.

Frau von der Leyen hat selbst sieben Kinder. Wir fragen uns: Was würde sie sagen, wenn sie erführe, dass ein Erzieher im Kindergarten an einer ihrer Töchter – natürlich fachgerecht dieser Broschüre folgend – herumgefummelt hat? Spätestens in der Grundschule wollen viele Pädagogen und Politiker die Kinder zu sexuell Aktiven erziehen. In Nordrhein-Westfalen beispielsweise bekommen, je nach Schule und Lehrer, bereits Neunjährige explizite Sexualpraktiken erklärt und müssen den Umgang mit Kondomen üben – zwangsweise.

In Salzkotten weigerte sich 2010 eine Mutter, eines ihrer Kinder an einem Theaterprojekt in der Schule teilnehmen zu lassen, in dem den Schülern von erwachsenen Schauspielern Szenen des sexuellen Missbrauchs vorgespielt werden. Anschließend sollten die Kinder die Szenen selbst nachspielen. Darin ging es unter anderem um die Verführung durch einen Onkel und um Exhibitionismus. Die Mutter empfand die gespielten Handlungen selbst als sexuellen Missbrauch ihres Kindes und weigerte sich, ihr Kind dem auszusetzen. Die Schule dagegen versuchte vehement, die Mutter dazu zu zwingen, ihr Kind diesem Missbrauch auszusetzen, berief sich auf die Schulpflicht und erwirkte bei Gericht eine 15-tägige Erzwingungshaft. Haft! Kaum vorstellbar, aber die Mutter musste tatsächlich ins Gefängnis, weil sie ihr Kind vor dem sexgierigen Staat schützen wollte. Bemerkenswerterweise ging es dabei nicht um ein Oberstufenprojekt an einem Gymnasium, sondern um die dritten und vierten Klassen einer Grundschule, das Kind war neun!

Der Drang der staatlichen Institutionen, unsere Kinder möglichst frühzeitig zwangsweise zu sexualisieren, um sie zu „gendern", ist so groß, dass dabei selbst die Europäische Menschenrechtskonvention vergessen wird, in der steht: „Der Staat hat bei der Ausübung der von ihm auf dem Gebiet der Erziehung und des Unterrichts übernommenen Aufgaben das Recht der Eltern zu achten, die Erziehung und den Unterricht entsprechend ihren eigenen religiösen und weltanschaulichen Überzeugungen sicherzustellen."

Wir befürchten, dass die politisch gewollte Enttabuisierung von Sexualität im Kindesalter und die penetrante und vehemente Durchsetzung von Homosexualität als Lebenskonzept die Kinder bei der Ausbildung einer gesunden, widerstandsfähigen Identität behindert. Um es klar zu sagen: Wer in der natürlichen Entwicklung seiner Identität als Mann oder Frau behindert wird, kann nicht glücklich werden. Davon sind wir überzeugt. Mehr noch, wir halten die Ausübung dieser Ideologie in Kita, Kindergarten und Schule für menschenunwürdig. In diesem Punkt verläuft unsere Bildungspolitik am Rande der Menschenrechtsverletzung.

Wir wissen sehr wohl, wie realitätsfern, rückständig und borniert das, was wir schreiben, in den Ohren bereits ökosozial „gegenderter" Leser klingen mag. Aber wir schreiben über die Realität. Wir sind nicht rückständig, borniert oder prüde, sondern schlicht sehr besorgt. Wir schreiben in diesem Abschnitt anders über Homosexualität, als es zurzeit Mainstream ist, aber deswegen sind wir beileibe nicht homophob, denn wir beurteilen Menschen nicht nach ihrer sexuellen Ausrichtung. Wir bleiben nur dabei, dass Homosexualität kein alternatives Lebenskonzept ist, das an Schulen gelehrt werden sollte. Und Transsexualität ist als Geschlechtsidentitätsstörung (F64.0) immer noch Bestandteil des ICD-10, also eine anerkannte psychische Krankheit. Aber vielleicht sind wir ja auch einfach nur noch nicht befallen von dem kulturellen Virus, der unsere individuelle Identität von innen heraus zerstört. Und vielleicht können wir deshalb etwas sehen und benennen, das für viele Menschen neuerdings bereits tabuisiert ist: Sex hat bei kleinen Kindern nichts zu suchen!

Beruf, Berufung, Abberufung

Wie geht es dann weiter, wenn die Kinder größer werden? Bekommt der staatlich erzogene junge Mensch nach dem Schulabschluss den Freiraum, seine Identität doch noch auszubilden? Wenn wir ohne Rückhalt durch die verstümmelte Familie uns durch die staatlichen Lehranstalten irgendwie einigermaßen heil durchgewurschtelt haben, dann können wir uns im Erwachsenenalter, wenn man uns endlich einigermaßen in Ruhe lässt, vielleicht wieder regenerieren. Wird dann endlich alles wieder gut? Möglicherweise kommt der Prozess der Identitätsbildung ja auch ohnehin erst im dritten Lebensjahrzehnt zumindest zu einem vorläufigen Abschluss. Haben wir also die Möglichkeit zur Identitätsreifung zumindest als Erwachsene? Die dauerhafte Paarbeziehung als identitätsstiftende Institution fällt dabei ja bekanntermaßen zunehmend aus. Aber ein wichtiger Faktor bei der Herausbildung der Persönlichkeit ist unbestritten die Arbeit. „Arbeit schafft Identität", „Arbeit stiftet Sinn" – da stimmt mühelos jeder zu. Julian Nida-Rümelin, Philosophie-Professor und ehemaliger Kulturstaatsminister im ersten Kabinett Schröder, sagte dazu:

> „In unserer vielleicht puritanisch geprägten Kultur ist die Erwerbsarbeit, auch die über Bezahlung geschätzte Erwerbsarbeit, Teil der persönlichen Identität und macht das Selbstwertgefühl ganz wesentlich aus."

Einen Job zu haben, arbeiten zu können und dabei etwas Sinnvolles zu Wege zu bringen ist heute für viele Menschen die wichtigste Möglichkeit, Anerkennung zu bekommen, Wertschätzung zu erfahren, sich zugehörig zu fühlen und ein soziales Miteinander zu erleben. Für immer mehr Menschen ist es nicht nur die wichtigste Quelle von Identität im Erwachsenenalter, sondern weitgehend die einzige, insbesondere für Singles.

Aber gleichzeitig oder gerade deswegen ist die Angst vor Arbeitslosigkeit eine prägende Erfahrung der jüngeren Generation. Wer ist man schon, wenn man auf die Frage „Was machst du?" nur antworten kann: „Morgen melde ich mich wieder bei der Arbeitsagentur." Auch wenn immer wieder gute Konjunkturphasen darüber hinwegtäuschen, ist der Anteil der

Bevölkerung, der trotz passenden Lebensalters nicht am Arbeitsleben teilnehmen will oder kann, enorm: Im Mai 2011 waren in Deutschland knapp drei Millionen Menschen arbeitslos. Wenn man die 4,2 Millionen Unterbeschäftigten, Leute in Weiterbildungsmaßnahmen und Ein-Euro-Jobber dazuzählt, kommt man aber nach Zahlen der Bundesagentur für Arbeit auf über sieben Millionen oder 16,8 Prozent!

Außerdem stellt das *Gallup*-Institut in seinen jährlichen Umfragen zur Zufriedenheit im Job fest, dass sich mehr als vier Fünftel der Arbeitnehmer nicht mit ihrem Arbeitgeber bzw. ihrem Job identifizieren können. Die emotionale Bindung an ihren Arbeitsplatz ist bei rund einem Fünftel der Arbeitnehmer sogar so schwach bzw. negativ ausgeprägt, dass sie zu Sabotage, Verweigerung und innerer Kündigung neigen. (Mehr über die Bedeutung der Arbeit für das Überleben einer Zivilisation finden Sie im Aufsatz von Hans-Joachim Hahn: „Sieben Erfolgswerte der christlich-abendländischen Kultur" auf der Webseite www.hoellensturz-hoffnung.de.)

Ein identitätsstiftender Ort kann die Arbeit also offensichtlich nur für einen kleinen Teil der Bevölkerung sein. Zudem sind die *Gallup*-Studien immer nur Momentaufnahmen. Die Teilnehmer der Studie werden darin gefragt, wie ihre aktuelle emotionale Bindung beschaffen ist. Berufsbiografien sind heute zudem aber meistens gebrochen und fragmentarisch, lücken- und sprunghaft. Der Beruf ist in unserer Gesellschaft zum Job geworden – aber mit dem Wegfall der Beständigkeit und der Sicherheit, das Richtige zu tun, entfällt auch die identitätsstiftende Wirkung der Arbeit. Wenn mein gegenwärtiger Job von vornherein nur temporärer Natur ist, wenn ich mir nicht sicher sein kann, dass mein berufliches Wirken Teil meiner Lebensaufgabe ist, dann verbinde ich die Arbeit nicht mit meinem Lebenswerk, dann hänge ich mein Herz nicht daran. Dann aber wird die Arbeit zur Erwerbsarbeit, zur reinen materiellen Sicherungsmaßnahme degradiert. Dann „muss" man arbeiten, denn schließlich „muss" man ja Geld verdienen.

Auf die Sozialversicherungsnummer, die Steuernummer und die Gehaltsabrechnung reduziert, wird Erwerbsarbeit keinen Beitrag zur Identitätsbildung liefern können. Und das trifft auf den deutlich größten Teil der Menschen zu. – Da wird nun die Frage immer dringender: Wo bitte sollen Menschen in unserer Gesellschaft ihre Identität ausbilden können? Ist es wirklich so, dass wir beginnend direkt nach der Geburt bis ins hohe Alter ständig darum kämpfen müssen, „jemand" zu sein? Ist unsere Gesellschaft identitätsfeindlich geworden? Lösen wir die Persönlichkeit der Menschen systematisch auf, anstatt sie zu Ganzheit und Integrität zu führen? Oder plakativer ausgedrückt: Macht unsere Gesellschaft ihre Mitglieder systematisch psychisch kaputt?

Big Brother is watching you

Das Fundament einer Gesellschaft wird ganz wesentlich von der Rechtsprechung gelegt. Was richtig und was falsch ist, welche Werte im Allgemeinen Priorität haben, das ist in allen Gesellschaften, in allen Kulturkreisen und zu allen Zeiten in Regeln, Gesetze, Verordnungen, Erlasse, Urteile und Vorschriften gegossen worden. Dementsprechend trägt ganz wesentlich zur Identität eines Individuums bei, in welchem Rechtsraum er aufgewachsen ist. Ein Mensch jüdischer Herkunft wird eine völlig andere Identität entwickelt haben, wenn er in Deutschland zwischen 1933 und 1945 aufgewachsen ist, als wenn er in den USA in den 1990er-Jahren aufgewachsen wäre, und zwar nicht zuletzt deshalb, weil er vor dem Gesetz und in der Rechtsprechung als ein völlig anderer Mensch gesehen worden wäre.

Die wesentliche Voraussetzung dafür, dass ein Mensch heute aus eigener Kraft eine Identität aufbauen kann, auch wenn die erodierenden Instanzen Tradition, Familie, Schule und Beruf immer weniger Orientierung und Stabilität verleihen können, sind die univsersalen Menschenrechte, die Gleichheit vor dem Gesetz, die Verlässlichkeit, als Individuum unveräußerliche Rechte zu haben. Diese individuellen und universalen Rechte sind eine Errungenschaft unserer westlichen Welt, die gar nicht hoch genug einzuschätzen ist. Die Sicherheit, letztendlich einklagen zu können, ein Mensch wie jeder andere sein zu dürfen, ist ein Schatz unserer Zivilisation. So erst wird eine pluralistische, individualisierte und psychisch gesunde Gesellschaft möglich. Aber ist dieser stabile Rechtsrahmen heute wirklich noch intakt? Oder hat auch er schon begonnen, zu erodieren, genauso wie die anderen stabilisierenden Kulturinstitutionen unserer modernen Welt? Wer aus einer bestimmten Perspektive auf unsere moderne Rechtsprechung schaut, dem wird Angst und Bange. Der entdeckt etwas, das schon Goethe abschreckte: „In seinem Alter so radikal zu sein, ist der Gipfel aller Tollheit." Wen meinte Goethe damit?

Er meinte den englischen Juristen, Philosophen und Sozialreformer, den schon Karl Marx als „Genie der bürgerlichen Dummheit" bezeichnet hatte: Jeremy Bentham, der 1832 in London gestorben war. Allgemein werden seine Forderungen und Positionen heute als visionär, seiner Zeit weit voraus und aus heutiger Perspektive völlig legitim bewertet: Er forderte allgemeine Wahlen, das Frauenstimmrecht, die Abschaffung der Todesstrafe, Rechte für Tiere, die Legalisierung der Homosexualität und allgemeine Pressefreiheit – lauter Forderungen, die damals revolutionär waren und die heute so selbstverständlich sind, dass jeder sie sofort unterschreiben würde, wir selbst natürlich eingeschlossen.

Aber als seiner Zeit voraus erwies er sich auch bei anderen Positionen, die weit weniger bekannt und offensichtlich sind und denen wir unsere Unterschrift versagen: Er plädierte zwar für die Freiheit der Märkte und ungezügelten Kapitalismus und wurde dadurch einer der Vordenker des Wirtschaftsliberalismus, gleichzeitig sollte aber der Staat die individuelle Freiheit des Einzelnen stark einschränken, die Bürger von frühester Jugend an erziehen, schulen und konditionieren, ihr Verhalten überwachen, kontrollieren und jegliches Fehlverhalten streng bestrafen. Individuelle Freiheit sah er als Sicherheitsrisiko, das eingedämmt werden müsse, weil er den Wert der Sicherheit höher bewertete als den Wert der Freiheit. Um die staatliche Überwachung zu ermöglichen, forderte er die erkennungsdienstliche Tätowierung der Bevölkerung und den systematischen Einsatz von Spitzeln. Er lieferte damit nicht nur eine der geistigen Vorlagen für George Orwells berühmte Dystopie „1984", sondern auch für die realen totalitären Systeme der Nationalsozialisten und der Kommunisten im 20. Jahrhundert. Gerade wir Deutschen wissen aus unserer jüngeren Vergangenheit sehr gut, was Benthams Forderungen für Auswirkungen haben können.

Er ging aber noch weiter und demontierte in seiner Ethik die Individualität des Menschen grundlegend: Er sprach sich dagegen aus, Menschen aufgrund persönlicher Schuld zu bestrafen. Er negierte, dass Menschen sich überhaupt persönlich Schuld aufladen können. Eine vom Staat auferlegte Strafe sollte darum nicht mehr Ausgleich für begangenes Unrecht sein, sondern allein darauf abzielen, künftiges Unrecht zu verhindern. Den Strafzweck der Sühne verbannte er und ersetzte sie durch relative Strafzwecke. Damit verabschiedete er sich aber auch vom Wert der individuellen Gerechtigkeit. Für Bentham steht der Nutzen eines Individuums für die Allgemeinheit im Vordergrund, nicht seine individuellen Rechte. Er postulierte das *greatest happiness principle*: Um „das größte Glück der größten Zahl" von Menschen zu erreichen, sollten Menschen dazu gebracht werden, der Gesellschaft größtmöglichen Nutzen zu bieten. Das ganze Glück der Menschheit wird dabei zu einer Rechenaufgabe: Wenn die Nutzeneinbußen Einzelner von größeren Nutzengewinnen anderer aufgewogen werden, dann muss dieser positive Nutzengewinnsaldo vom Staat durchgesetzt werden. Was richtig ist und was falsch, bestimmt sich allein aus der Nutzenkalkulation für die Allgemeinheit: „It is the greatest happiness of the greatest number that is the measure of right and wrong." Damit ist schlichtweg alles erlaubt, was nach dieser oder jener gerade vorherrschenden Lesart das Gesamtglück der Allgemeinheit vergrößert. Auf der Strecke bleiben dabei die individuellen Menschenrechte. Bentham nannte die Menschenrechte „Unsinn auf Stelzen". Die Identität des Individuums wird in seiner Philosophie zertrümmert. Diese Ethik nennt sich durch die Ausrichtung von Recht und Regierung am Nützlichen „Utilitarismus".

Diesen Utilitarismus haben unsere Gemeinwesen heute im Blut, er fließt durch die Adern der westlichen Staatsorgane und erreicht jeden Menschen. Vor Gericht ist es beispielsweise generell üblich geworden, dass Staatsanwälte, Richter und Verteidiger miteinander Deals aushandeln: „Mein Mandant wird die Aussage X machen, wenn er eine Strafzeitverkürzung bekommt." Das Ziel ist immer die Verkürzung oder Vermeidung vor dem Hintergrund der Kosten des Verfahrens. Der Allgemeinheit werden durch Gerichtsprozesse enorme Kosten aufgebürdet, und je mehr vor Beginn der aufwendigen Suche nach Recht oder Unrecht, Schuld oder Unschuld „gedealt" werden kann, um diese Kosten zu minimieren, desto besser. Der Nutzen für die Allgemeinheit steht hier über dem individuellen Recht des Einzelnen – Utilitarismus.

Wenn ein großes, bekanntes Unternehmen mit vielen Arbeitsplätzen wie *Opel* oder der Baukonzern *Holzmann* vor der Pleite steht, wird es als völlig legitim angesehen, dass der Staat eingreift, die Unternehmen rettet und damit die Arbeitsplätze erhält. Politiker können mit solchen spektakulären Rettungen an ihrem Heldenstatus zimmern und die nächste Wahl vorbereiten. Auch die Erklärung von Finanzinstituten zu „systemrelevanten" Einrichtungen und nachfolgend ihre Rettung vor der Insolvenz folgt dem gleichen Muster. In Kauf genommen wird dabei, dass viele Tausend kleine Unternehmen, die pleitegehen, benachteiligt werden, denn sie kommen nicht in den Genuss staatlicher Rettungshilfe, obwohl die Gesamtzahl ihrer Arbeitsplätze die Zahl derer von *Opel* oder *Holzmann* bei Weitem übersteigt. Argument ist immer die Nützlichkeit der Rettung für die Allgemeinheit, egal, wie ungerecht das im Einzelfall ist – Utilitarismus.

In der Vergangenheit wurde vom Staat die Nützlichkeit des Atomstroms für die Gesellschaft als überragend bewertet. Dementsprechend wurde Atomstrom enorm subventioniert, indem die Folgekosten dieser Form der Energieerzeugung der Allgemeinheit aufgebürdet wurden, während der Preis des Atomstroms auf diese Weise niedrig gehalten werden konnte und die Atomstrom erzeugenden Energiekonzerne überragende Gewinne machen konnten. Die individuellen Grundrechte großer Teile der Bevölkerung, die sich jahrzehntelang gegen die Atomwirtschaft wehrten, weil diese im Verdacht steht, durch den anfallenden radioaktiven Müll Generationen von Menschen körperlich zu schädigen, ganz abgesehen von der Angst vor großen Atomunfällen mit katastrophalen Kernschmelzen, wurden niedriger bewertet als die Nützlichkeit für die

Allgemeinheit. Die Atomwirtschaft wurde staatlich gestützt, geschützt und durchgesetzt – Utilitarismus.

Kürzlich hat sich das Blatt aber gewendet. Der Staat hat beschlossen, dass nach dem verheerenden Atomunglück im japanischen Fukushima die Nützlichkeit des Atomstroms für die Allgemeinheit nicht mehr gegeben ist. Obwohl die deutschen Atomkraftwerke nach alter Lesart als „sicher" galten, wurden sie nun von der Politik geschlossen, wobei die individuellen Rechte der Betreiberfirmen und die gefährdeten Arbeitsplätze in den Energiekonzernen plötzlich völlig egal waren: Utilitarismus. – Viele der Menschen die seinerzeit vehement gegen die Atomwirtschaft protestiert hatten, sind nun übrigens völlig einverstanden damit, dass Strom, der mit Solarzellen oder Windkraftanlagen erzeugt wird, massiv subventioniert wird. Neuerdings gilt Ökostrom als nützlich, darum wird diese Form der Erzeugung durchgesetzt, auch weil die Politiker schließlich die internationalen Klimaschutzziele erreichen wollen. Ob z. B. die jahrzehntelange Subventionierung von Windkraft und Lichtenergie überhaupt rentabel ist, ob andere Energiefirmen benachteiligt werden, ob der Steuerzahler und Stromverbraucher dabei übers Ohr gehauen wird oder nicht, all das erscheint ähnlich beliebig wie damals beim Atomstrom. Die erklärte Nützlichkeit für die Allgemeinheit steht über individuellen Rechten – Utilitarismus.

Ein Schuldner muss bei Kenntnis der Zahlungsunfähigkeit oder Überschuldung sofort das Insolvenzverfahren beantragen. Insolvenzverschleppung ist eine Straftat. Das gilt nach dem Gesetz sowohl für Individuen als auch für juristische Personen, also auch für Firmen, Gemeinden, Länder und Staaten. Ein Dachdeckermeister, der seine Insolvenz verspätet anmeldet, macht sich strafbar und wird auch bestraft. Haben Sie schon einmal davon gehört, dass eine Gemeinde oder ein Staat für Insolvenzverschleppung haftbar gemacht worden sei? Gleiches Recht für alle hier auch tatsächlich durchzusetzen, empfindet der Staat nicht als nützlich – Utilitarismus.

In München steht auf Steuerhinterziehung die doppelte Strafe wie in Frankfurt. Der Münchner Täter bekommt für die Hinterziehung von

100.000 Euro ein Jahr Haft ohne Bewährung, während der Frankfurter nur eine Geldstrafe von 100.000 Euro bezahlen muss. Wenn gleiches Recht nicht mehr für alle gilt, dann hat *Justitia* die Augenbinde abgenommen, dann kann das Urteil nach Nutzengesichtspunkten gelenkt werden – Utilitarismus.

Je mehr Rechtssachen entpersonalisiert und automatisiert werden und ohne Richter und Verfahren ablaufen, je mehr die Medien und die Politik Einfluss nehmen auf die Bewertung von Konflikten jenseits der Rechtsnormen, je mehr durch Gesetze, Vorschriften und Verordnungen in die individuellen Freiheitsrechte eingegriffen wird, je umfassender die Menschen registriert und kontrolliert werden und je mehr Privatsphäre, persönliche Identität und Rechtssicherheit eingeschränkt werden – und all das geschieht heute –, desto mehr werden Benthams Visionen Wirklichkeit. Aber der Utilitarismus ist im Endzustand totalitär. Das entsetzlichste Beispiel für die Anwendung utilitaristischer Ethik war der Massenmord an den Juden zum Zwecke der Erhöhung des Glücks der Deutschen. Vielleicht hätte sich Bentham verwundert die Augen gerieben, zu welchen Auswirkungen seine Theorien geführt haben, vielleicht hätte er aber auch nur zustimmend genickt.

Wir schaffen es offenbar nicht, uns von den geistigen Wurzeln der großen Verbrechen gegen die Menschlichkeit, die wir Deutschen in der Nazi- und in der DDR-Zeit begangen haben, zu lösen. Wir erkennen nicht, dass der Utilitarismus die argumentative Grundlage totalitärer Gesellschaften ist, darum tolerieren wir zunehmende utilitaristische Tendenzen in unserer Gesellschaft. Das ist bitter. Vielleicht hat es damit zu tun, dass wir uns gesellschaftlich von der Verantwortung vor einer höheren Instanz, vor Gott, verabschiedet haben – für die Väter unseres Grundgesetzes war das noch unvorstellbar, denn sie handelten „im Bewusstsein seiner [des deutschen Volkes] Verantwortung vor Gott und den Menschen“, wie der erste Halbsatz der Präambel des Grundgesetzes lautet.Wie gegenwärtig ist uns heute, mehr als 60 Jahre später, dieser Halbsatz noch? Wenn eine Gesellschaft nicht mehr Gott als letzte Autorität anerkennt, ist die Gefahr groß, dass der Staat an dessen Stelle tritt und dann der größte gemeinsame Nutzen zum obersten Leitsatz, zur Ideologie wird: der Utilitarismus.

Utilitaristische Ansichten, Rechtsprechung, Regierungspraxis und Ethik tragen zur systematischen Zerstörung der individuellen Identität bei, denn sie entziehen dem Einzelnen die Rechtssicherheit, sie untergraben die universalen Menschenrechte und sie bereiten den Boden für die weitere Destabilisierung unserer Zivilisation.

Bumerang

Die Ureinwohner Australiens, die Aborigenes, hatten eine einzigartige Kultur, die sie über Zehntausende von Jahren weitergaben und erhielten. Teil dieser Kultur waren Felszeichnungen, auf denen mythologische Bilder für die Nachkommen festgehalten wurden. Manche dieser Werke sind mehr als 40.000 Jahre alt. Sie spiegeln eine lange, die Zeitalter überbrückende Kette mündlicher Überlieferungen wider. Damit sind die Bilder Zeugen von praktizierter Kontinuität, davon, wie stabil menschliche Gemeinschaften sein können.

Diese fast unvorstellbare Kontinuität zu zerbrechen und die individuelle Identität von Hunderttausenden von Aborigenes zu zerstören, war ganz leicht: Die europäischstämmigen Neuankömmlinge übernahmen ab dem 19. Jahrhundert die Herrschaft, unterbanden die Traditionen der Aborigenes, nahmen den Eltern zu Tausenden die Kinder weg, um sie in staatlichen Heimen, Missionen oder bei weißen Adoptiveltern wie Weiße aufzuziehen, damit sie später von der weißen Gesellschaft aufgenommen werden konnten. Sie zerstörten die Institution der Familie und griffen in die Erziehung ein, sie zerstörten Traditionen, Werte und Lebensweisen, sie entrechteten die Individuen zur Vergrößerung des allgemeinen Nutzens für Australien und die britische Krone. Die Identität der Aborigenes wurde aufgelöst, bis sie nicht mehr wussten, wer sie sind.

Heute fällt es uns leicht, mit dem Finger auf die bösen Briten und Australier zu zeigen und die armen Aborigenes und deren untergegangene Kultur zu beklagen. Aber wie sieht es bei uns selbst aus? Wir sagen uns freiwillig von allen Traditionen los. Wir lassen den überforderten Staat bei Erziehung und materieller Fürsorge die Aufgaben der Familien übernehmen, lösen die Familienverbände auf und fragen uns verwundert, wer denn dann künftig noch die emotionale Fürsorge übernehmen soll, z. B. für Alte und Kranke. Wir übersexualisieren unsere Kinder und verhindern ihre gesunde Identitätsausbildung als Männer und Frauen, bis wir alle buchstäblich nicht mehr wissen, ob wir Männlein oder Weiblein sind. Wir zerstören die Institution und den Sinn von Ehe und Familie und wundern uns, dass wir den daraus resultierenden dramatischen Geburtenrückgang nicht mit materieller Umverteilung und zusätzlichen staatlichen Betreuungsangeboten auffangen können. Wir untergraben die Identität des Einzelnen durch um sich greifenden Utilitarismus und machen uns damit zum Spielball für Politik, Justiz und Medien. Uns gleiten all die Prinzipien, Traditionen, Institutionen und Werte aus der Hand, für die wir Jahrhunderte lang gekämpft haben. Und es geht bei uns schnell abwärts. Wie bei den Aborigenes …

Kapitel 7

Die Schubumkehr der Produktivität

Herzlich willkommen bei *Feldhamsterverleih.de*, Ihrem kompetenten Serviceanbieter in Sachen Blockade durch Naturschutz. Erfahren Sie mehr über unsere günstigen Angebote und wie diese Ihnen dabei helfen können, unerwünschte Bauprojekte zu blockieren und naturverträglichere Lösungen zu finden.

Nutzen Sie unseren Service im Kampf gegen: Autobahn, Flughafen, Bahn, Industrie, Hochspannung.

Dank zahlreicher, im Laufe der letzten 20 Jahre erlassener Schutzbestimmungen für entsprechende Habitate gefährdeter Arten ist es nunmehr möglich, wirksam gegen den grassierenden Landschaftswandel einzuschreiten. Durch das gezielte Ansiedeln bedrohter Spezies in den vom Raubbau bedrängten Arealen kann aufgrund der genannten Vorschriften Einspruch erhoben werden. Die Bauprojekte geraten dadurch unter Kostendruck, was einem eventuellen Scheitern des Vorhabens Vorschub leistet und es so ganz verhindern kann. Zumindest wird aber eine naturoptimierte Bauweise forciert, die den Ansprüchen von Naturschutz und den Anwohnerbelangen gerecht wird.

Unsere Produkte:

Biber (*Castor fiber*), der bekannte Großnager: paarweise an Fließgewässer ausbringen, Vorbereitung einer Biberburg (Gewässerstau), Anbringung von Nagespuren, Futterversorgung, Pressearbeit (Leserbrief) – Pauschalpreis: 438,70 Euro pro Woche

Feldhamster (*Cricetus cricetus*), unser Klassiker: einzeln in Ackerlandschaft ausbringen, Vorbereitung eines Hamsterbaus (Bauöffnungen), Pressearbeit (Leserbrief), Futterversorgung – Pauschalpreis: 285,50 Euro pro Woche

Feldhamsterbau-Imitation: Anlage eines Imitationsbaus in Ackerlandschaft, Ausbringung von Hamsterspuren (Nagespuren, Losung), wöchentliche Auffrischung der Spuren – Pauschalpreis: 97,30 Euro pro Woche

[…]

Magnaten, Bonzen, Hyänen!
Geben Sie es zu, Sie hätten fast geglaubt, dass dieser unter *Feldhamsterverleih.de* im Internet angebotene Service real ist. Aber nein, er ist eine Satire, die frei erfunden ist. Aber eine Satire ist nur dann eine großartige Satire, wenn damit ein Nerv getroffen wird, wenn etwas, das in irgendeiner Form in unserer Gesellschaft vorhanden ist, überzeichnet und verzerrt wird. Ein solches Angebot gibt es nicht, aber das könnte es beinahe geben, weil die sich darin ausdrückende Haltung gegenüber der Wirtschaft in weiten Kreisen der Bevölkerung anschlussfähig wäre.

Die Wahrnehmung von Unternehmen und deren Chefs ist weitverbreitet eine feindliche: Unternehmen werden nicht als der Teil einer Gesellschaft verstanden, der immer dort auftaucht, wo etwas unternommen wird, wo der Mensch also in irgendeiner Weise aus freien Stücken tätig wird. Vielmehr gelten Unternehmen vielen Menschen als Störfaktoren eines friedlichen Zusammenlebens. Anstatt dem idyllischen Kreislauf der Natur seinen Lauf zu lassen und die vorhandenen Güter gleichmäßig unter den Menschen aufzuteilen, muss da irgendein geldgieriger Unternehmer Mensch und Natur für seinen Profit ausbeuten!

Wie selbstverständlich wird das bereits den Schulkindern beigebracht: Der *German Marshall Fund* stellte in einer vergleichenden Studie in Deutschland, Frankreich und den USA fest, dass in den Schulbüchern der beiden europäischen Länder ein überwiegend wirtschaftsfeindlicher Duktus vorherrscht, während in den USA die Schulbücher Unternehmertum, Markt und Wettbewerb positiv bewerten und für ein tieferes Verstehen der Zusammenhänge werben.

Der ehemalige EU-Industriekommissar Günther Verheugen kritisierte die Darstellung wirtschaftlicher Zusammenhänge in deutschen Schulbüchern als „antikapitalistische Zerrbilder". Selbst ein SPD-Politiker wie er findet, dass die Kultusministerkonferenz zulasse, dass in den Schulbüchern „das rechte Maß verloren gegangen" sei. Die Folgen einer negativen Grundeinstellung unternehmerischer Wertschöpfung gegenüber sind erheblich. Eine Folge sind Ignoranz und Unkenntnis: „Ständiges Wirtschaftswachstum und damit wachsender Wohlstand haben in zunehmendem Maße auch Arbeitslosigkeit zur Folge" – dies ist nur eine von vielen falschen Darstellungen in unseren Schulbüchern.

Unser gesamtes Bildungssystem ist auf den sozialversicherungspflichtigen Standardarbeitnehmer ausgerichtet. Wer Unternehmer werden will, muss dies nicht nur gegen die Bevormundung und die Wand aus Regeln, Vorschriften und Gesetzen der Bürokratie tun, sondern auch noch trotz und entgegen seiner Schulbildung. Nicht wenige Unternehmer sind Schulabbrecher oder Studienabbrecher. Wirtschaft als Abiturfach? Schülerunternehmen? *Entrepreneurship* als Studiengang? Solche Gedanken drehen den meisten Pädagogen und Bildungspolitikern den Magen um. Ausnahmen bestätigen die Regel.

Auch der allgemeine Sprachgebrauch zeugt von einer unternehmerfeindlichen Einstellung der Gesellschaft. Schon das Wort „Kapital" weckt negative Assoziationen. Von „Kapital" zu „Ausbeutung" ist es in den meisten Köpfen nur ein kleiner Schritt. Der betriebswirtschaftliche Begriff „Humankapital" beispielsweise wurde 2004 zum „Unwort des Jahres" bestimmt. Die Jury empfand den Gebrauch des Begriffes – dem Mainstream der Gesellschaft folgend – als Degradierung des Menschen zu „nur noch ökonomisch interessanten Größen". Wie ignorant und wirtschaftlich ungebildet diese Unwort-Wahl ist, brachte der BWL-Professor Christian Scholz sehr schön auf den Punkt:

> „Der Beitrag der Unwort-Jury […] war leider nur der zynische Versuch einer kontraproduktiven Denunziation eines konstruktiven Weges im Personalmanagement: weg vom rein negativ belegten Begriff der Mitarbeiter als Verursacher von Personalkosten hin zu einem positiv belegten Begriff der Mitarbeiter als Wert des Unternehmens.“[12]

Denn *Kapital* bedeutet ursprünglich „Kopfzahl“ bzw. „Hauptzahl“ – damit sind die wichtigsten Summen in einem Unternehmen gemeint. Verwendet wird das Wort in der Wirtschaft häufig in gleicher Bedeutung wie „Vermögen“. Der Begriff „Humankapital“ ist unter Unternehmern demnach ein Ausdruck von Wertschätzung gegenüber den Mitarbeitern, denn er reflektiert, dass alles Vermögen den menschlichen Köpfen und Händen entspringt, dass aller möglicher unternehmerischer Erfolg letztlich dem Potenzial an Kreativität und Leistungsfähigkeit seiner Arbeitskräfte geschuldet ist, ja, dass das eigentliche Vermögen eines Unternehmens seine Mitarbeiter sind. Wer darin etwas Böses sehen will, hat schlicht keine Ahnung von Wirtschaft, sondern folgt nur reflexhaft einer unternehmerfeindlichen Grundstimmung in unserer Gesellschaft.

Irgendwie scheinen unsere Schulen und die Medien es geschafft zu haben, in unseren Köpfen alles zu verdrehen, was mit Wirtschaft zu tun hat. Früher hieß es: „Geht es der Wirtschaft gut, geht es auch den Menschen gut.“ Heute denken viele Arbeitnehmer: „Je besser es der Wirtschaft geht, desto schlechter geht es mir.“ War früher ein hoher Unternehmensgewinn Anlass zu großem Stolz, dort Arbeitnehmer oder Kunde zu sein, liefert heute ein hoher Unternehmensgewinn den Anlass, sich Gedanken über überteuerte Preise oder ausbeuterische Arbeitsbedingungen zu machen. Woher der Wohlstand aber überhaupt kommt und wer die Werte schöpft, die die Menschen verteilt sehen möchten, zu dieser Fragestellung reicht dann die Schulbildung nicht mehr aus.

---

12 Christian Scholz: Denunzierung von „Humankapital“ als Untat des Jahres 2004?, Pressemitteilung vom 19.01.2005, auf orga.uni-sb.de

Natürlich kann man über Gier, rücksichtslose Gewinnmaximierung bei Großkonzernen und die Söldnermentalität so mancher Manager diskutieren – da gibt es in der Tat auch viel zu kritisieren –, aber die Wirtschaft sieht doch größtenteils ganz anders aus: Die kleinen und mittleren Unternehmen mit weniger als 250 Mitarbeitern stellen in Deutschland über 99 Prozent der umsatzsteuerpflichtigen Unternehmen. Dort sind gut 65 Prozent der sozialversicherungspflichtig Beschäftigten angestellt. Sie bilden über 80 Prozent der Auszubildenden aus. Profitgier, exorbitante Boni, Kursspekulationen, Kurzfristdenken, Rücksichtslosigkeit und Söldnermentalität können Sie bei diesen 99 Prozent der Unternehmen mit der Lupe suchen und werden sie kaum finden. In Wahrheit sind die Gierexzesse ein zwar ärgerliches, aber unverhältnismäßig aufgebauschtes Randphänomen der Wirtschaft.

Als die Wirtschafts- und Finanzkrisen der letzten Jahre durch die Medien und die Politik tobten, konnten wir Professoren uns im Freundeskreis unter etlichen Unternehmern umschauen und umhören: Krise? Welche Krise eigentlich? In der „eigentlichen" Wirtschaft jenseits von Großbanken und Großkonzernen ist die „größte Wirtschafts- und Finanzkrise seit der Großen Depression" in Wahrheit nie angekommen. Worunter die Wirtschaft stattdessen gelitten hat und noch immer leidet, ist der Mangel an ordentlich ausgebildeten Arbeitskräften, verfehlte Schulbildung und immer weniger Nachwuchs: Dies wird unsere Unternehmen in zunehmendem Maße hindern, ihre Marktpotenziale auszuschöpfen. Kein Wunder, dass immer mehr Unternehmen und immer mehr Hochqualifizierte in andere Länder abwandern. Zwei Drittel der Unternehmen, die ihre Forschungsabteilungen ins Ausland verlegt haben, tun dies aufgrund besserer Standortbedingungen. In vielen Expertenfeldern arbeiten bereits mehr als die Hälfte der deutschen Akademiker im Ausland. Mehr als 880.000 gut ausgebildete Deutsche leben und arbeiten derzeit in anderen OECD-Ländern. Umgekehrt haben sich nur 270.000 Akademiker und Fachkräfte mit vergleichbarer Ausbildung aus anderen OECD-Staaten für ein Leben und Arbeiten in Deutschland entschieden, wie das Institut der deutschen Wirtschaft in Köln ermittelte.

Der *Braindrain*, also die Abwanderung der Intelligenz unserer Volkswirtschaft, kommt uns teuer zu stehen. Mehr als eine Million Euro kostet es den deutschen Steuerzahler beispielsweise, wenn eine 30-jährige Ärztin sich für die Auswanderung entscheidet – so hat es das *Ifo*-Institut in München errechnet. 16.000 Ärzte aus Deutschland sind bereits im Ausland tätig, Tendenz steigend. Es gibt Hunderte von Berufsgruppen, bei denen das ähnlich aussieht. Die abwandernden Spitzenkräfte entziehen damit unserem Land ihre Kenntnisse und Fertigkeiten und sie schwächen unsere internationale Wettbewerbsfähigkeit nachhaltig. Und noch ist ja die *Babyboomer*-Generation in Arbeit – nur: Rein zahlenmäßig kommt anschließend nicht mehr viel hinterher... Wenn es dann demnächst also endlich tatsächlich an „Kapital" mangelt und sich die Natur die ehemaligen Industriegebiete zurückerobern kann, werden die Ökokämpfer, Pädagogen, Journalisten, Politiker und Stammtischbrüder dann endlich zufrieden sein?

Wer nicht muss, der will nicht

In neun Zehnteln unserer wachen Lebenszeit geht es nun einmal um Wirtschaft – jeden Tag. Wertschöpfung und Nahrungserwerb machen den Menschen aus, das war schon zu allen Zeiten und in allen Weltgegenden so. Wahrgenommen wird heute aber, dass Leben und Arbeit nichts miteinander zu tun haben. Die geregelte „Arbeitszeit" steht der wohlverdienten „Freizeit" entgegen. Leben und Arbeit stehen sich beispielsweise auch in dem zeitgeistigen Märchen von der *Work-Life-Balance* als auszutarierende Widersprüche gegenüber. Dass Menschen auch und gerade bei der Arbeit am Leben sind, dass das Leben gerade durch die Arbeit lebenswert und erfüllt wird, ist ein Gedanke, der quer durch die Bevölkerung zunehmend verloren geht.

Diese tendenziell ablehnende Haltung gegenüber Wirtschaft und Arbeit impliziert eine abnehmende Bereitschaft, Verantwortung in Wirtschaft und Gesellschaft zu übernehmen. Im Gegenzug steigen die „erlernte Hilflosigkeit" und das Anspruchsdenken der Menschen, insbesondere – und das ist erstaunlich – unter den jungen Menschen. Erlernte Hilflosigkeit beschreibt einen Zustand, in dem Menschen immer weniger an ihre Selbstwirksamkeit glauben. Sie leiden zwar unter ihren Lebensumständen, beispielsweise unter ihrer Arbeit oder ihrer Arbeitslosigkeit, aber sie ändern daran nichts, obwohl sie es könnten. Es ist eine Form der Resignation, die nicht selten in Depressionen mündet. Die Menschen sehen ihr Problem als unveränderlich und als dauerhaft bestehend an, obwohl das nicht wahr ist. Sie sehen ihr Problem als allgemeingültig an, obwohl es nur auf einen bestimmten Fall begrenzt ist. Und sie sehen sich selbst als den Kern des Problems, nicht die äußeren Umstände, auf die sie eine angemessene Reaktion zeigen könnten.

Die Wahrnehmung fehlender Selbstwirksamkeit, also der mangelnde Glaube an die Fähigkeit, in der Welt etwas verändern zu können, folgt mangelndem Selbstwertgefühl, mangelndem Selbstvertrauen und mangelnder Selbstverantwortung. Dann kommt so etwas dabei heraus wie die Haltung eines unserer Enkelkinder. Es war als erwachsener Mensch nicht in der Lage, sich eine angemessene Wohnung zu besorgen. Also kümmerten die Großeltern sich darum. Doch dann stand die Wohnung monatelang leer. Warum? Weil das Enkelkind es nicht schaffte, sie einzurichten. Also besorgten die Großeltern ein paar Möbel und einen Fernseher. Zog das Enkelkind dann endlich ein? Nein, denn die Wände waren weiß, es wollte aber farbige Wände …

Mit derselben unheilvollen Paarung aus Anspruchsdenken und Hilflosigkeit brechen junge Menschen Schule und Ausbildung ab und sagen: „Mit dem, was ich vom Staat bekomme, kann ich gut leben." Berufsziel: Hartz IV – und tatsächlich, man kann ja tatsächlich sehr gut leben mit dem Geld vom Staat, jedenfalls wenn man es mit anderen Weltgegenden und anderen Zeiten vergleicht. Das ungeheure Anspruchsdenken vieler junger Leute ist kombiniert mit einem erschreckenden Desinteresse, sich selbst zu entwickeln und voranzukommen.

Natürlich ist diese Haltung „gemacht". Im genannten Beispiel von dem Enkelkind steckt ja auch schon die Ursache für die Lebenspassivität: Es funktioniert. Unfähig, eine Wohnung zu besorgen? Prompt ist die Wohnung da. Unfähig, sich einzurichten? Prompt sind die Möbel da. Warum sollte man sich anstrengen, wenn es auch ohne Anstrengung geht? Erlernte Hilflosigkeit ist einfach eine erlernte Lebensstrategie, die in unserer Gesellschaft prächtig funktioniert und zum Ziel führt - wenn auch leider zu einem sehr geringen Ziel. Wie exotisch das ist, wurde einem von uns klar, als er einmal geschäftlich in Dubai unterwegs war und dort in ein Taxi stieg. Der übliche Smalltalk begann. Woher er denn komme, wurde er vom Taxifahrer auf Englisch gefragt.

„Aus Deutschland", antwortete er.

„Ah, Deutschland, kenne ich!", rief der Taxifahrer aus.

„So? Waren Sie schon einmal in Deutschland?"

„Nein."

„Woher kennen Sie es dann?"

Der Taxifahrer lachte: „Jeder kennt Deutschland. Das ist das Land, wo man nicht arbeiten muss und trotzdem Geld verdient."

Wer nicht gefordert wird, entwickelt sich nicht. Das einzige, was junge Menschen heute tun müssen, um zu überleben, ist, sich beim Jugendamt zu melden. Der Rest wird geregelt. Das ist beileibe kein Phänomen niedriger Einkommensschichten. Das Leben von Kindern und Jugendlichen hat sich in den letzten beiden Generationen generell unglaublich verändert. Die meisten Kinder müssen im Haushalt, beim Einkauf oder im Garten nur noch wenig oder gar nichts mehr mithelfen. Die Eltern packen sogar die Schultasche, ersetzen bereitwillig alles Verlorene und Verschlampte, kümmern sich um alle Termine der Kinder, spielen Taxi, organisieren stillschweigend die Kleidung und waschen die Wäsche. Später muss sich das Kind nicht um die Wohnung, den Studienplatz oder die Lehrstelle kümmern. Alles geschieht von selbst. Beinahe die Hälfte aller jungen Männer in Deutschland wohnt noch zu Hause bei Mama und Papa. Bei den jungen Frauen sind es knapp 30 Prozent. Sogar im

Alter von 30 Jahren leben noch 14 Prozent aller Männer und 5 Prozent aller Frauen im „Hotel Mama". Und das ist nicht etwa eine deutsche Provinzglosse: Italiens und Spaniens junge Leute übertreffen die deutschen Nesthocker zahlenmäßig noch deutlich. Rund 70 Prozent der unverheirateten italienischen Männer über 30 setzen für regelmäßige Mahlzeiten und die Wäsche auf die bewährte Mama. Vorbei sind die Zeiten, wo „Lehre" bedeutete, mit 14 von zu Hause auszuziehen und beim Lehrherrn zu wohnen oder auf Wanderschaft zu gehen. Sogar die Wehrpflicht wurde jüngstens abgeschafft und damit ein weiterer Anlass, fern von den Eltern ein wenig Selbstständigkeit zu erlernen.

Zudem muss sich das Kind ja in unseren kinderarmen Zeiten auch die Aufmerksamkeit nicht mehr mit anderen Kindern teilen – es wird von mindestens sechs Erwachsenen verhätschelt: zwei Eltern, vier Großeltern plus Onkel und Tanten. Was stattdessen fehlt, sind Spielkameraden und das Spielen auf der Straße oder im Wald. Wer glaubt, dass auf diese Weise geistig rege, selbstständige, aktive und unternehmungslustige Menschen groß werden, hat die anpassungsfähige Natur des Menschen nicht verstanden: Wer nicht erwachsen werden muss, der spart sich den Aufwand und bleibt auch mit 30 Jahren noch ein Kind.

Dass die Bevölkerung dann zunehmend mit kindlichem Trotz reagiert, wenn dann doch einmal Forderungen gestellt werden müssen, ist die logische Folge. Beispielsweise müsste eigentlich jedem klar sein, dass bei einer steigenden Zahl von Alten und einer sinkenden Zahl von Jungen die Lebensarbeitszeit verlängert, die Rentenbeiträge erhöht und die Rentenleistungen gesenkt werden müssen – realistischerweise alles gleichzeitig. Eine erwachsene Reaktion darauf wäre, Verantwortung zu übernehmen, bereitwillig und gerne länger zu arbeiten, ohne zu lamentieren, mehr Rentenbeiträge zu bezahlen und sich gleichzeitig ein privates finanzielles Polster für das eigene Alter zurückzulegen.

Aber in Europa ist es ein riesiges Problem, höhere Renteneintrittsalter durchzusetzen. In Frankreich erntete der damalige Premier Nicolas Sarkozy 2010 landesweite gewalttätige Proteste und Streiks, weil er das Mindestalter für den Bezug der vollen Rente moderat von 60 auf 62 Jahre anheben wollte. Der neue Regierungschef Hollande senkte prompt das Rentenalter wieder auf 60 Jahre – ein Anachronismus. Auch in Deutschland war es enorm schwierig, die „Rente mit 67" durchzusetzen. Die Regierung Schröder wurde wegen der Einschnitte ins soziale Umverteilungssystem, die die Agenda 2010 mit sich brachte, von der Bevölkerung aus dem Amt gewählt. Dabei sind es gerade diese Einschnitte gewesen, die den Abwärtstrend bei der Wettbewerbsfähigkeit der deutschen Volkswirtschaft verlangsamt und damit den breiten Wohlstand in der Bevölkerung ein Stück weit erhalten haben. Auch wenn jedem bewusst ist, dass eine Verweigerung, länger zu arbeiten und weniger Transferleistungen vom Staat zu bekommen, weitere Staatsschulden auf Kosten unserer Kinder und Enkel produziert, ist man trotzdem dagegen! In der Eurozone sind die Sozialausgaben von 26,7 Prozent des Bruttoinlandsprodukts im Jahr 2000 in zehn Jahren auf über 30 Prozent gestiegen. Gleichzeitig stiegen im selben Länderraum die Staatsschulden von unter 70 Prozent des Bruttoinlandsprodukts auf heute über 90 Prozent. Da ist dem europäischen Transferempfänger das Hemd näher als der Rock. Die Menschen wollen mehr haben und weniger geben! Der paternalistische Staat hat sich Bürger erzogen, die jetzt beginnen, ihn zu erpressen.

Im Innern der westlichen Gesellschaften erodiert die Bereitschaft, zu leisten, zu verantworten, in Vorleistung zu gehen, sich zu entwickeln, in sein eigenes Leben zu investieren. Es gibt aber auch ein Außen. Paul Achleitner, langjähriger Vorstand für Finanzen bei der Allianz, sagte:

> „Wir dürfen unsere Lage nicht schönreden – etwa indem wir sagen, Asien verdanke seinen Boom einem Heer von Billiglöhnern. Dort gibt es Millionen hoch motivierte und bestens ausgebildete junge Menschen. Leiter von Top-Universitäten in den USA sagen, sie hätten 100 Prozent Asiaten, wenn sie die Studenten nur nach Noten auswählen würden."

Ausgebrannt, niedergeschlagen, abgekoppelt

Zählen wir die Faktoren zusammen: wirtschaftsfeindliche Grundstimmung in der Gesellschaft; immer weniger Bereitschaft und Notwendigkeit sich anzustrengen in weiten Teilen der Bevölkerung; immer weniger junge, gut ausgebildete, leistungsfähige und auch leistungswillige Arbeitskräfte. Demgegenüber: enorm steigender wirtschaftlicher Druck, dem sich die Unternehmen im internationalen Wettbewerb ausgesetzt sehen; immer weiter steigende Sozialabgaben und Steuern, was bedeutet: immer weniger Netto vom Brutto. Und in der Mitte all dieser widerstrebenden Faktoren stehen die restlichen gut ausgebildeten, leistungsfähigen und -willigen Leute, Basis und Aktivposten unserer Gesellschaft. Auf diese Menschen – die einsame Leistungselite –, die mit ihren Steuern alle Transferempfänger und Beamten, den Schuldendienst des Staates und schon bald pro Kopf zwei Rentner finanzieren sollen, wird der ganze Druck abgeladen. Das Resultat sind völlig verrückte, menschen- und lebensfeindliche Arbeitsplätze, Stress, Hektik, unmenschliche Zielvorgaben und Arbeitspensen, die kein Mensch auf Dauer ohne gesundheitliche Folgen schaffen kann. Da ist beispielsweise exemplarisch der Mann, der beim Abendessen mit der Familie von seinem Chef angerufen wird: Aus dem für morgen geplanten Ausflug mit den Kindern wird nichts. Er muss nach Kanada fliegen, denn dort ist eine Produktionsstraße ausgefallen. Jede Stunde Stillstand kostet das Unternehmen Millionen und außer ihm kann es keiner richten. Die Sekretärin hat schon alles vorbereitet. Abflug: 6.25 Uhr ab Frankfurt, also um 4 Uhr aufstehen. Seine Frau weiß jetzt schon, dass der Jetlag, wenn er in ein paar Tagen wieder da ist, einen weiteren Tag kosten wird.

Feste Arbeitszeiten sind passé. Ständige Erreichbarkeit und Flexibilität pur sind angesagt. Man weiß nicht, ob man nach acht oder erst nach zwölf Stunden wieder nach Hause kommt. Die Arbeitszeit bestimmt nicht der Chef, sondern der Kunde. Immer mehr Dinge sind gleichzeitig zu machen, Arbeitsabläufe werden ständig unterbrochen, die Aufmerksamkeitsspannen werden immer kürzer. Der alltägliche Leistungsdruck auf die kleiner werdenden Leistungseliten unserer Gesellschaft ist in den letzten Jahren so unglaublich schnell und stark gewachsen, dass wir allein in der Beschreibung der daraus resultierenden Phänomene noch völlig überfordert sind. Auf dem letzten Kongress für Psychologie und Neurologie in Berlin beispielsweise, den einer von uns besuchte, führte die Universität Ulm unter den anwesenden Psychiatern eine Umfrage durch. Das Ergebnis: 42 Prozent hatten bereits eine Depression hinter sich, 20 Prozent litten in diesem Moment an einer akuten Depression, 23 Prozent hatten bereits einen Selbstmordversuch hinter sich. – Wenn selbst unsere Heiler schon so stark erkrankt sind, wie steht es dann um die zu Heilenden?

Im Jahr 2010 wurde ein trauriger vorläufiger Rekord bei den psychischen Erkrankungen erzielt. Es trifft vor allem die jüngeren Arbeitnehmer: Jeder Zehnte zwischen 15 und 29 Jahren hat Schmerzen oder andere körperliche Probleme ohne organische Ursache. In vielen Fällen sind die psychosomatischen Erkrankungen von Depressionen begleitet. Immer mehr Berufstätige in Deutschland fallen wegen psychischer Erkrankungen am Arbeitsplatz aus. Nach dem DAK-Gesundheitsreport ist deren Zahl 2010 so stark gestiegen wie noch nie zuvor. Innerhalb nur eines Jahres, von 2009 auf 2010 gab es 13,5 Prozent mehr Krankheitstage wegen psychischer Leiden. Innerhalb von nur zehn Jahren hat sich die Zahl der Diagnosen psychischer Erkrankungen mehr als verdoppelt. Nach einer Studie der Technischen Universität Dresden leben in der Europäischen Union plus Schweiz, Norwegen und Island im Jahr 2011 knapp 164 Millionen Menschen mit einer diagnostizierten psychischen Krankheit. Das sind deutlich mehr als die Einwohnerzahl von Japan, der drittstärksten Wirtschaftsmacht der Welt. Und was noch verschlimmernd hinzukommt: Ein psychisch Erkrankter fällt durchschnittlich einen ganzen Monat aus – deutlich länger als bei anderen Krankheiten.

Interessant ist eine Zahl am Rande dieser breiten gesellschaftlichen Diskussion: Schichtarbeiter sind um 30 Prozent krankheitsanfälliger als Arbeiter mit festen Arbeitszeiten. – Es ist unter anderem diese der Natur des Menschen widersprechende Flexibilität, die in der heutigen Wirtschaft von den Menschen gefordert wird: die unmenschlichen, ständig wechselnden Arbeitszeiten ohne wiederkehrenden Rhythmus, die fehlenden Wochenenden. Nicht der Mensch steht im Zentrum, sondern die Anforderungen an ihn. Wenn er dann als Rad im Getriebe nicht mehr funktioniert, dann schaltet unser Gesundheitssystem direkt auf die Zellebene um: Die Pharmakeule soll den Menschen wiederherstellen. Seit der Berliner Pathologe Rudolf Virchow im 19. Jahrhundert die naturwissenschaftlich begründete Zellularpathologie entwickelt und damit Medizin und Pharmazie revolutioniert hat, sehen wir in der Medizin die Körperzelle primär als krank oder gesund an. Der Ansatz: Schaden, der in den Körperzellen entstanden ist, soll durch Medikamente geheilt werden. Wenn Zellen zerstört sind, müssen sie operativ entfernt werden. Nicht nur die Ärzte sehen ihre Patienten als Mechanismus an, der repariert werden kann oder nicht, die Menschen sehen sich ebenfalls so: Funktionieren ist gefragt.

Aber wenn die Art zu leben und zu arbeiten die Ursache für eine psychische Erkrankung ist, die den Menschen daran hindert zu funktionieren, dann ist das keine Frage der Biochemie der Körperzelle mehr – dann helfen auch keine Medikamente. Dann muss das Leben des Menschen behandelt werden, nicht die Körperzelle. Leider ist unser Gesundheitssystem nicht im Geringsten darauf ausgerichtet, Menschen dabei zu helfen, Lebens- und Arbeitsformen zu finden, die gesund erhalten statt krank machen.

Unter Schlaflosigkeit leiden 7 Prozent der Menschen in Europa, 14 Prozent leiden unter Angststörungen, 7 Prozent unter Depressionen, 4 Prozent sind alkohol- oder drogenabhängig. Nach Schätzungen der Weltgesundheitsorganisation (WHO) werden Depressionen 2020 in den sogenannten entwickelten Staaten die häufigste Volkskrankheit sein. Hinzu kommen die sprunghaft ansteigenden Fälle von akutem Burn-out-Syndrom. Beide Erkrankungen sind diagnostisch nur schwer voneinander zu trennen. Zu neu sind die Entwicklungen und zu überfordert sind wir alle mit ihren Folgen. Idealtypisch lässt sich sagen, dass hinter dem Burn-out der Zusammenbruch einer Aufwärtsspirale, der Kollaps eines psychischen Kampfmusters steht, während hinter der Depression eine Abwärtsspirale steht, der Verlust eines psychischen Bewahrungsmusters. Ob jemand an dem einen oder dem anderen Syndrom erkrankt, mag eine Typfrage oder eine Frage der Umstände sein. Frappierend ist jedenfalls, dass beides im Gleichschritt enorm zunimmt.

Und es trifft die für unsere Gesellschaft wichtigsten Bevölkerungsgruppen, neben Führungskräften in der Wirtschaft beispielsweise unsere Lehrer: 8,5 Prozent beträgt der Krankenstand bei Lehrern. Machen Sie sich das klar: An jedem beliebigen Tag ist fast einer von zehn Lehrern krank. Das sind fast dreimal so viele wie in anderen Berufen. Die häufigsten Krankheitsbilder bei Lehrern sind augenöffnend: 69 Prozent haben Depressionen, 33 Prozent leiden unter psychosomatischen Krankheiten, deren Ursache nicht feststellbar ist, 21 Prozent haben Angststörungen, 9 Prozent leiden unter Tinnitus, also chronischen Ohrgeräuschen. Nur 5 Prozent der Lehrer halten bis zur Rente durch!

Bislang hatten wir es in der Medizin vorrangig mit Herzinfarkt und Schlaganfall infolge des metabolischen Syndroms zu tun: Stress und Bewegungsmangel führten zum tödlichen, sich gegenseitig verstärkenden Quartett aus Fettleibigkeit, Bluthochdruck, erhöhten Blutfettwerten und Insulinresistenz. Aber die aktuellen Zahlen und deren rasante Entwicklung zeigen, dass wir in der Medizin künftig völlig andere Herausforderungen zu bewältigen haben. Um es plakativ zu sagen: Bevor die Menschen an einem Herzinfarkt oder einem Schlaganfall sterben, werden sie mit Depressionen oder Burn-out dauerhaft krankgeschrieben und mit Psychopharmaka ruhiggestellt.

Um diese neuen Herausforderungen im gesamten Gesundheitswesen zu bewältigen, braucht es ein völlig anderes und breiteres Therapiefeld. Die gewaltigen volkswirtschaftlichen Kosten der psychischen Krankheiten zwingen uns mit Macht, endlich die Ursachen anzugehen und den ganzen Menschen, also Körper, Seele und Geist, das ganze individuelle Lebenskonzept inklusive Arbeit, ins Blickfeld zu nehmen. Dafür ist unser medizinisches Personal aber nicht ausgebildet. Unser gesamtes Gesundheitssystem und seine Einrichtungen sind mit einer solchen ganzheitlichen Herangehensweise überfordert.

Was wir derzeit erleben, ist die Schubumkehr der Produktivität: Was uns bisher vorangebracht hat, auf vielen Gebieten bis an die Weltspitze, das bläst uns jetzt umso schärfer ins Gesicht. Über Jahrzehnte haben wir mit enormer Leistungsbereitschaft für einen immensen Wohlstand gesorgt, der es jetzt großen Teilen der Bevölkerung ermöglicht, den fahrenden Zug nicht mehr selbst mit anzutreiben, sondern in den Leerlauf zu schalten und sich mitziehen zu lassen. Damit überfordern wir aber die restlichen Antriebskräfte der Gesellschaft, das Tempo von einst lässt sich nicht mehr halten, die Motoren laufen heiß und fallen aus. Wir machen unsere Besten krank und dann verspotten, verdächtigen und bekämpfen wir sie auch noch. Wir haben keine Ahnung, wie wir das verhindern oder wie wir die Kranken wieder dauerhaft gesund machen können. Die über Jahrhunderte immer weiter ansteigende Arbeitsproduktivität, an der unser gesamter Wohlstand hängt, droht auf einen Kipppunkt zuzulaufen. Und dann?

Kapitel 8

Die Mutter aller Wirtschaftskrisen

Die mächtigen Familien Venedigs waren geschickte Unterhändler. Irgendwie hatten sie es geschafft, sich zwischen den großen Mächten in Westeuropa einerseits und der Weltmetropole Byzanz andererseits so in Position zu bringen, dass sie den Welthandel zwischen diesen beiden damals reichsten Weltregionen dominieren konnten. Insbesondere das Monopol auf den Handel mit Salz verschaffte den Venezianern einen immensen Handelsvorteil. Denn Salz war zur Konservierung von Fisch und Fleisch unverzichtbar, der Kühlschrank sollte erst 400 Jahre später erfunden werden.

In derselben Lagune, am südlichen Ende, liegt die Stadt Chioggia. Auch sie wurde wie Venedig auf Holzpfählen errichtet und ist heute durch eine Brücke mit dem Festland verbunden, auch sie hat ihren Canale Grande, der dort Canale Vena heißt, und auch sie hat ihre Calle, Piazze, Palazzi und Ponti. Im 14. Jahrhundert blühten Wirtschaft und Kultur in Chioggia fast genauso wie in Venedig, insbesondere die Salzproduktion in den damals berühmten Salinen hatte Chioggia reich gemacht. Die Stadt war zu Beginn des 12. Jahrhunderts zum Bischofssitz erhoben worden. Kurz gesagt: Zu Beginn des 14. Jahrhunderts gab es in der venezianischen Lagune gleich zwei Städte, die beide beste Voraussetzungen hatten, zu Wirtschafts- und Finanzzentren aufzusteigen und zu den damals größten und bedeutendsten Städten der Welt aufzuschließen.

Aber heute schwärmt alle Welt von Venedig – und Chioggia kennt keiner. Venedig ist heute *La Serenissima* („die Allerdurchlauchteste“) und Chioggia eine unscheinbare Provinzstadt mit gut 50.000 Einwohnern. Warum?

Der Grund dafür liegt in den Ereignissen des Jahres 1379 und der Zeit danach. In jenem Jahr überfiel der Stadtstaat Genua aus Italiens Westen die Lagune von zwei Seiten, vom Land und von der See aus, um Venedig als wirtschaftlichen Konkurrenten in Norditalien auszuschalten. Als erstes nahmen sich die Genueser Chioggia vor. Sie eroberten im Sommer mit ihren Schiffen den Seehafen der Stadt und brannten ihn vollständig nieder. Dann drangen sie von dort aus und gleichzeitig vom Landesinnern herkommend in die Innenstadt vor und verwüsteten sie in einem grausamen Straßenkampf. Über 3.500 Einwohner sollen getötet worden sein, Tausende verletzt. Chioggia war verloren, geplündert, zerschossen und niedergebrannt, und die Genueser lauerten in Sichtweite Venedigs. Aber die Venezianer schlugen zurück. Knapp ein Jahr später konnten sie ihren südlichen Nachbarn nach monatelanger Belagerung von der Schreckensherrschaft der Genueser befreien und auch deren Schiffe aus der Adria vertreiben. Militärisch gesehen war das ein großartiger Sieg!

Die Menschen aus Chioggia aber zahlten nach ihrer Rettung den Preis für eine folgenschwere Entscheidung der Führungseliten Venedigs, die diesen Sieg überhaupt erst ermöglicht hatte: In früheren Zeiten war es in Venedig üblich gewesen, den Kaufmannstugenden folgend nur das auszugeben, was man zuvor erwirtschaftet hatte. Natürlich erhob Venedig Steuern und Abgaben, aber dabei achteten die Herrschenden schlau darauf, den Wirtschaftstreibenden nicht zu tief in die Tasche zu greifen, wohl wissend, dass durch eine zu hohe Steuerlast die Unternehmer entweder das Weite suchen oder pleitegehen würden, was die Finanzquellen der Stadt zum Versiegen bringen würde. Zu hohe Steuern sind nun einmal kontraproduktiv, wie bis heute jeder vernünftige Politiker weiß.

Nun erforderte der unausweichliche Krieg gegen die mächtigen Genueser aber immense Geldmittel. Die mächtigen Familien Venedigs wussten, dass die Rücklagen der Stadt nicht ausreichen würden, um die Befreiung Chioggias und die Vertreibung Genuas von der Ostküste Norditaliens zu finanzieren. Eine Kriegssteuer zu erheben war ebenfalls nicht möglich, weil der Spielraum der Nachhaltigkeit bei diesem Finanzierungsinstrument ausgeschöpft war. Andererseits konnte man aber Genua auch nicht gewähren lassen, denn es war klar, dass als Nächstes der Überfall auf Venedig vom eroberten Chioggia aus kurz bevorstand. Was also tun?

Die Idee, die nun verwirklicht wurde, war nicht neu, aber sie widersprach der Kaufmannsseele: Der Staat Venedig erhob eine andere Art von „Steuer", die mit dem Versprechen der verzinsten Rückzahlung verbunden war. Heute würden wir sagen: eine Zwangsanleihe, oder ganz schlicht: Staatsschulden. Den Eliten war dabei völlig klar – schließlich konnten sie bekanntermaßen gut rechnen –, dass sie diese Schulden auf absehbare Zeit gar nicht zurückzahlen konnten, aber sie verpflichteten sich zu Zinszahlungen und stellten die Rückzahlung zumindest als Absichtserklärung listig in den Raum. Dazu gab es auch noch jede Menge rationale Argumente, um die bürgerlichen Kaufleute Venetiens, die stolzen *Cittadini* („Stadtbürger"), nicht vollends zu verprellen:

> „Die Bürger verlieren eigentlich kein Geld, denn sie verleihen ihr Geld, damit die Kommune ihre Bedürfnisse finanzieren kann. Und solange sie das eingezahlte Geld noch nicht zurückbekommen, haben sie wenigstens konstante Zinseinnahmen."

Aber nach dem siegreichen Ende des Krieges, waren nicht nur die Staatsfinanzen am Boden, sondern auch die *Cittadini*: fünf Millionen Dukaten schuldete Venedig den Inhabern seiner Anleihen, eine für damalige Verhältnisse gigantische Summe. Elf lange Jahre konnte Venedig seinen Bürgern nicht einmal die versprochenen Zinsen bezahlen. Danach kürzte man sie kurzerhand. Venedig war in Wahrheit schlicht bankrott. Die Zeche dafür bezahlten die von Venedig abhängigen Städte und Provinzen: Die Steuern und Abgaben beispielsweise auch auf Chioggia, wurden so hoch angesetzt, dass zwar Venedig wieder mit dem Kinn über den Wasserspiegel kam, sich aber ringsum eine wirtschaftliche Wüste ausbreitete.

Chioggia hat sich bis heute nicht von den physischen Zerstörungen durch die Genueser und den wirtschaftlichen Verheerungen durch die auf Pump lebenden Venezianer erholt, ihr Stolz scheint bis heute gebrochen. Die Salzproduktion kam nie wieder auf Touren und die Schiffe der Stadt verließen die Lagune kaum mehr, außer zum Fischfang.

Vertrauen ist der Anfang von allem …
Im Prinzip hat sich in den gut 600 Jahren seit damals nicht viel geändert. Es fragt sich nur, wer heute Venedig ist und wer Chioggia … Das Prinzip des Schuldenmachens ohne Gewissensbisse ist auf allen Ebenen der westlichen Gesellschaften Normalität geworden. Die Kaufmannstugenden scheinen mit der Großelterngeneration auszusterben. Wir nehmen Schulden gar nicht mehr als Schuld wahr, sondern sehen darin nur noch einen technischen Vorgang des Vorziehens von Konsum. Ob anschreiben lassen, per Kreditkarte zahlen, Ratenzahlung, Inanspruchnahme der Kontokorrentlinie, das alles ist keine große Sache, sondern nur eine übliche Art der Geschäftsabwicklung, die man schon im Kindesalter erlernt.

Dass man größere Anschaffungen wie das Auto, die Küche oder gar das Haus nicht in einer Summe bezahlt, ist jedem klar und keiner denkt darüber nach. Niemand muss mehr das Kapital zusammensparen, um sich einen Wunsch zu erfüllen oder um sich selbstständig zu machen. Dass Banken Konsumkredite und Gründerdarlehen bereithalten müssen, finden wir alle selbstverständlich. Wie soll die Wirtschaft denn sonst auch funktionieren, fragen wir uns.

Auch in Unternehmen ist die Verschuldung eine reine Rechenaufgabe. Gewinnmindernde Posten wie Zins und Tilgung sind immer willkommen, angesichts der hohen Steuerlast auf Unternehmensgewinne. Und wenn Investitionen vorgezogen werden können, dann können Unternehmen schlichtweg schneller wachsen und schneller hohe Umsätze erzielen, dadurch ihre Kapitaldienstfähigkeit erhöhen, was neue Schuldenaufnahmen ermöglicht, die wiederum zu schnellerem Wachstum führen usw.

So handeln auch Gemeinden und Städte: Die Infrastruktur von der Straße bis zum Schwimmbad muss instand und vor allem auf dem neuesten Stand gehalten werden, sonst wandern Bürger und Firmen ab und die Steuereinnahmen sinken. Um im allgemeinen Wettlauf um die Kapitalströme mitzuhalten, sind die Bürgermeister gezwungen, heute Schulden aufzunehmen und zu investieren, um morgen nicht mit sinkenden Einnahmen konfrontiert zu sein. Das gleiche Spiel auf der Ebene der Bundesländer, Kantone, Regionen, Départements oder Countys und in noch viel größerem Ausmaß auf staatlicher Ebene. In den letzten zehn Jahren hat Italien seine Staatsschulden um die Hälfte aufgestockt, Frankreich hat seine Staatsschulden verdoppelt, die USA haben sie knapp um den Faktor 2,5 gesteigert, Großbritannien hat sie mehr als verdreifacht.

Das Prinzip ist klar. Aber kaum jemandem ist bewusst, in welch hohem Maß diese gepumpte Wachstumsspirale letztlich nicht auf mathematischen Formeln, sondern auf Vertrauen basiert – und wie schnell dieses Vertrauen verschwinden kann. Wenn die Bank dem Unternehmen vertraut – oder besser gesagt: Wenn die Bank den Zahlen des Unternehmens vertraut, dann händigt sie dem Unternehmer den gewünschten Kredit aus, beispielsweise ein Investitionsdarlehen und eine Kontokorrentkreditlinie, Letztere als Reserve und Puffer für Schwankungen bei Umsatz und Kosten. Häufen sich aber schlechte Zahlen und gibt es Anlass für die Bank, an der Schuldendienstfähigkeit des Unternehmens zu zweifeln, kann der Kredit von der Bank unmittelbar kassiert werden, denn Kredit wird nur den Kreditwürdigen gewährt – letztlich muss der Kreditnehmer vertrauenswürdig sein. Und einer, der sein Versprechen nicht hält, verliert an Würde und verdient das Vertrauen nicht. Das Vertrauen in einen Menschen, in ein Unternehmen, in eine Stadt oder in ein Land schwindet schnell, wenn die Leistungsfähigkeit nicht Schritt hält mit der Höhe des Schuldendienstes. Steigen die Schulden oder nimmt die Leistungsfähigkeit ab – oder gar beides –, dann verweigert der Gläubiger nicht nur die Ausgabe neuer Kredite oder verschlechtert zumindest die Konditionen dafür, sondern er versucht auch, so schnell wie möglich so viel wie möglich des verliehenen Geldes wieder einzutreiben.

Damit wird dem Schuldner aber auch die Möglichkeit zur Gesundung und Sanierung entzogen. Es sind ja keine neuen Investitionen möglich, die Leistungsfähigkeit leidet weiter, was wiederum weiteren Vertrauensverlust nach sich zieht. Eine Lawine wird losgetreten. Typisch für ein Überziehen der Verschuldung ist dann der rasend schnelle Zusammenbruch unmittelbar nach dem Vertrauensentzug. Während sich das Auftürmen des Schuldenbergs über lange Jahre hinziehen kann, kommt der Einsturz unglaublich schnell und fühlt sich dann immer an wie ein zusammenfallendes Kartenhaus. Hinterher fragt sich immer jeder, wie es möglich war, so viele Schulden zu machen. Davor aber, solange das Vertrauen noch groß war, fühlte es sich sinnvoll an.

Ist der Schuldner erst einmal zahlungsunfähig geworden, dann hat er damit auch seine Unabhängigkeit und seine Manövrierfähigkeit verloren – meistens kommt er aus der Abhängigkeit nie wieder heraus. Die Freiheit ist für immer verloren, oft gar die nackte Existenz. Und das gilt für 150.000 deutsche Privatinsolvenzen jährlich genauso wie für die Drogeriekette Schlecker, für den Unternehmer Adolf Merckle genauso wie für 175.000 insolvente Unternehmen in Europa pro Jahr; für Berlin genauso wie für Griechenland, für die amerikanischen Hauskäufer genauso wie für Kalifornien.

Schuldenmachen als Wachstumsbeschleuniger ist also immer eine Frage der Dosis. Es ist wie bei jeder Droge: Ist die Dosis zu niedrig, haben wir die Befürchtung, im Wachstumswettlauf nicht alles herausgeholt zu haben: nicht genügend Statussymbole angeschafft, nicht schnell genug gewachsen, nicht genügend Rendite erwirtschaftet, nicht genügend Wohltaten fürs Wahlvolk erbracht, nicht genügend gelebt. Ist die Dosis aber zu hoch, gehen wir unweigerlich pleite und verlieren die Freiheit. Dass Einzelne die Dosis nicht im Griff haben, ist normal. Die Frage ist aber: Wie hoch ist die Dosis in unserer westlichen Gesellschaft gerade insgesamt? Nehmen wir Deutschland: Pro Kopf ist jeder Bürger der Bundesrepublik laut offiziellen Zahlen mit über 22.000 Euro verschuldet. Die Kommunen satteln pro Kopf noch einmal 3.000 Euro oben drauf. Die öffentlichen Schulden der Länder liegen bei ca. 7.000 Euro pro Kopf und die des Bundes bei gut 16.000 Euro. Alles in allem trägt also jeder Bürger, ob Kind, Arbeitnehmer oder Rentner, ungefähr 48.000 Euro Schulden auf seinen Schultern.

Ja, es ist völlig in Ordnung, all diese Schuldenposten zusammenzuzählen, denn wer bitte bezahlt denn letztlich die Staatsschulden oder die

Schulden der Kommunen? Eben – jeder Steuerbescheid ist auch eine Rechnung über den öffentlichen Schuldendienst des besteuerten Bürgers. Laut dem Institut der deutschen Wirtschaft in Köln verwendet der Bund in den nächsten Jahren ungefähr 20 Prozent unserer Steuern und Abgaben nur für die Bezahlung seiner Schuldzinsen – allein für die Zinsen, da ist noch keine Rede von Schuldentilgung. Im Gegenteil: Um allein die Zinsen zu bezahlen, müssen ja jedes Jahr neue Schulden aufgenommen werden. Die Schlinge zieht sich immer weiter zu – und das mit ansteigender Geschwindigkeit.

Und wie wirkt sich das auf jeden Einzelnen von uns aus? Wäre die Pro-Kopf-Schuldenlast ein ganz normaler banküblicher Kredit über eine mittlere Laufzeit, wie beispielsweise für ein Auto oder eine beliebige andere Anschaffung, dann würde das einem Schuldendienst mit Zins und Tilgung von ungefähr 1.000 Euro pro Monat entsprechen. Wie hoch würden Sie sagen, ist diese Dosis, wenn Sie in Betracht ziehen, dass das monatliche mittlere Nettoeinkommen pro Kopf im Jahr 2009 in Deutschland 1.311 Euro betragen hat? Nun gut, Sie können sagen, das ist ja kein Problem, da bleiben ja immer noch locker 300 Euro um das Leben in Freiheit zu genießen, oder? Oder zappeln wir nicht schon längst im Würgegriff unserer Gläubiger, der Investmentbanker, der Großaktionäre, der Halter von Pensionsfonds-Anteilen?

Nach uns die Sintflut!

Nun stehen wir in Deutschland im Vergleich mit den USA, mit Spanien, Großbritannien, Italien oder Griechenland, was die reale Kapitaldienstfähigkeit angeht, noch glänzend da. In Wahrheit ist die gesamte westliche Welt hoffnungslos überschuldet. Das heißt, die Bürger der Industriestaaten sind *de facto* nicht in der Lage, ihre Pro-Kopf-Schulden, die sie selbst und ihre gewählten Volksvertreter über ihnen aufgehäuft haben, jemals zurückzuzahlen. Ja nicht einmal unsere Kinder und Enkelkinder können das, selbst wenn sie noch leistungsfähiger wären als wir heute.

Schon lange hat kein Politiker mehr die Absicht, Schulden abzubauen, sondern er ist froh, solange er noch Geldgeber findet, die seinem Staat noch genügend Vertrauen schenken, um ihm weitere Staatsanleihen abzukaufen. Die fälligen Zinsen werden mit weiteren Schulden gedeckt, deren Zinsen wieder mit Schulden gedeckt werden usw. Dass dies so beabsichtigt ist, wird öffentlich niemals ein Staatsvertreter zugeben, denn wir sind heute nicht dümmer als die venezianischen Herrscherfamilien vor 600 Jahren: Würde ein europäischer Finanzminister während der Haushaltsdebatte ehrlicherweise öffentlich erklären, dass er gar nicht verstehe, warum so viel Aufhebens von der selbst in guten Jahren geplanten Neuverschuldung gemacht würde, schließlich habe der Staat ja ohnehin nie die Absicht, das Geld jemals zurückzuzahlen, dann dürfte der Vertrauenszenit mit einem Mal überschritten sein. Die Lawine wäre losgetreten, die Gläubiger würden Schlange stehen, um den Schuldner auszuweiden und fallen zu lassen.

So etwas würde kein Politiker wagen. Aber kommt der Vertrauensentzug nicht trotzdem unweigerlich? Ist es nicht nur eine Frage der Zeit? Rein historisch betrachtet sind Staatsbankrotte Normalität, insbesondere auch bei Demokratien: Russland 1998, Argentinien 2002 und über Griechenland hängt heute das Damoklesschwert des Staatsbankrotts. Deutschland war im letzten Jahrhundert zweimal insolvent, 1923 und 1945. Selbst in den USA konnten 1837 acht amerikanische Bundesstaaten ihre Schulden nicht mehr bezahlen, über 100 Banken gingen damals in den Konkurs. Und im Frühjahr des Jahres 2013 haben die USA die drohende Zahlungsunfähigkeit ihrer Regierung durch Aussetzung des Limits für Neuverschuldung einfach aufgeschoben, um Zeit für drastische Etatkürzungen zu gewinnen. Aber mit den Zusammenbrüchen von Staatsfinanzen ist es wie mit den individuellen Privat- und Unternehmensinsolvenzen: Dass manche die Dosis nicht im Griff haben, ist normal. Wie aber steht es um die Dosis insgesamt? Dazu noch einmal der renommierte Großbanker Paul Achleitner im *Spiegel*-Interview am 26. Januar 2011:

> „Wir haben das Wachstum der vergangenen 30 Jahre über Kredite finanziert. 1980 gab es auf der Welt genauso viele Schulden wie Eigenkapital, heute gibt es dreieinhalb Mal so viel geliehenes wie gespartes Geld."

Die Schulden steigen immer weiter, alle Dämme sind gebrochen. Gleichzeitig sind die großen Wirtschaftskrisen der letzten Jahre nur Symptome des schleichend immer weiter fortschreitenden Vertrauensverlustes im Innern unserer westlichen Gesellschaften. Bezeichnenderweise platzen die Blasen in immer kürzeren Abständen und mit immer lauterem Knall: erster Ölschock, zweiter Ölschock, Japan-Krise, Dotcom-Blase, US-Immobilien-Krise, Banken-Krise, Euro-Krise, Schulden-Krise. Immer mehr Schulden, immer weniger Vertrauen – es wird langsam eng. Der Ökonom, Manager und Publizist Thomas Strobl schrieb am 5. Mai 2009 in der *Frankfurter Allgemeinen*:

> „Seit ihren frühesten Anfängen wird die Marktwirtschaft regelmäßig von Krisen heimgesucht. Neu und bedrohlich ist allerdings, dass diese Krisen seit Mitte der achtziger Jahre in noch nie dagewesener Häufung und Schwere auftreten und dabei jedesmal eine gigantische Vermögensvernichtung nach sich ziehen. Würden wir auf diesem Kurs weitermachen, dann wäre unsere Zukunft einem System anvertraut, das sich neuerdings im Rhythmus von lediglich fünf bis zehn Jahren an den Rand der Selbstzerstörung bringt und nur mittels Einsatz unbeschreiblich hoher finanzieller Ressourcen am Leben halten lässt. Deren Aufbringung aber übersteigt die Leistungsfähigkeit unserer eigenen Generation wie auch die unserer Kinder und Kindeskinder."

Was wir alle begreifen müssen: Die jüngste Finanzkrise war und ist keine wirtschaftliche Krise, auch keine Währungskrise, sondern eine Schuldenkrise und darum eine ethische Krise. Jede geplatzte Blase ist ein Einzelsymptom für eine Gesellschaft, die insgesamt chronisch über ihre Verhältnisse lebt. Dazu gehören allerdings immer zwei: zum einen derjenige, der sich mehr Geld leiht, als er zurückzahlen kann, und sich damit dauerhaft in Abhängigkeit begibt, zum anderen derjenige, der Menschen Geld leiht, die es nicht zurückzahlen können, und damit diese Menschen dauerhaft in Abhängigkeit stürzt.

Warum haben die amerikanischen Konsumenten Häuser gekauft, die sie nicht bezahlen konnten? Warum haben die Finanzinstitute mit den

US-Immobilien-Schrottpapieren gehandelt, als seien es Premiumpapiere? Warum haben Banker weltweit diese Schrottpapiere gekauft, weiterverkauft und dabei hohe Boni kassiert? Warum haben Politiker die darüber pleitegehenden Banken auf Kosten der Steuerzahler gerettet?

Weil es so einfach geworden ist, den individuellen, persönlichen, aktuellen Vorteil einzutauschen gegen den langfristigen, künftigen Nachteil für alle. Es ist so einfach, weil niemandem mehr auffällt, dass Geiz und Gier unanständig sind, unehrenhaft, unsittlich, unmoralisch, wie auch immer man es nennen will: haben wollen ohne geben wollen, Geldempfang ohne Gegenleistung. Solche unmoralischen Geschäfte mit den noch ungeborenen Generationen widersprechen fundamental unserem über Jahrhunderte gewachsenen Werteverständnis, wonach es unsere Pflicht wäre, unseren Nachkommen ein gut bestelltes Haus zu hinterlassen. Kaum einer merkt es oder bringt es mit seinem täglichen Handeln in Verbindung. Wir stecken nicht nur in einer grotesken Finanz- und Schuldenkrise, sondern dahinter liegt eine Krise unserer gesellschaftlichen Werte. (Mehr zur Werte- anstatt Finanzkrise in einem Beitrag von Prabhu Guptara auf der Webseite www.hoellensturz-hoffnung.de.)

Wertlose Wirtschaft

Noch einmal genauer: Warum tun wir uns das an? Warum hören wir mit der Schuldenmacherei nicht auf? Warum zerstören wir untereinander so massiv das Vertrauen? – Manche sagen, dass die grassierende Überschuldung eine direkte Folge der Demokratie ist. Womöglich ist zumindest ein überbordender, immer teurer werdender Sozial- und Umverteilungsstaat eine Folge der Demokratie, denn wenn in reichen Wohlstandsgesellschaften die sozialen Sicherungssysteme immer noch weiter ausgebaut werden, obwohl sie *de facto* nicht mehr bezahlbar sind, dann geht es bei diesen politischen Wohltaten auf Pump längst nicht mehr um Nächstenliebe, sondern um den Kauf von Wählerstimmen. Auch bei diesem Kauf muss ein Preis entrichtet werden; er wird per Verschuldung den noch Ungeborenen weitergereicht. Diese falsch verstandene Menschlichkeit, die in einer Demokratie nun einmal am einfachsten vermittelbar ist und am Wahltermin gute Ergebnisse bringt, weitete sich in den letzten vier Jahrzehnten kontinuierlich aus.

Ein anderer Grund wird von vielen ganz technisch in der Abkopplung vom Goldstandard und der Freigabe der Wechselkurse Anfang der 1970er-Jahre nach dem Ende des Bretton-Wood-Systems erkannt. Seit damals konnte die ausgegebene Geldmenge und damit die Summe der Kredite und damit wiederum die Summe der Schulden in den Industriestaaten in riesigem Umfang steigen. Denn die zirkulierende Geldmenge musste nicht mehr an die hinterlegten Goldreserven gekoppelt werden. Als Nächstes wird die fehlende Begrenzung von Zinsen als Ursache angesehen. Seit den 1970er-Jahren wurden in den westlichen Staaten die gesetzlichen Obergrenzen für Zinsen, also die „Wucherparagrafen", sukzessive abgeschafft, die im christlichen Europa seit dem Mittelalter Bestand hatten. Zweistellige Renditeforderungen von Großbanken als Voraussetzung für Investments, wie sie beispielsweise die *Deutsche Bank* öffentlich beansprucht hat, sind nur denkbar, weil sogar die Mitte unserer Gesellschaft das für legitim befindet. (Mehr zu den fatalen Folgen der Zinspolitik in einem Beitrag von Prabhu Guptara auf der Webseite www.hoellensturz-hoffnung.de.)

Andere wieder glauben, dass unsere fundamentalen Wirtschafts- und Finanzprobleme in der ungebrochenen Popularität der Ideen des britischen Ökonomen John Maynard Keynes begründet liegen. Keynes zählt ohne Zweifel zu den bedeutendsten und einflussreichsten Ökonomen aller Zeiten. Ob sein Einfluss zum Nutzen oder zum Schaden der Menschheit beiträgt, ist aber höchst umstritten. Kurz gesagt beinhaltet der Keynesianismus die Steuerung der wirtschaftlichen Nachfrage durch staatliche Eingriffe. Wenn also die Wirtschaft lahmt oder die Arbeitslosigkeit steigt, greift der Staat mit massiven Ausgaben über Konjunkturprogramme ins Geschehen ein. Der Nachteil dieser interventionistischen Politik ist die *de facto* unumkehrbare Ausweitung der Staatswirtschaft gegenüber der Privatwirtschaft, das Verderben der Marktpreise und die Einengung der Märkte für die Privatwirtschaft sowie die stetige Ausweitung des Wohlfahrtsstaats – mit anderen Worten: Verschuldung.

Ein weiterer Punkt auf der Liste der Gründe ist das grundsätzliche Streben nach kurzfristigem Wachstum – andersherum gesagt: das Fehlen von Nachhaltigkeit im Wirtschaften auf allen gesellschaftlichen Ebenen. In vielen Fällen werden Schulden gemacht, um ein unternehmerisches Projekt zu ermöglichen. Die Investition mit geborgtem Geld führt, wenn alles funktioniert, zu wirtschaftlichem Wachstum: zu mehr Umsatz und mehr Gewinn. In Summe entstehen in Volkswirtschaften durch schuldengetriebene Investitionen Boomphasen, auf die wiederum Rezessionen folgen. Kumuliert ergeben sich die bekannten Konjunkturzyklen. Je stärker aber der Drang nach kurzfristigem Wachstum ohne Rücksicht auf die langfristigen Folgen ist, desto massiver werden Schulden gemacht. Daraus resultieren immer stärkere Boomphasen, gefolgt von immer heftigeren Zusammenbrüchen. Dieses System der *Booms and Busts* ist systemisch betrachtet ein chaotisches Schwingungssystem, das so lange im Rahmen bleibt, solange die treibenden Faktoren gedämpft sind. Wenn aber die Schuldenaufnahme explodiert, weil die Nachhaltigkeit des Wachstums für die Akteure keine Rolle mehr spielt, können sich die Ausschläge nach oben und unten ungedämpft hochschaukeln – eine Regelkatastrophe droht. Dementsprechend raten selbst nicht zur Hysterie neigende Wirtschaftsinsider, sich während der nächsten großen Boomphase der globalen Wirtschaft ein abgelegenes Grundstück mit eigener Quelle und Hütte mit Holzofen und gut gefülltem Kartoffelkeller zu suchen.

Und der letzte Punkt auf unserer Liste ohne Anspruch auf Vollständigkeit ist die grassierende Spekulation, der Handel mit nicht existenten Wirtschaftsgütern, das elektronische, weitgehend auf fiktiven Werten begründete *Investmentbanking*. Dahinter steht der Drang der Menschen, unverdientes Geld zu erhalten, also Reichtum nicht auf realer Wertschöpfung, sondern auf geschickten Luftnummern aufzubauen. Das millionenfache Verschieben von riesigen Kapitalmengen auf elektronischem Wege von Kontinent zu Kontinent innerhalb von Sekundenbruchteilen nutzt kleinste Wechselkursschwankungen und Kursschwankungen von Rohstoff- und Aktienpreisen, um groteske Gewinne abzuschöpfen. Dieses Krebsgeschwür der modernen Wirtschaft, das wenigen Profiteuren ermöglicht, in Saus und Braus in New York City, Chicago, London, Frankfurt, Zürich, Hongkong, Singapur oder Tokio zu residieren, kann nur auf Kosten all jener existieren, die wirkliche Leistungen erbringen und echte Waren produzieren. Im Moment geht es nicht mehr nur um die Schere zwischen Arm und Reich, zwischen „denen da oben“ und „denen da unten“ oder zwischen Nord und Süd, sondern um die Schere zwischen denen, die ungehinderten Zugang zu Spekulationskapital haben, und denen, die sich jeden Euro mit ehrlicher Arbeit und echter Wertschöpfung verdienen müssen.

Hinter all diese Punkte auf der Liste können wir einen Haken setzen. Sie alle verbindet unsichtbar ein übergeordneter Punkt: Überall dort, wo jemand Geld ohne Gegenleistung nimmt oder Geld ohne Gegenleistung gibt, wird der ultimativen Krise ein kleiner Baustein hinzugefügt. Wir wissen noch, dass es ein schlimmer Verstoß gegen fundamentale menschliche Werte ist, einen Menschen umzubringen, zu bestehlen oder zu betrügen. Aber wir erkennen bereits nicht mehr, dass es ein schlimmer Verstoß gegen fundamentale Werte ist, zu nehmen, ohne zu geben, oder zu geben, ohne zu nehmen. Beides führt in die Schuld, in Abhängigkeit und Vertrauensverlust – und trotzdem tun wir es jeden Tag. (Mehr zur Schuldenproblematik in einem Beitrag von Prabhu Guptara auf der Webseite www.hoellensturz-hoffnung.de.)

Wann entziehen wir uns das Vertrauen endgültig und ziehen dem Kartenhaus unseres Wirtschaftssystems die entscheidende Karte aus der untersten Reihe? – Wenn die Leistungsfähigkeit insgesamt sinkt. Aber wie wir im vorangegangenen Kapitel geschrieben haben, befindet sich unsere Leistungsfähigkeit am Kipppunkt. Wenn unsere Leistungsträger erstens weniger werden und zweitens ausbrennen, weil wir sie krank machen und überfordern, dann sinkt nach unserer Gesamtleistungsfähigkeit unsere Kreditwürdigkeit. Und dann brechen wir unter unseren Schulden zusammen.

Wirtschaft ohne Werte kann nicht dauerhaft funktionieren. Und der Kollaps nicht nur einzelner Teile des globalen Wirtschaftssystems – hier

Lehman Brothers, dort die *Hypo Real Estate*, hier Griechenland, dort Island –, sondern der totale Kollaps des ganzen komplexen Wirtschaftssystems inklusive der Leitwährungen Dollar und Euro, der City of London, Lower Manhattans, des Frankfurter Bankenviertels, der meisten Großkonzerne, ganzer Staatshaushalte der größten Wirtschaftsnationen und des größten Teils der Arbeitsplätze steht bevor – alles steuert darauf zu. Die kurze Party des Westens innerhalb der Weltgeschichte wird mit einem Knalleffekt enden.

Was folgt einer tief greifenden Wirtschaftskrise? – In der Geschichte der Menschheit folgt darauf immer ein Bürgerkrieg. Wir sind nah dran an einem grotesken Krieg jeder gegen jeden mitten in Europa. Die Frage ist: Wie nah?

Kapitel 9

Die Kapitulation des Menschen

Gesellschaftliche Zusammenbrüche haben sich in der Geschichte der Menschheit immer rasend schnell und oft mit katastrophalen Begleiterscheinungen vollzogen, auch wenn die Ursachen sich zuvor nur allmählich hochgeschaukelt haben. Was wir heute sehen, ist ein langsames Hochschaukeln, das auf einen Kulminationspunkt zusteuert: eine lange, kleinteilige Liste von unheilvollen Entwicklungen, die weitere unheilvolle Entwicklungen nach sich ziehen und die sich gegenseitig verstärken. Die vielen, für sich genommen zwar besorgniserregenden, aber nicht katastrophalen Veränderungen unserer Gesellschaft verhalten sich dabei wechselseitig voneinander abhängig, sprunghaft, unkontrollierbar und unberechenbar, wie es bei dem chaotischen System einer komplexen Gesellschaft zu erwarten ist. Ursachen und Auslöser sind von Wirkungen und Symptomen nicht mehr unterscheidbar und nicht messbar. Wir wissen nur: Erreichen die sich gegenseitig verstärkenden Faktoren einen Kipppunkt und überwinden sie damit die dämpfenden Faktoren, dann beschleunigen sich die Veränderungen dramatisch und es gibt kein Halten mehr.

Schauen wir uns noch einmal im Schnelldurchgang zusammengefasst an, was wir in den vorangegangenen Kapiteln nachgezeichnet haben: die einzelnen Phänomene, die sich derzeit im Innern unserer Gesellschaft hochschaukeln, also jenseits der Tagespolitik, jenseits der Umwelt- und Klimadiskussion, jenseits der weltpolitischen Krisenherde, jenseits der Ereignisse, die Themen unserer Tagespresse und der Nachrichtensendungen im Fernsehen sind. Bei welchem Phänomen wir dabei beginnen, ist völlig unerheblich, alles hängt mit allem zusammen:

Fangen wir mit dem Vertrauensverlust an: Wir sehen einen zunehmenden Verlust des Vertrauens der Menschen in die politischen und gesellschaftlichen Institutionen sowie der Menschen untereinander. Wir sehen ein zunehmend egoistisches Verhalten der Menschen, das einerseits aus dem schwindenden Vertrauensklima resultiert, andererseits den Vertrauensverlust der Menschen untereinander weiter verstärkt. Es gibt in einer egoistischen Welt keine Sicherheit mehr, vor dem Recht und dem Gesetz fair und gerecht behandelt zu werden. Nach Ungleichheit vor dem Recht wird aber auch gleichzeitig quer durch die Bevölkerung verlangt. Das Recht soll rechtens machen, was zum eigenen Vorteil gereicht, wird aber abgelehnt und übertreten, wo immer es zum eigenen Nachteil ist. Recht wird benutzt anstatt angewendet, vor allem um ideologische und utilitaristische Ziele zu verfolgen. Das schwindende Vertrauen in allgemeingültige Rechtsnormen führt zu einer Gesetzes- und Regelungswut und zu immer stärker ausuferndem Einzelfallrecht, das keine Orientierung und keine Sicherheit mehr bietet – das Vertrauen schwindet weiter.

In diesem Klima der Verunsicherung werden sich die Menschen immer uneiniger. Die gemeinsame weltanschauliche Basis geht verloren, die allgemeingültigen Grenzen der persönlichen Freiheit werden zugleich bekämpft und vermisst. Die Menschen sind ohne eindeutige Wertevorgaben überfordert, orientierungslos, unzufrieden, verdrossen und zunehmend aggressiv gegen sich selbst und andere, vor allem gegen die restlichen Wertevorgaben. Das egoistische Recht des Stärkeren, also das, was als Sozialdarwinismus bezeichnet wird, paart sich mit Rationalismus. Der Egoismus wird kühl erklärt und in neue gesellschaftliche Dogmen gegossen. In diesem Geiste werden Traditionen gekappt und alles wird möglich, vor allem das Abschieben von Verantwortung. (Mehr über den Abbruch von Werten und Verantwortung finden Sie im Aufsatz von Lutz Simon: „Wird unsere Demokratie wert(e)los?" auf der Webseite www.hoellensturz-hoffnung.de.)

Die Verantwortung für sich selbst und die Risiken des Lebens werden an den Staat und öffentliche Institutionen abgegeben, die mit Kindererziehung, Absicherung des Alters, Absicherung vor Lebenskrisen, Absicherung vor Krankheit, Absicherung vor dem Pech, in der falschen Region zu leben usw., völlig überfordert sind, sowohl finanziell als auch inhaltlich-qualitativ. Moral wird verdammt, während gleichzeitig bei Gleichmacherei, *Political Correctness* und *Gender Mainstreaming* moralisch argumentiert wird. Im Zeichen von Antidiskriminierung wird diskriminiert, was das Zeug hält. Die Kernfamilie als Basis der Gesellschaft wird aufgegeben, während Familie gleichzeitig romantisiert wird. Nach dem Sprengen der natürlichen Eingrenzung der Sexualität in der institutionalisierten Paarbeziehung wird sexuelle Freizügigkeit hemmungslos in aller Öffentlichkeit ausgelebt, bereits Kinder werden gegen den Willen einzelner Eltern zwangssexualisiert. Gleichzeitig beklagen wir die zunehmende Bindungsunfähigkeit der Menschen, die steigende Scheidungsrate und die sinkende Geburtenrate. Außer finanziellen Anreizen, weiterer Verstaatlichung der Kindererziehung und weiterer Gleichmacherei der Geschlechter fällt uns kein Gegenmittel dagegen ein, was die Geburtenrate weiter unter den Generationenersatz drückt und unsere Gesellschaft im produktiven Kern schrumpfen lässt.

Die Identitätsentwicklung von jungen Menschen und die Entwicklung einer soliden Wertebasis ist in einer solchen Umgebung zunehmend schwerer. Im Arbeitsleben macht sich immer mehr Unzufriedenheit breit, weite Teile der arbeitenden Bevölkerung können sich nicht mehr mit ihrer Arbeit identifizieren und werden zu Trittbrettfahrern, die ihre wahren Talente höchstens nach Feierabend ausleben. Die daraus resultierende Unzufriedenheit und die gefühlte Minderwertigkeit, aber auch die erlernte Hilflosigkeit, die reale Abhängigkeit und die mangelnde Erfahrung von Selbstwirksamkeit der Menschen lassen Neid und Missgunst immer weiter um sich greifen: Die Gesellschaft wird immer wirtschaftsfeindlicher.

Der wirtschaftliche Druck im internationalen Wettbewerb wird aber immer stärker, die Zahl der wirtschaftlichen Leistungsträger auch aus demografischen Gründen gleichzeitig immer geringer. Dadurch müssen schrumpfende Leistungseliten immer größere Lasten tragen, werden zur Finanzierung der Allgemeinheit ausgebeutet, während ihnen von immer mehr Menschen Ausbeuterei vorgeworfen bzw. der Erfolg missgönnt wird. Burn-out und psychische Erkrankungen nehmen unter unmenschlichen Arbeitsbedingungen im heißen Kern der Wirtschaft und an den

Brennpunkten der sozialen Berufe sprunghaft zu, was das Gesundheitssystem restlos überfordert und noch ineffizienter macht, was die Arbeit weiter verteuert, was den Druck auf die Leistungsträger weiter erhöht, was die Arbeitsproduktivität weiter vermindert usw. Der drohende Verlust der Produktivität fällt zusammen mit einer außer Kontrolle geratenen Verschuldung. Die schwindende Kapitaldienstfähigkeit der Gesellschaft kombiniert mit steigender Verschuldung zieht am Tag X den Vertrauensentzug der Gläubiger nach sich, was zu kollabierenden Wirtschaftssystemen führen muss. Ein gigantischer Zusammenbruch droht. Während wir ihn kommen sehen, steigen Egoismus, Geiz, Gier, Verunsicherung und Misstrauen um eine weitere Stufe, und damit können Sie ganz oben in der Liste wieder anfangen.

Ja, es ist sehr komplex und kleinteilig, für sich genommen locken die einzelnen Symptome kaum einen Hund hinter den Öfen der Wohnzimmer, der Redaktions-, Abgeordneten- oder Chefbüros hervor. Ob die Menschen nun noch zusammen um den heimischen Esstisch sitzen oder nicht, bringt ja nun auch nicht wirklich die Weltgeschichte ins Wanken. Aber zusammengerührt bilden all diese sozialen Chemikalien einen gesellschaftlichen Sprengstoff von verwüstender Energie. Wir haben das klar vor Augen und hoffen, es hier so darstellen zu können, dass es noch mehr Menschen die Augen öffnet.

Wer sind wir und wenn ja, wie viele?

All diese Phänomene haben wir beschrieben und belegt. Es gibt aber noch weitere Faktoren, die gleichzeitig Ursachen und Symptome sind, die wir hier nur anreißen können: Eines davon ist die kulturelle Wehrlosigkeit. Während unsere westliche, auf griechischer Philosophie, römischen Rechts- und Verwaltungsstrukturen und jüdisch-christlichen Werten, auf Aufklärung, Demokratie und Industrialisierung gründende Kultur an ihrer eigenen Schwäche leidet, dringen andere Kulturen in unsere Gesellschaft ein und bringen völlig fremde Einflüsse mit sich. (Mehr über die Selbstdemontage unserer Kultur angesichts eindringender Fremdkulturen in Lutz Simons Vortrag: „Volk ohne Werte?“ auf der Webseite www.hoellensturz-hoffnung.de.)

Heute ist es möglich und zunehmend üblich, dass Muslime in Deutschland nicht nach den deutschen Gesetzen, sondern nach den Rechtsnormen ihres Herkunftslands verheiratet oder geschieden werden. Oder, dass deutsche Richter auf der Basis des islamischen Rechts, der *Scharia*, entscheiden, anstatt auf der Basis des geltenden deutschen Rechts, vor allem in Familienrechts- und Erbrechtsfragen. Als beispielsweise eine in Deutschland lebende Frau vor deutschen Gerichten dagegen klagte, dass sie die von der deutschen Rentenversicherung ausgezahlte Rente ihres verstorbenen, in Deutschland lebenden Mannes mit dessen in Deutschland lebender Zweitfrau teilen musste, wurde ihre Klage abgewiesen. In der Begründung berief sich der Richter auf die *Scharia*, nach der polygame Ehen möglich und die Rechte von Nebenfrauen geregelt sind: Beiden Gattinnen stehe der gleiche Rentenanteil zu. „Wir praktizieren islamisches Recht seit Jahren", sagte der Professor für ausländisches Privatrecht an der Universität Köln, Hilmar Krüger, im *Spiegel*-Interview am 9. Oktober 2010.

Polygamie hat in unserer Gesellschaft keine kulturelle Grundlage. Sie ist laut Bürgerlichem Gesetzbuch eigentlich sogar strafbar. Dass die juristischen Folgen einer im Ausland geschlossenen polygamen Ehe auf deutschem Boden geschützt werden sollen, indem das deutsche Gericht islamisches Recht spricht, zeigt nicht nur die geistig-moralische Flexibilität der Juristen, sondern ist auch ein Beleg für die Standpunktlosigkeit unserer Gesellschaft. Wem wollen sie so noch vermitteln, was Recht ist? Und in der Folge: Wem wollen Sie dann noch vermitteln, was unsere Kultur ist, was unsere Bräuche, Sitten und Tugenden sind, wenn sie in die multikulturelle Soße eingerührt werden?

Wir vertrauen unserer eigenen Kultur mittlerweile so wenig, dass wir sie nicht verteidigen, sondern das Feld freiwillig räumen. Die Bereitschaft, einzuknicken, ist inzwischen so groß, dass die kulturelle Wehrlosigkeit bisweilen Formen des vorauseilenden Gehorsams annimmt. Zum Beispiel plädierte der Erzbischof von Canterbury Rowan Williams, seines Zeichens Primas der *Church of England* und weltweites Oberhaupt der anglikanischen Kirche, für die generelle Einführung der *Scharia* in England. Muslime sollten, wenn es nach ihm geht, einfach wählen können, welches Recht ihnen lieber sei. Zur Begründung meinte er, dies sei nun einmal unvermeidbar und das Vereinigte Königreich müsse der Tatsache ins Auge blicken, dass sich einige seiner Bürger nicht mit britischem Recht identifizierten.

Zwar sind Zwangsehen, Steinigungen oder Handabhacken in westlichen Ländern noch verboten, weil das den in den westlichen Verfassungen verankerten Grundrechten widerspricht, aber die Bresche für islamisches Recht und damit für islamische Kultur ist damit geschlagen. Und die kulturelle Bindung des Islam an westliche Grundrechte darf zumindest bezweifelt werden. (Mehr Information über die Ausbreitung islamischen Rechtes in Europa im Beitrag der Scharia-Expertin Christine Schirrmacher: „Islam und Christentum in Europa: Eine Standortbestimmung" auf der Webseite www.hoellensturz-hoffnung.de.)

Durch die zunehmende Migration und die weltweite Medienlandschaft wird unser Lebensstil immer massiver mit anderen Kulturen und Lebensstilen konfrontiert. Das ist zunächst einmal nichts Schlechtes, denn es könnte ja auch zu einer Art von Selbstvergewisserung führen: In der Wahrnehmung des anderen wird die Differenz zur eigenen Identität deutlich. Wir Autoren sind weit gereist und pflegen Freundschaften in allen Teilen der Welt, in unterschiedlichen Kulturen und Religionen. Dazu ist es aber nicht nötig, dass wir vergessen oder verleugnen, wer wir sind. Die Konfrontation mit östlichen, arabischen und islamischen Lebenswelten könnte für uns alle identitätsfördernd und festigend wirken, wenn wir die Differenz nur zulassen und anerkennen würden.

Würden wir im Westen zu Chinesen, Afghanen oder Ägyptern sagen: In Ordnung, wir verstehen, wie ihr die Welt seht, aber wir sehen sie anders, und zwar aus diesem und jenem Grund. – Dann würde ein solcher Akt der Argumentation und Auseinandersetzung zuvor eine gewisse Selbstreflexion erfordern. Genau das bräuchten wir so dringend, um unser kränkelndes Selbstbewusstsein und damit unsere Identität zu stärken. Die Menschen im Westen leiden ja gerade darunter, dass sie nicht wissen, wer sie eigentlich sind und für was sie eigentlich einstehen. Nein, Offenheit müsste nicht schwächen – sofern kulturelle Unterschiede benannt und offengelegt werden dürften.

Stattdessen ist aber neuerdings schon die ausdrückliche Unterscheidung von „Wir“ und „Ihr“ in unserer Öffentlichkeit tabuisiert. Die Menschen sollen gleich sein und nicht verschieden. Wer sich anders äußert, wird schnell als „Rassist“, „Chauvinist“ oder „Fundamentalist“ beschimpft. Stattdessen betont Christian Wulff in einer Rede als Bundespräsident, dass der Islam zu Deutschland gehöre. Warum er das entgegen der historischen Faktenlage so sieht, begründet er gerne: Er warnt vor einem Auseinanderstreben der Lebenswelten. „Zu viele Unterschiede gefährden den Zusammenhalt.“ Im Umkehrschluss würde das heißen: Das Verschließen der Augen vor real existierenden Unterschieden fördert den Zusammenhalt. Wir glauben das nicht. Wir sind dagegen der Überzeugung, dass die Ideologie der Gleichmacherei die Verunsicherung, den Identitätsverlust und damit den Vertrauensverlust verstärkt, die Wehrlosigkeit unserer Kultur gegenüber der schleichenden Ausdünnung und Verdrängung vergrößert und so den Zusammenbruch unserer westlichen Kultur beschleunigt. (Mehr über den Identitäts- und Vertrauensverlust im Beitrag von Lutz Simon: „Volk ohne Werte?“ auf der Webseite www.hoellensturz-hoffnung.de.)

Freiheit für wen oder was?

Ein weiteres Symptom, das wir wegen seiner Tragweite hier nicht ausdiskutieren, sondern nur kurz anreißen möchten, ist die Verdrehung des Freiheitsbegriffs. Um es gleich auf den Punkt zu bringen: Anstatt die bedingungslose Freiheit des Lebens zu fördern, wird allgemein Freiheit für den Tod unter bestimmten Bedingungen gefordert.

Im Namen der Freiheit der Frau wurde die Frage der Abtreibung in den 1970er-Jahren entschieden. Dabei wurde das Tötungsverbot aufgehoben und damit das Recht auf Leben für jeden Menschen. Das Töten ungeborener Kinder unter gewissen Voraussetzungen wurde als medizinische Dienstleistung oder als soziale Nothilfe getarnt und ist mittlerweile so normal geworden, dass man als Abtreibungsgegner heutzutage mit massiven Anfeindungen rechnen muss, sobald man seine Ansicht offen äußert. Natürlich ist man dann ein „Frauenfeind", ein „Chauvinist", ein „Ewiggestriger" usw. Wer heute noch bedingungslos für das Recht auf Leben eintritt, wird moralisch desavouiert und in die rechte oder in die christlich-fundamentalistische Ecke oder gleich in beide Ecken gestellt. Welches Leid aber Abtreibungen psychisch bei den tötenden Eltern, insbesondere bei den Müttern, oder bei den überlebenden Geschwistern verursacht, wird in unserer Öffentlichkeit völlig ausgeblendet und totgeschwiegen.

Im Fall des „Oldenburger Babys" Tim ist alles enthalten, was die verdrehte Realität unserer heutigen Auffassung von Freiheit beinhaltet. Beim ungeborenen Sohn im Mutterleib einer 35-jährigen Frau wurde das Downsyndrom diagnostiziert. Der Junge würde geistig behindert auf die Welt kommen, stellten die Ärzte fest. Die Mutter überlegte nun nicht, wie sie mit diesem Schicksal sinnvoll umgehen könnte, sondern verlangte stattdessen den Schwangerschaftsabbruch. Um sich mit diesem Wunsch durchzusetzen, drohte sie mit Selbstmord. Das bedeutete: Lieber sterbe ich, als ein behindertes Kind großzuziehen.

Diese grenzenlos egoistische, menschenverachtende Grundhaltung wurde belohnt: Sie half, das Kriterium der „medizinischen Indikation" zu erfüllen. In einem Gutachten wurde die Situation ärztlicherseits so beurteilt, dass eine Gefahr für das Leben und die Gesundheit der Mutter vorlag, was nach geltender Rechtslage eine zeitlich unbefristete Abtreibung erlaubt. Die Gefahr für das Leben und die Gesundheit des Kindes wird dem untergeordnet. Wohlgemerkt garantiert das Grundgesetz das Recht auf Leben und körperliche Unversehrtheit (Artikel 2, Absatz 2), die Gleichheit aller Menschen vor dem Gesetz (Artikel 3, Absatz 1) und dass niemand wegen seiner Behinderung benachteiligt werden darf (Artikel 3, Absatz 3). Trotzdem wird in einem solchen Fall die Freiheit der Mutter, die nicht mit einem behinderten Kind leben wollte, höher bewertet als das Recht auf Leben des Jungen. Mit anderen Worten: Die Frau wollte ihr weiteres Leben auf der bewussten, von ihr selbst durchgesetzten Tötung eines Kindes gründen und Juristen, Politiker und Ärzte assistierten ihr dabei. Der Abgang des Fötus wurde in der 25. Schwangerschaftswoche durch einen Assistenzarzt eingeleitet, der Fötus kam zur Welt – und lebte. Der Junge wog 690 Gramm und war 32 Zentimeter groß. Und er lebte! Aber er sollte ja bei der Abtreibung sterben, also ließ man den Jungen liegen und wartete darauf, dass er starb. Aber er lebte!

Zehn Stunden warteten die Ärzte darauf, dass das behinderte, frühgeborene Kind endlich sterben würde. Aber er lebte auch nach zehn Stunden noch. Niemand traute sich, ihn zu erschlagen, zu ersäufen oder totzuspritzen. Das würde sich irgendwie wie Mord anfühlen. Merkwürdig! Aber niemand wollte das Baby auf den Arm nehmen, beatmen, in einen Brutkasten legen oder was auch immer. Das würde sich auch irgendwie falsch anfühlen, das Kind sollte ja schließlich tot sein. Das wollten doch alle, oder? – Die totale Verunsicherung einer Gesellschaft, die nicht mehr weiß, was richtig ist im Leben, zeigte sich symbolisch in zehn langen Stunden am 6. Juli 1997 in der Städtischen Frauenklinik Oldenburg, wo während zehn langer Stunden keiner eine Idee hatte, was mit einem Kind in höchster Not zu tun ist. Unvorstellbar! Es wurde seinem Schicksal überlassen. Seine Körpertemperatur sank immer weiter. Aber der liebe Gott hatte etwas anderes mit ihm vor. Heute lebt Tim immer noch. Denn irgendwann besann sich irgendeiner aus dem medizinischen Personal des Krankenhauses, dass das, was da vor ihnen lag, ja ein Mensch war und kein Blinddarm.

Tim ist schwerstbehindert. Allerdings nicht wegen seines Gendefekts, sondern wegen der erzwungenen Frühgeburt und der unterlassenen ärztlichen Versorgung danach. Gehirn, Lungen und Augen wurden dabei schwer geschädigt. Die leiblichen Eltern nahmen ihr Kind nicht an, Tim wächst bei einer Pflegefamilie auf und besucht eine Förderschule. Furchtbar verdreht an diesem Fall ist außerdem, dass die leiblichen Eltern die Ärzte auf Schmerzensgeld verklagt haben – wohlgemerkt: Schmerzensgeld für sich, nicht für den Jungen! Die Begründung: Sie seien von den Ärzten nicht darüber informiert worden, dass ein Kind einen Schwangerschaftsabbruch überleben könnte. Sie klagten auf Schmerzensgeld dafür, dass das eigene Kind seine Tötung überlebt. Unfassbar!

Die Mutter des Kindes konnte offenbar nach dieser Tragödie kein normales Leben mehr führen. Sie wurde psychotherapeutisch behandelt und nahm sich sechs Jahre später das Leben. Aber wie dem auch sei: Abtreibung ist kein Thema mehr in unserer Gesellschaft, es ist entschieden, es wird gemacht, aus und basta. Mittlerweile werden zwischen 15 und 20 Prozent der Schwangerschaften „abgebrochen".

Aber das Thema der Freiheit zum Töten geht weiter. Und wir haben da keinen verlässlichen ethischen Boden mehr unter den Füßen. Präimplantationsdiagnostik beispielsweise bedeutet in der Konsequenz nichts anderes als das Aussortieren von wertem und unwertem Leben. In Deutschland ist sie unter bestimmten Bedingungen erlaubt, in der Schweiz und in Österreich verboten. Auch zur aktiven Sterbehilfe gibt es keinen eindeutigen Standpunkt mehr in unserer Gesellschaft. In der Schweiz ist die Assistenz zum Selbstmord eine legale gewerbliche Dienstleistung. In Österreich ist sie verboten. In Deutschland ist sie zwar nicht strafbar, aber verboten, weshalb die dazu notwendigen Giftstoffe nicht verordnet werden dürfen. Ja, was nun? Es herrscht allgemeine Verunsicherung, ob das Leben oder der Tod zu schützen sei.

Das ganze, die Gesellschaft unversöhnlich spaltende Dilemma um Abtreibung, unwertes Leben und Euthanasie ist entstanden, weil es in der westlichen Welt keine gemeinsame Vorstellung über ethische Grundsätze mehr gibt. Die Wertebasis unserer Gesellschaft hat sich bereits teilweise aufgelöst und erodiert immer weiter. Bezeichnend für den allgemeinen Verlust der Orientierung ist die Tatsache, dass sowohl die Gegner als auch die Befürworter der jeweiligen Tötungspraktiken mit der Menschenwürde argumentieren. Dementsprechend gibt es kein gemeinsames Verständnis mehr, was Menschenwürde eigentlich ist, obwohl unsere gesamte Gesellschaft auf dem Grundsatz fußt, dass die Menschenwürde unantastbar sei. Da stimmt jeder zu, aber niemand weiß mehr, was das im strittigen Einzelfall eigentlich bedeutet.

Der gesellschaftliche Streit um die Ethik von Abtreibungen oder Sterbehilfe ist nicht neu und wir können den ausgetauschten Argumenten nichts Neues hinzufügen. Er ist auch bereits entschieden; gegen die Macht der Fakten kommt niemand an. Was wir hier lediglich leisten können, ist, diese alte, unheilvolle Debatte in den Kontext des drohenden Kollapses unserer westlichen Zivilisation zu stellen. Die völlige Verunsicherung darüber, was gut und was böse ist, was richtig und was falsch ist, was ethisch und was unethisch ist, ist symptomatisch und ursächlich zugleich. Sie trägt aus unserer Sicht mit dazu bei, dass die Menschen individuell immer verunsicherter werden, was die skizzierte gesellschaftliche Abwärtsspirale weiter antreibt.

Vier Quadranten

Wenn wir so die gegenwärtige Realität beschreiben und davon überzeugt sind, dass unsere westliche Zivilisation gegenwärtig auf eine Implosion zusteuert, was wollen wir damit dann eigentlich voraussagen? Was genau und was konkret sehen wir auf uns zukommen? Welches Horrorszenario wollen wir mit all dem, was wir hier behaupten, eigentlich an die Wand malen? Um es klar zu sagen: Wir wollen überhaupt nichts an die Wand malen. Und wir wissen auch nicht, was kommen wird, wir sind ja keine Hellseher. Wir befürchten aber tatsächlich, dass es furchtbar wird, denn der gesellschaftliche Zusammenbruch wird total sein. Was heißt total?

Stellen Sie sich ein Achsenkreuz vor: Auf der Vertikalen wird nach oben das Individuum und nach unten das Kollektiv markiert. Auf der Horizontalen wird nach links das Innen und nach rechts das Außen markiert. Daraus ergeben sich vier Quadranten. Oben links: Innen-Individuum, das ist die Psyche des einzelnen Menschen; oben rechts: Außen-Individuum, das sind die Physis und das Verhalten des einzelnen Menschen; unten links: Kollektiv-Innen, das ist die innere Verfassung einer Gesellschaft, die Kultur; unten rechts: Kollektiv-Außen, das sind die sozialen und wirtschaftlichen Systeme, die sichtbaren Ergebnisse und Strukturen einer Gesellschaft. Total ist ein zivilisatorischer Zusammenbruch dann, wenn alle vier Quadranten, wenn die Psyche und die Physis der Menschen sowie deren Kultur und soziale Systeme gleichzeitig zerstört werden.

Wir wissen nicht wirklich, was das bedeutet: so etwas wie der Dreißigjährige Krieg? So etwas wie das, was unsere Großväter und Urgroßväter nach der Kapitulation 1945 erlebt haben? Was bedeutet „Zusammenbruch der sozialen Systeme“? Oder „kulturelle Katastrophe“? Im nächsten kurzen Teil des Buches geben wir vier historische Einblicke.

TEIL III

KURZ NACH ZWÖLF

Kapitel 10

Soweto – die soziale Katastrophe

Der 16. Juni ist heute im kollektiven Bewusstsein der Südafrikaner eine Markierung des Schmerzes, eine tiefe seelische Wunde. Die Südafrikaner versuchen teilweise instinktiv und teilweise ganz bewusst, diese Verletzung zu lindern und sie vielleicht irgendwann zu heilen. Das emotional aufgeladene Datum wurde beispielsweise nicht von ungefähr als fiktives Geburtsdatum von *Zakumi* gewählt. *Zakumi* war das Maskottchen der Fußballweltmeisterschaft 2010, ein kindlich-verschmitzt dreinschauender Leopard mit grünem Haarschopf. Die Fußball-WM war ein wunderschönes, Völker verbindendes Fest, das der südafrikanischen Seele guttat. Die ganze Welt konnte sehen, dass man in Südafrika wieder fröhlich sein kann, dass Weiß und Schwarz, Arm und Reich, Stadt und Land miteinander friedlich feiern können, dass Südafrika ein wunderschönes Land und ein guter Gastgeber ist, dass die Südafrikaner stolz auf sich sein können.

Aber dank Staatspräsident Nelson Mandela und Erzbischof Desmond Tutu, den beiden Friedensnobelpreisträgern Südafrikas, hatten die Südafrikaner auch gelernt, dass sie ihre dunkelsten Momente ehrlich anschauen und aushalten müssen und niemals vergessen dürfen. Der 16. Juni wurde darum zum Feiertag bestimmt, zum *National Youth Day*, an dem die Jugend der Welt geehrt und an Hector Pieterson gedacht wird, der am 16. Juni 1976 im Alter von zwölf Jahren starb. Hector hieß mit Nachnamen eigentlich Pitso, aber seine Eltern hatten beschlossen, dass die Familie Pieterson heißen sollte, weil das „weißer“ klang. Schon die europäisch klingenden Vornamen, die sie für Hector und seine fünf Jahre ältere Schwester Antoinette ausgesucht hatten, sollten ihnen den Weg in die südafrikanische Gesellschaft ebnen, denn wie jeder normale Mensch wollten die Pitsos schlicht und einfach, dass ihre Kinder „dazugehören“ durften.

Eines der wichtigsten und stärksten Bedürfnisse des Menschen ist der Wunsch nach Zugehörigkeit zu einem sozialen System. Erst wenn Menschen sich völlig selbstverständlich als Teil einer friedlichen Gesellschaft begreifen und sich darin ungehindert und frei bewegen können, fühlen sie sich sicher, können eine kulturelle Identität ausbilden und ein starkes Selbstwertgefühl entwickeln. Überall dort, wo Menschen ausgeschlossen werden, weil das verbriefte Recht und die ungeschriebenen Gesetze eines sozialen Systems nicht für alle gleich gelten, überall dort, wo Menschen mit zweierlei Maß gemessen werden, weil eine Ideologie die Menschen in gut und schlecht, in wert und unwert einteilt, überall dort entstehen zuerst große innere Unsicherheit, dann unendliches Leid und in der Folge Hass und Gewalt.

So war es auch in Südafrika, wo die weiße, europäischstämmige Minderheit die schwarze, afrikanischstämmige Mehrheit fast ein Jahrhundert lang unterdrückte. Schon als 1910 die vier südafrikanischen Provinzen Natal, Kapkolonie, Oranje-Freistaat und Transvaal zur Südafrikanischen Union zusammengeschlossen wurden, erhielten die Nichtweißen kein Wahlrecht. Die Trennung der als „Rassen" bezeichneten Bevölkerungsgruppen wurde mit immer mehr Gesetzen festgeschrieben. Gesetze sind nicht die Ursache von Wertvorstellungen, sondern Ausdruck der Wertvorstellungen derjenigen, die gesellschaftliche Gestaltungsmacht haben. Und die ursprünglich überwiegend aus Großbritannien und den Niederlanden stammenden Weißen, die durch ihre militärische und wirtschaftliche Überlegenheit die faktische Gestaltungsmacht in Südafrika hatten, waren sich einig darin, dass sie „etwas Besseres" seien als der Rest der Einwohner: Schwarze, Farbige und Asiaten.

In Gesetzen wurde die ungleiche Behandlung von Weißen und Schwarzen in der Wirtschaft festgelegt, das Verbot sexueller Kontakte zwischen den Rassen, die räumliche Trennung zwischen Weißen und Schwarzen auf dem Land und in der Stadt, der Ausschluss der Schwarzen aus Tarifbündnissen von Arbeitern und vieles mehr. Als „zivilisierte Arbeitspolitik" wurde durchgesetzt, dass öffentliche Arbeitgeber keine schwarzen (ergo „unzivilisierten") Arbeitnehmer einstellen durften. Schwarze wurden offen als „barbarische und unentwickelte Menschen" betrachtet und bezeichnet. Sie wurden aus Städten und Stadtteilen vertrieben, ihnen wurden gleichrangige Bürgerrechte aberkannt, Grundbesitz außerhalb bestimmter Siedlungsgebiete verboten, die politische Betätigung eingeschränkt, der Zugang zu höherer Bildung verwehrt, die Presse- und die Meinungsfreiheit eingeschränkt; sie wurden von den Behörden kontrolliert und verwaltet wie Vieh. Die Rassentrennung und die permanente Unterdrückung der schwarzen Bevölkerung wurde durch eine Vielzahl von Gesetzen und Verordnungen bis ins Kleinste geregelt und mit der ganzen Härte der Polizeigewalt und mit dem Rückhalt einer willkürlichen Justiz durchgesetzt – und dann kam der 16. Juni 1976.

Das Foto der Todesminute von Hector Pieterson ist eines der berühmtesten, fast kultisch verehrten Bilder des 20. Jahrhunderts. Hector liegt in den Armen seines älteren Mitschülers Mbuyisa Makhubu. Mbuyisa rennt, sein Gesicht ist verzerrt vor Anstrengung, Schmerz und Angst. Hector hängt schlaff und schwer in seinen Armen, der linke Arm hängt herunter, der rechte Arm liegt über seiner Brust, der Kopf ist nach hinten überstreckt. Mbuyisa hält ihn mit der linken Hand unter den Schultern, mit der rechten Hand unter den nackten Kniekehlen. Hectors Füße baumeln, sie stecken in dunklen Socken, sein linker Schuh fehlt. Neben den beiden läuft Hectors Schwester, schreiend und weinend, sie weiß, dass ihr kleiner Bruder von einer Polizeikugel getroffen worden ist. Im Hintergrund rennen andere Jugendliche auf der staubigen Straße in die gleiche Richtung. Sie flüchten.

Die Geschichte hinter diesem Bild ist rasch erzählt. Soweto war 1976 eines der abgeriegelten Gebiete, in denen die schwarze Bevölkerung Südafrikas lebte, es war die *South Western Township* vor Johannesburg. Den ungefähr anderthalb Millionen Menschen, die dort lebten, wurde die südafrikanische Staatsbürgerschaft aberkannt, sie durften nur zum Arbeiten ihr Township verlassen und hatten kein dauerhaftes Wohnrecht – sie lebten gewissermaßen im dauerhaften Zustand der Duldung durch die Behörden der Weißen. Ihre einzige Existenzberechtigung bestand darin, dass sie billige Arbeitskräfte für die Farmen, Fabriken und

Minen der Weißen waren. Diese Menschen hatten nur gerade so viel, dass sie überleben konnten. Sie hausten in Slums, in baufälligen Hütten unter Wellblechdächern.

Zu allen Unterdrückungsmaßnahmen, die die schwarze Bevölkerung auf den Knien halten sollten, kam 1976 noch eine weitere hinzu: In den Schulen sollte verbindlich *Afrikaans* als Unterrichtssprache eingeführt werden – also die den Schwarzen völlig fremde Sprache der Weißen, das „Kap-Holländisch" bzw. „Kolonial-Niederländisch". Der Zweck dahinter war allen Schwarzen instinktiv klar: Ihnen sollten systematisch die eigene Identität und alle Chancen im Bildungssystem geraubt werden. Desmond Tutu, der damalige Bischof von Johannesburg, warnte die Politiker in einem Brief vor einem Gewaltausbruch: „Ein Volk, das durch Ungerechtigkeit zur Verzweiflung getrieben wird, wird auch verzweifelte Methoden anwenden."

Das Afrikaans-Gesetz wirkte wie der berühmte Tropfen, der das Fass zum Überlaufen bringt. Die Schüler von Soweto gingen auf die Straße und protestierten: „Do not want Afrikaans!" Am 16. Juni 1976 liefen etwa 15.000 schulschwänzende Schüler aller Altersstufen in Schuluniformen lachend, skandierend und singend, mit Plakaten in den Händen sternförmig auf das Orlando-Stadion zu, wo sie sich zu einer friedlichen Kundgebung versammeln wollten. Aber sie erreichten ihr Ziel nicht.

Die Polizei stellte sich ihnen in bewaffneten Hundertschaften entgegen. Sie versuchte, den Kindern und Jugendlichen die Plakate aus den Händen zu reißen, verprügelte sie mit ihren Stöcken, schleifte einige aus der Menge, um sie ins Gefängnis zu stecken, hetzte scharfe Hunde auf die Kinder und schließlich schoss sie auf sie. Die Polizisten schossen nicht auf die Beine, um die Menge zu stoppen, sie schossen auf die Oberkörper und die Köpfe, um zu töten, wie die Ärzte in den Krankenhäusern später anhand der Schusswunden bestätigen mussten. Über 200 unbewaffnete Kinder wurden an diesem und den folgenden Tagen erschossen. Hector Pieterson, der einfach nur dazugehören wollte, war einer der ersten von ihnen.

Die brutale Niederschlagung des friedlichen Schülerprotests sprach sich in Südafrika schnell herum – und damit begann der Bürgerkrieg. Denn ab jetzt war den Menschen alles egal, die Dämme brachen, die dünne Haut der Zivilisation war geplatzt. Nach den weißen Kindermördern fielen auch die Schwarzen in archaische, brutale, rücksichtslose Überlebensmuster zurück. Der Gewaltausbruch war beispiellos. Häuser, Autos und Reifenstapel brannten. Rathäuser und Schulen wurden angezündet, Gebäude, in denen Weiße lebten, wurden angegriffen, zum Teil mit Bussen gerammt. Beide Seiten mordeten und folterten. Sobald mehr als drei Schwarze zusammenstanden, eröffnete die Polizei das Feuer aus gepanzerten Wagen und aus Hubschraubern. Fanden die Schwarzen in ihren Reihen einen Spitzel der Weißen, legten sie ihm einen mit Benzin gefüllten Reifen um den Hals und zündeten ihn an. Die Polizisten stülpten den festgenommenen Schwarzen nasse Säcke über den Kopf, bis sie aufhörten, zu atmen, oder sie trennten ihnen mit Schneidbrennern Gliedmaßen ab, um sie zu Denunziationen zu zwingen. All das ist dokumentiert. Es sind Tatsachen.

Der Aufstand dauerte bis ins Jahr 1977 hinein, bevor er restlos niedergeschlagen war. Erschrocken über die unbändige Gewalt, die sie entfesselt hatten, begannen die Weißen, erste Zugeständnisse zu machen. Afrikaans als erste Unterrichtssprache wurde nie eingeführt. Heute ist die Rassentrennung in Südafrika Geschichte. Und an jedem 16. Juni weinen die Menschen am Hector-Pieterson-Mahnmal in Soweto.

Die Saat der Gewalt, die mit einer menschenverachtenden Grundhaltung in den Köpfen begann und sich in menschenfeindlichen Gesetzen auf Papier fortsetzte, war irgendwann aufgegangen und entlud sich in Verbrechen gegen die Menschlichkeit, die unter hohem Blutzoll die alte Ordnung hinwegfegten. Es ist unglaublich, wie schnell Menschen im Innern verrohen können, wenn die äußeren Bedingungen sie dazu bringen. Es ist unfassbar, zu welchen Gewaltverbrechen die breite Bevölkerung in der Lage ist, wenn die Zivilisation aus den Fugen gerät. Wenn schlechte, falsche, kranke Gedanken sich in der physischen Welt als Unrechtssysteme materialisieren, werden sie unbeherrschbar und führen schlussendlich zwanghaft zu Zerstörung und Tod. Der Geist wird Realität – Gedanken können tödlich sein. Institutionalisierte soziale Ungerechtigkeit ist der Anfang vom Ende – auch wenn das Ende oft erst Jahrzehnte später kommt.

Eine Gesellschaft, die ihre Kinder und damit ihre eigene Zukunft systematisch bekämpft – am Ende bis auf den Tod –, die ihren Heranwachsenden durch ihre Normen, Gesetze, Verordnungen und Institutionen systematisch die Identität raubt oder sie in ihrer Entwicklung behindert, und das nur deshalb, weil sie anders sind, als sie sein sollten, ist eine Gesellschaft im Extremzustand der sozialen Katastrophe. Darauf steuern wir zu. Wir haben gezeigt, wie das derzeit in der westlichen Welt geschieht.

Kapitel 11

Bamiyan – die kulturelle Katastrophe

Ein kleines Kind malt ein Bild: eine grüne Rasenfläche, ein Haus mit einem rauchenden Schornstein, einen Baum neben dem Haus mit roten Äpfeln, fliegende Vögel vor dem blauen Himmel, eine strahlende Sonne, die aus einer Ecke des Bilds alles bescheint. Im Vordergrund stehen vier Menschen, die sich an der Hand halten. In der Mitte zwei große Menschen, einer mit kurzen braunen Haaren und einer blauen Hose, offensichtlich ein Mann, und daneben eine Frau mit langen, gewellten Haaren und einem Rock. Links und rechts von den beiden, zwei kleinere Menschen – das müssen die Kinder sein: ein Junge mit kurzen Haaren und ein Mädchen mit Zöpfen und einem Kleid. Alle vier lachen.

Das Bild ist nichts weiter als ein Blatt Papier im DIN-A4-Format mit einer dünnen Schicht aus bunten Farben. Das Kind hat es seiner Mutter geschenkt. Wenn es nur ein farbiges Blatt Papier ist, warum hängt es die Mutter dann in der Küche an die Wand? Warum steht sie manchmal, wenn sie vormittags allein zu Hause ist, mit feuchten Augen davor und lächelt glücklich? Warum hebt der Opa stolz das Kind in die Luft, als er bei seinem Besuch das Bild zum ersten Mal vorgeführt bekommt? Warum verpackt der Vater das Bild sorgfältig in einer Mappe, als die Familie Jahre später umzieht? Warum wird es in der neuen Küche wieder aufgehängt?

Stellen Sie sich vor, eines Abends wären Freunde und Bekannte der Eltern in dieses Haus eingeladen. Eine Frau aus dem Freundeskreis hat ihren neuen Lebensgefährten mitgebracht. Ein komischer Typ, denkt sich die Gastgeberin. Warum ist der so schweigsam und schaut so ernst? Die Gäste halten sich nach dem Abendessen zum Teil auf der Terrasse und zum Teil in der Küche auf. Man unterhält sich lebhaft. Plötzlich steht der merkwürdige Mann auf, geht ganz ruhig zur Küchenwand, greift nach dem Bild des Kindes und reißt es herunter. – Stille. Die ganze

Abendgesellschaft ist verstummt und erstarrt. Alle starren den dunklen Mann an, der das Bild in beiden Händen hält und mit zu dünnen Schlitzen verengten Augen darauf starrt. Um Gottes Willen! Was macht der nur! Der wird doch nicht? Plötzlich beginnt die Gastgeberin, die Mutter des Kindes, zu schreien: „Neeein!"

Sie stürzt auf den Mann zu, um ihm das Bild zu entwinden. Der Mann schaut sie an und zerreißt das Bild. Er stößt die weinende und schreiende Mutter weg und reißt das Papier in kleine Fetzen, in immer kleinere Fetzen. Die anderen Anwesenden beginnen den Mann zu beschimpfen, seine Lebensgefährtin hält sich erschrocken die Hände vor den Mund, einer ruft nach dem Gastgeber, dem Vater des Kindes, der draußen auf der Terrasse ist. Es entsteht ein Handgemenge, der dunkle Mann wirft die Papierfetzen in den Raum und wendet sich dem Ausgang zu. Alles ruft durcheinander. Die Mutter des Kindes kniet weinend auf dem Boden und versucht, einzelne Papierfetzen einzusammeln. Da stürzt ihr Mann in den Raum: „Was ist hier los?"

Er sieht seine Frau, sein Blick wandert zur leeren Wand, er sieht die Papierfetzen – und dann den Mann, der ihn stumm ansieht und der von mehreren Händen festgehalten wird. „Was hast du getan?", brüllt er ihn an. Statt einer Antwort beginnt der Mann zu grinsen. In dem Moment schnellt die Faust des Familienvaters vor. Zum ersten Mal in seinem Leben schlägt er einen Menschen nieder. Noch nie hat ihm jemand so etwas Schlimmes angetan. Warum so schlimm? Es ist doch nur ein Stück buntes Papier. Oder?

Nein, es ist nicht nur ein buntes Blatt Papier. Es ist Sonnenschein, Freude, Glück, Liebe, Wärme, Geborgenheit, Schutz, Sicherheit, Gemeinschaft, Naturverbundenheit, Frieden, Hoffnung, Ganzheit, kurz: Es ist das Leben in seiner Fülle. Das kann jeder sehen, der ein geistig und seelisch gesunder Mensch ist. Die zugehörigen Emotionen werden beim Betrachten des Bildes angestoßen wie die Saiten eines Instruments. Menschen gehen in Resonanz, wenn sie den Ausdruck der Gefühle eines anderen Menschen wahrnehmen.

Der Ausdruck kann ein Bild sein wie „Der Schrei“ von Edvard Munch, ein Musikstück wie „Die Moldau“ von Bedřich Smetana, die Architektur einer Häuserfassade wie die des „Vitra-Museums“ in Weil am Rhein von Frank O. Gehry, ein Buch wie „Tom Sawyer“ von Mark Twain, ein Theaterstück wie „Nathan der Weise“ von Gotthold Ephraim Lessing, ein Kinofilm wie „Wer die Nachtigall stört“ von Robert Mulligan nach dem Buch von Harper Lee. Ja, manchmal empfinden wir sogar das Spiel eines Fußballspielers wie Zinedine Zidane oder einer Mannschaft wie die des *FC Barcelona* als emotionalen Ausdruck, als Kunstwerk, das uns berührt. Manchmal sind es Gesten wie der Kniefall von Willy Brandt in Warschau oder Reden wie die von Ronald Reagan vor dem Brandenburger Tor, manchmal sind es Bauwerke wie das Empire State Building oder Gebrauchsgegenstände wie das iPhone, manchmal ist es ein Kleidungsstück wie die Belstaff-Jacke von Steve McQueen.

Diese Werke, Momente oder Gegenstände sind Ausdruck von individuellen Emotionen und mehr noch: von Werten. Emotionen und Werte wie Freiheit bei Steve McQueen, Perfektion bei Apple, Größe und Macht beim Empire State Building, gerechte Wut bei Ronald Reagan, Demut bei Willy Brandt, Gemeinschaft beim *FC Barcelona*, Genialität bei Zinedine Zidane, Toleranz bei Harper Lee und bei Lessing. Solche Werke und Momente sind Herzenssachen, sie berühren und bewegen uns, sie sind uns lieb und teuer.

Wenn solche Herzenssachen nicht nur Ausdruck von Emotionen und Werten einzelner Personen oder kleiner Gruppen von Personen sind, sondern von vielen Tausenden oder Millionen Menschen, wenn dieser Ausdruck die Menschen miteinander verbindet und vielfachen Widerhall findet, möglicherweise nachgemacht und immer wieder aufs Neue interpretiert wird, wenn die seelische Bewegung des Individuums zu einer kollektiven Bewegung wird, dann ist das ein kulturelles Phänomen. So entstehen Kulturen. Zerstört nun einer ein individuelles Werk, dann greift er damit nach dem Herzen all jener Menschen, die sich mit diesem Werk emotional und seelisch verbunden haben. Der Akt der Vernichtung eines Kunstwerks ist Symbol für die Vernichtung von Seele und

Geist. Sie wirkt nicht nur rational, sondern vor allem auf der Ebene des Herzens. Sie löst unmittelbar extreme emotionale Reaktionen aus bei allen Menschen, die mit dem Kunstwerk zuvor in Resonanz waren.

Zerstört man aber nun nicht nur ein individuelles Kunstwerk, sondern die Ikonen ganzer Kulturen, dann greift der Zerstörer nicht nur nach den Herzen der einzelnen Menschen, sondern er reißt an den Wurzeln von ganzen Gesellschaften, er erzeugt kollektive Schmerzen und seelische Qualen auf einer höheren Ebene. So wie es Verbrechen gegen Menschen und auf einer höheren Ebene Verbrechen gegen die Menschlichkeit gibt, so gibt es die Zerstörung eines Kinderbildes und auf einer höheren Ebene kulturelle Katastrophen wie die Zerstörung des Jerusalemer Tempels durch den babylonischen König Nebukadnezar II., den reformatorischen Bildersturm im 16. Jahrhundert oder die Bücherverbrennungen durch die Nazis.

Wer verfeindete Menschen nicht direkt angreift, um sie physisch zu vernichten, sondern die Kultur der Menschen angreift, der versucht die Vernichtung auf einer höheren Ebene, der will nicht nur Menschenleben auslöschen, sondern auch die emotionalen, seelischen und geistigen Ausdrücke dieser Menschen, die Spuren und Wirkungen, die sie hinterlassen, ihre Werte, all das, was sie untereinander verbindet. Ein Kampf der Kulturen ist ein potenzierter Menschenkampf, er verleiht der Vernichtung die Qualität des Totalen. – Total war auch die Vernichtungsabsicht der Taliban in Afghanistan. Sie wollten mehr als nur töten, als sie die Statuen von Bamiyan sprengten.

Das Bamiyan-Tal liegt im Herzen Afghanistans. Die Hauptstadt Kabul ist weit entfernt, obwohl sie Luftlinie nur 230 Kilometer südöstlich von Bamiyan liegt. Aber wer einmal auf den staubigen Offroadpisten in den Bergen des Hindukusch gefahren ist, der weiß, wie weit 230 Kilometer sein können. In Zeit ausgedrückt: zehn Stunden mit dem Landrover. Heute ist Bamiyan weit abgelegen, ein Provinzort in 2.500 Metern Höhe, aber in der Geschichte der Menschheit hatte das fruchtbare Tal durch seine Lage eine wichtige strategische Bedeutung. Die Handelskarawanen zwischen den Kontinenten zogen hier durch, das Tal liegt an der Seidenstraße und war ein wichtiger Rastplatz und eine Handelsstation für die Händler, die zwischen Zentralasien und Indien verkehrten.

Seit dem 3. Jahrhundert war Bamyian buddhistisch. Und ab dem 4. Jahrhundert begannen die Menschen dort, religiöse Kunstwerke in die riesige, kilometerlange Felswand aus weichem Sandstein, die den Hintergrund des Tals bildet, zu meißeln und zu graben. Tausende Mönche gruben Höhlen und Nischen in die Wand und stellten dort Buddha-Statuen und Altäre auf. Durch die Überhänge der Höhlen und Nischen waren die Kunstwerke vor der Erosion durch Wind und Wasser geschützt und überdauerten die Jahrhunderte. Um die Kunstwerke herum entstanden die damals größten buddhistischen Klosteranlagen.

Als der chinesische Mönch Xuang Zang im 7. Jahrhundert nach Christus dort vorbeikam, zeigte er sich besonders fasziniert von zwei riesigen Buddha-Statuen. Er beschrieb sie als bunt bemalt in kräftigen leuchtenden Farben und teilweise sogar vergoldet. Die anderthalb Jahrtausende alten Statuen überdauerten die Zeit bis heute – nicht ganz, fast bist heute. Wissenschaftler konnten in neuerer Zeit noch nachweisen, dass die wallenden Umhänge der Buddha-Statuen ein dunkelblau bemaltes Innenfutter hatten und außen strahlend rosafarben waren. Die Wände der beiden hallenartigen Nischen waren mit Fresken geschmückt. Japanische Forscher fanden im 20. Jahrhundert in einigen Nischen die ältesten Ölgemälde der Welt und datierten sie auf das 7. Jahrhundert.

Die Statuen selbst bestanden aus dem Sandstein der Felswand, aus der sie herausgemeißelt worden waren. Die Details der Figuren wurden mit mehreren Schichten Lehm und einem speziell angerührten Putz geformt. Tierhaare, Stroh, Häcksel, Quarz und andere Inhaltsstoffe wurden der Masse beigemischt, um sie fest und haltbar zu machen. Das Material konnte Feuchtigkeit aufnehmen und abgeben und blieb daher frei von Rissen, es bildete eine glatte Oberfläche, fast wie Porzellan. Gegen die natürlichen Einwirkungen der Luft und des Wetters waren die Statuen erstaunlich gut geschützt und durch ihre schiere Größe von 53 und

35 Metern waren sie auch von Menschenhand nicht so leicht kaputt zu kriegen. Als Dschingis Khan 1221 die Stadt Bamiyan zerstören ließ, befahl er, die Statuen zu verschonen. Aber viele islamische Herrscher versuchten es. Ungefähr um 1000 nach Christus ließ Sultan Mahmud der Große von Ghazna die mit Gold und Diamanten verzierten Köpfe der Skulpturen zerstören, um den Blickkontakt der Buddhisten mit dem mächtigen Buddha zu unterbrechen. Die Gesichter der Statuen wurden nochmals vor ungefähr 300 Jahren im Namen Allahs zerschlagen und 1892 ließ Amir Abdul Rahman Khan mit Kanonen auf die Beine der Statuen schießen. Er konnte sie aber nicht umwerfen, also befahl er den Kanonenbeschuss der Geschlechtsteile der Statuen. Auch das ist wieder ein eindeutiger Hinweis auf die Motive der Zerstörer, die die seelische Kraft und geistige Potenz der Kunstwerke treffen wollten, um damit eigentlich die Fortpflanzungsfähigkeit der buddhistischen Kultur zu unterbinden.

Aber 1998, als schließlich die islamistischen Taliban ins Bamiyan-Tal einrückten, standen die Statuen immer noch – gesichtslos und verstümmelt zwar, um Schmuck und Verzierungen beraubt, aber sie standen noch –, und die Verehrung der Statuen durch die Buddhisten war im Laufe der Jahrhunderte eher noch tiefer geworden. Die Taliban plünderten die übrig gebliebenen Kunstwerke aus den Höhlen der Felswand und verkauften sie auf den internationalen Märkten, um Geld für Waffen aufzutreiben. Sie machten sich außerdem einen Spaß daraus, die beiden großen Figuren immer wieder mit Gewehren und Maschinenpistolen zu beschießen. In ihrer Unwissenheit hielten sie die kleinere der Statuen für eine halbnackte Frauenfigur und zielten auf die Brüste, um die Geschlechtseile zu zerstören. Eine Frau, die mächtiger war als sie selbst, durfte in ihrer Vorstellung natürlich nicht existieren und musste schnellstens vergewaltigt, verstümmelt und entmachtet werden. Und wenn eine Frau 35 Meter groß und aus Stein ist, muss man zum Vergewaltigen eben ein Gewehr benutzen, wie sollte es aus dieser armseligen Perspektive auch sonst funktionieren …

Im Laufe der Jahre bröckelten die Statuen unter dem islamistischen Dauerbeschuss vor sich hin. Am 26. Februar 2001 befahl dann der oberste Talib Mullah Omar, der Schwiegervater von Osama Bin Laden, ihre totale Zerstörung. Die zornigen Männer beschossen die beiden Steinfiguren mit Mörsern und Boden-Luft-Raketen. Als die beiden Buddhas trotzdem standhaft blieben, wurden riesige Mengen Dynamit verlegt und die Statuen in Stücke gesprengt. Die Nischen waren leer und vor ihnen türmten sich zwei große Schuttberge. Aber selbst da machte die Zerstörungswut der Taliban noch nicht halt:

> „Unsere Leute zerstören die Statuen mit Äxten und Schaufeln, um sicher zu gehen, dass nichts unversehrt bleibt", sagte der Taliban Mawlawi Qudratullah Jamal: „Ich möchte Ihnen versichern, dass weder die Beine noch die Köpfe ausgelassen werden. Unsere Soldaten arbeiten hart daran, die verbliebenen Teile zu zerstören."

Der Aufschrei in der gesamten Welt war groß. Viele Menschen gaben ihrer ohnmächtigen Verzweiflung, ihrer Frustration und dem Gefühl eines ganz persönlichen existenziellen Verlusts Ausdruck. Für den indischen Kulturkreis brach eine ganze „geistige und historische Dimension" zusammen, wie die *Neue Zürcher Zeitung* schrieb. Eine wahre „Flutwelle von Trauer, Schmerz und berechtigtem Zorn" wurde ausgelöst. Der Unesco-Generaldirektor Koichiro Matsuura sprach von einer „kulturellen Katastrophe". – Ein halbes Jahr später zerstörten die Islamisten zwei weitere riesige Statuen, Symbole einer anderen Kultur, nämlich die Zwillingstürme des *World Trade Center* in New York.

Wer die Werte und Emotionen von Menschen bekämpft, indem er ihre kulturellen Ausdrucksformen reglementiert, einengt, tabuisiert und schließlich zerstört, der führt auf der Basis seiner eigenen Intoleranz einen geistig-seelischen Krieg und beschwört eine kulturelle Katastrophe herauf. Angriffspunkt der kulturellen Aggressionen kann die Sprache sein, beispielsweise die Tabuisierung von Ausdrücken und Gedanken, die als politisch nicht korrekt deklariert und ausgemerzt werden. Es werden neue Dogmen und neue Menschenbilder errichtet, um die alten auszulöschen, und es werden die Werke, die symbolisch für die „alte“ Kultur stehen, angegriffen, sabotiert und bekämpft, ob es nun Bahnhöfe, Industrieanlagen oder Bücher sind. Da wird gehetzt, gegeifert und gehasst, was das Zeug hält, der Bürger wird zum Wutbürger, weil nun einmal in jedem Kulturkämpfer ein kleiner Taliban steckt, auch wenn er mitten aus Europa stammt.

Überall dort, wo in diktatorischer Manier nicht nur das äußere Verhalten oder das „Anderssein“ systematisch angegriffen und unterdrückt wird, sondern auch all das manipuliert, drangsaliert und degradiert wird, was Menschen glauben, wovon sie überzeugt sind und was sie als wertvoll empfinden, sind moderne Bilderstürmer, Vandalen und Fanatiker am Werk. Die Kulturfeindlichkeit und kulturelle Intoleranz äußert sich in unserer westlichen Welt oft schleichend und unterschwellig und wird nicht sofort als solche erkannt – vor allem, weil diejenigen, die unsere eigene Kultur massiv angreifen, perfiderweise oft die Toleranz gegenüber fremden Kulturen auf ihre Schilder gemalt haben. Aber wer genau hinschaut, entdeckt jeden Tag in seinem Umfeld und in den Medien ein kleines Bamiyan. Die Wut schwillt an.

Kapitel 12

Guernica – die physische Katastrophe

Ein Jahr vor dem Ende des Zweiten Weltkriegs besuchte ein deutscher Soldat im von Nazideutschland besetzten Paris das Atelier von Pablo Picasso in der Rue des Grands Augustins. Offenbar wusste der Soldat nicht, wo er war und wer der Künstler war, der dort zwischen den Bildern stand. Denn als der Soldat eine kleine Reproduktion eines der berühmtesten Bilder von Picasso erblickte, das ihm wohl irgendwie bekannt vorgekommen war, fragte er den Künstler: „Haben Sie das gemacht?" Picasso antwortete: „Nein, Sie!"

Wie war das gemeint? Es handelte sich um eine kleine Kopie des monumentalen Bildes „Guernica", das Picasso 1937 gemalt und noch im gleichen Jahr auf der Pariser Weltausstellung präsentiert hatte. Picasso hatte von der spanischen Regierung den Auftrag bekommen, ein großes Bild für die Eingangshalle des spanischen Pavillons zu malen. Die Weltausstellung war dem Thema Kunst und Technik gewidmet, demgemäß war die ursprüngliche Bildidee Picassos ein Motiv, das den Maler und sein Modell darstellen sollte.

Aber ein Ereignis im Frühjahr hatte ihn dazu bewogen, seine Pläne zu ändern. Stattdessen malte er ein Bild in Grisaille-Technik, also nur unter Verwendung von Grautönen, das dieses Ereignis thematisierte, dessen Bedeutung verständlich machte und über dieses Ereignis hinaus verallgemeinerte. Das Bild war genau auf seinen Ausstellungsort abgestimmt worden, es nahm die Form der Bodenkacheln des Raumes und die elektrische Beleuchtung in der Mitte der Decke in die figürliche Darstellung auf, und es füllte die gesamte rechte Wand des Durchgangs vom Eingang bis zur Haupthalle des Pavillons aus. Dadurch wirkte es fast wie ein Bühnenraum und verwischte die Grenze zwischen Raum und Bild, zog den Betrachter förmlich in sich hinein. Das riesige Format von fast acht Metern Länge und dreieinhalb Metern Höhe wirkte drückend, beinahe erschlagend auf die Besucher. Man wich unweigerlich nach links aus, konnte aber nur einen Abstand von etwa vier Metern zum Bild einhalten, wenn man durch den Raum hindurch wollte. Das zwang den Betrachter förmlich, auf das Bild zu starren, das das gesamte Sichtfeld einnahm. Und was er dort sehen musste, war unerhört, verstörend, herzzerreißend.

Von rechts kommend sah der Betrachter als erstes eine schreiende Frau, die sich im Todeskampf zwischen sieben Flammen windet, die aus angedeuteten Häuserfronten lodern. Es geht also um eine Brandkatastrophe. Davor versucht eine Frau, aus der Feuersbrunst zu fliehen, aber ihre Beine erscheinen übergroß und schwer, als ob sie sie am Fliehen hindern und zurückhalten würden. Als Nächstes sieht man eine Frauenfigur, die „Lichtträgerin", sie hält eine Lampe in die Mitte des Bildes, als ob sie das Hauptmotiv aus dem Dunkel ins Licht der Öffentlichkeit holen wollte. In der Bildmitte schockt dann das zentrale Motiv: ein sterbendes Pferd, das von oben mit einem Speer durchbohrt wurde. Das Pferd schreit mit weit aufgerissenem Maul und Augen. Die Körperteile scheinen zu zerreißen und auseinanderzufliegen. Der Tod scheint von oben und durch Menschenhand gekommen zu sein. Darüber beleuchtet eine Glühbirne das ganze Geschehen. Sie steht für moderne Technik, und im Spanischen heißt Glühbirne *la bombilla*, ein Wort das durch die Ähnlichkeit der äußeren Form von *la bomba* abgeleitet worden ist: also ein Bombenangriff. Das sterbende Pferd verallgemeinert den Tod über den individuellen Tod bestimmter Menschen hinaus und wirkt dadurch umso dramatischer. Auf dem Boden unter den stampfenden Hufen des getroffenen Pferdes liegt ein gefallener Krieger, in der einen Hand noch das zerbrochene Schwert. Im Hintergrund entdeckt der Betrachter dann einen Vogel, vielleicht eine Taube, das Symbol des Friedens. Auch sie ist getroffen und stirbt mit aufgerissenem Schnabel. Auf der linken Seite des Bildes hält eine Mutter ihr kleines Kind in den Armen, das Kind ist tot, die Glieder hängen schlaff herunter, die Mutter schreit ihr Leid in den Himmel. Dahinter steht ein Stier, der auf die ganze Szene schaut und von dem man nicht weiß, ob er den Verursacher der ganzen Brutalität des Ereignisses darstellen soll oder den erschrockenen Beobachter, vielleicht beides.

Die Menschen damals standen unter dem Stress der Weltwirtschaftskrise, überall gab es soziale Unruhen und Streiks, der Spanische Bürgerkrieg war in vollem Gange und der befürchtete Weltkrieg lag drohend in der Luft, die Menschen spürten die zunehmenden Spannungen und Aggressionen untereinander. In dieser Situation musste den Betrachtern des Bildes das Herz bis zum Hals schlagen. Es muss eine schockierende Wirkung gehabt haben. Das Bild war eine Prophezeiung der Apokalypse. Die Menschen konnten kaum glauben, was Picasso ihnen da vorhersagte. Und erst recht konnte kaum einer den Anlass des Bildes richtig deuten, nämlich das konkrete Ereignis, das Picasso mit seinem Bild in seiner wahren Bedeutung interpretierte – ein reales Ereignis, das nur wenige Monate zuvor geschehen war. Denn über die Zerstörung der Kleinstadt Guernica im baskischen Norden Spaniens war von der Kriegspropaganda der Faschisten unter General Franco verbreitet worden, die republikanischen Truppen hätten die Stadt auf ihrem Rückzug selbst zerstört – eine Lüge, die bis zum Tode Francos 1975 in den Geschichtsbüchern stand.

Was also war wirklich passiert? Der General der südlichen Streitkräfte Spaniens, Francisco Franco hatte sich 1936 mit einem Militärputsch gegen die Republik erhoben und den Spanischen Bürgerkrieg angezettelt, der knapp drei Jahre dauern sollte und den Franco mit äußerster Brutalität führte – und letztendlich gewann. Das nationalsozialistische Deutschland unter Hitler und das faschistische Italien unter Mussolini unterstützten ihn. Anfang 1937, als das gegenseitige Töten der Spanier in vollem Gange war, bat Franco Hitler um militärisch-technische Unterstützung. Die Nazis halfen gerne, aber sie hatten auch noch eine weitere Idee. Der damalige Oberbefehlshaber der Luftwaffe, Hermann Göring, erklärte später in den Nürnberger Prozessen die „Gelegenheit, im scharfen Schuss zu erproben, ob das Material zweckentsprechend entwickelt wurde“. Was zunächst kaum einer glauben konnte, wurde 2003 durch lange verschollen geglaubte Dokumente belegt, die der *Spiegel* auftrieb und veröffentlichte. Darin wurde geschildert, dass es den Deutschen mit ihrem „Engagement“ in Spanien nur darum ging, ihre Kriegstechnik zu testen, Taktiken zu erproben und die Truppen auf den Krieg vorzubereiten. Der Bürgerkrieg in Spanien war eine Generalprobe, ein Testlabor, ein Übungsseminar für die jungen deutschen Soldaten.

Göring schickte seinen Kriegsnachwuchs darum möglichst zahlreich nach Spanien, er entwickelte ein aufwendiges Rotationsverfahren, um möglichst vielen Soldaten Kriegserfahrung zu verschaffen. Die Aktionen waren ein voller Erfolg, die Nazis freuten sich darüber, dass zwei Jahre Spanischer Bürgerkrieg unter realen Bedingungen für die deutsche Armee zielführender waren als zehn Jahre Ausbildung „auf dem Trockenen". Die deutschen Soldaten wurden verdeckt in einem geheimen Kommando der Wehrmacht in den Bürgerkrieg geschickt. Sie wurden in neutrale, bräunlich-olivfarbene Uniformen ohne deutsche Hoheitszeichen gesteckt. Die Einheit wurde „Legion Condor" genannt. Offiziell gab es sie gar nicht.

Am 26. April 1937 schickten die deutschen Befehlshaber die „Legion Condor" zu einem Luftangriff auf die baskische Kleinstadt Guernica. Der Ort war ohne jegliche militärische Bedeutung und völlig unbewaffnet, es waren schlichtweg einige Hundert Häuser und wenige Tausend wehrlose Einwohner, ein idealer Übungsort, um insbesondere zu testen, wie gut die unterschiedlichen Bombenarten funktionierten, wie Bomber und Jäger effektiv zusammenwirken können, wie man eine Stadt taktisch effizient zerstören kann und wie man am besten Panik, Schrecken und Verzweiflung in einer städtischen Bevölkerung auslöst. Es wurde also gezielt die „moralische Wirkung" eines Bombenangriffs getestet. Dazu wurde ein exakter Plan ausgearbeitet und ausgeführt – Codename: „Operation Feuerzauber". Einer der Piloten, der um ungefähr 15.00 Uhr mit dem ersten Geschwader zum Angriff aufstieg, notierte in seinem Tagebuch: „Besseres Wetter für das Unternehmen hätten wir uns nicht wünschen können." Es war Markttag in Guernica, wolkenloser Himmel, die Einwohner und viele Frauen und Kinder aus den umliegenden Dörfern tummelten sich in der ältesten Stadt des Baskenlands. Einer der Überlebenden erzählte, dass es an diesem Tag „endlich mal wieder Süßigkeiten zu kaufen gab". Um 16.30 Uhr läuteten die Kirchturmglocken von Guernica. Fliegeralarm! Kurz darauf fielen die ersten Bomben.

Die Bevölkerung reagierte panisch, sie hatte ja überhaupt keine Erfahrung mit Luftangriffen. Und niemand hatte mit einem Luftangriff gerechnet. Wozu auch? Was gab es von Bedeutung in Guernica außer einer 1.000-jährigen Eiche, unter der sich die Basken traditionell zu Versammlungen trafen?

Zuerst flogen zehn *Heinkel He 51* Doppeldecker-Jagdflugzeuge einen Tiefangriff in nur 30 Metern Höhe. Sie scheuchten die Menschen auf und schossen mit ihren Maschinengewehren auf die rennenden, stolpernden, schreienden und flüchtenden Personen. Die Menschen sollten sich in Kellern, Bunkern und Unterständen zusammenrotten und möglichst so erschreckt werden, dass sie psychisch zu Gegenmaßnahmen unfähig waren. Kurz darauf trafen 27 *Junkers Ju 52* ein. Eigentlich waren diese Flugzeuge zu langsam, aber da in Guernica keine Flugabwehrkanonen stationiert waren, bestand keine Gefahr des Verlusts von Kriegsmaterial. Und es ging ja hauptsächlich um den Test unterschiedlicher Bombensorten. Drei Bombardierungswellen wurden nacheinander durchgeführt, der Angriff dauerte fast dreieinhalb Stunden.

Zuerst wurden Brandbomben abgeworfen. Man hatte schon seit Langem die *Streubrandbomben B1 E* im Arsenal. Eigentlich hätten sie schon am Ende des Ersten Weltkriegs zum Einsatz kommen sollen, um in einer feindlichen Stadt einen Feuersturm zu entfachen, aber Kaiser Wilhelm II. hatte sich nicht getraut. 1918 hatte er den Einsatz der Brandbomben ausdrücklich untersagt. Der Führer aber hatte nichts dagegen. Die nur ein Kilogramm schweren Bomben waren vom Chemiekonzern IG Farben in Frankfurt entwickelt worden. Sie enthielten ein Gemisch aus Aluminium und Eisenoxid, genannt „Thermit", das bei 2.400 Grad verbrennt und mit Wasser nicht gelöscht werden kann. Im Gegenteil, die Temperatur ist so hoch, dass Wasser chemisch in die Bestandteile Wasserstoff und Sauerstoff zerfällt, die, wenn sie wieder zusammenkommen, heftige Knallgasexplosionen auslösen. Die Bombenhülle wurde aus Magnesium hergestellt, das bei dieser Temperatur ebenfalls verbrennt. Das flüssige Metallgemisch dringt durch Gebäude wie flüssige Butter durch einen Toast und zündet alles an, womit es in Berührung kommt.

Diese Sorte Bomben war sehr effizient, denn sie enthielt ja kein „totes Gewicht“, jeder einzelne Bestandteil der Bombe verbrannte und die Bombenlast bestand aus 100 Prozent „Nutzlast“. Und die Zerstörungswirkung wurde als besonders groß erwartet, was bei dem Angriff 1937 bewiesen werden konnte. Brandbomben richten dreimal höhere Zerstörungen an den getroffenen Strukturen an als Sprengbomben. Über dem großflächigen Brandherd entsteht ein Kamineffekt, weil die heiße Luft schnell nach oben steigt und einen Sog erzeugt, der aus dem Umkreis des Brandherds Frischluft nachzieht. Die frische Luft facht das Feuer weiter an, was wiederum die Hitze und damit den Sog vergrößert, eine verheerende Rückkopplung, die den Brandherd stetig vergrößert und unlöschbar macht. Feuerstürme enden erst dann, wenn kein brennbares Material mehr da ist.

Die Wirkung auf Menschen ist schon zu Beginn des Bombardements durch die große Hitze des entfachten Brands in weitem Umkreis um den Abwurfort tödlich. Zudem explodieren die Bomben unter grellem, weißem Aufblitzen, das überall gesehen wird. Dann versprühen sie beim Abbrennen eruptiv rote und weiße Stückchen *Thermit*, die in weitem Umkreis verstreut werden, wild zischen und überall Brandherde legen. Die Menschen, die das mit ansehen, werden von Panik ergriffen und wissen nicht, wohin sie flüchten sollen. Auf diese Weise entkommen dem Feuersturm möglichst wenige Menschen – also genau das erwünschte Resultat. 2.500 Brandbomben hatten die Flugzeuge über Guernica an Bord. Eine alte Fliegerregel besagte, dass alles, was man an Bord nimmt, auch abgeworfen wird, zur Not sogar wahllos und ohne Rücksicht auf das, was sich gerade unter einem befindet. Mit den Bomben wieder zu landen, galt als zu gefährlich und kam nicht infrage. Die Stadt stand bereits ganz in Flammen, als zwanzig Minuten später die nächste Welle den Einsatzort erreichte. Die Bomberbesatzungen, die nun die Sprengbomben anlieferten, sahen nur noch Flammen und Rauch und konnten keine exakten Ziele mehr identifizieren. Sie warfen wahllos und in großen Mengen zwei Sorten Sprengbomben ab: die 50 Kilogramm schweren Bomben mit dem Namen „Ida“ und die 250 Kilogramm schweren „Irmas“, beide Typen wurden von den Rheinmetall-Borsig-Werken geliefert. Die Krater, die sie hinterließen, waren bis zu acht Meter tief und maßen 16 Meter im Durchmesser, genug, um die unterirdischen Wasserleitungen zu zerstören – und genau das war ihr Zweck. Löschen sollte für die Einwohner unmöglich werden, die ganze Stadt sollte in einem gewaltigen „Feuerzauber" niederbrennen.

Zwischendurch flogen die schnellen Jagdflugzeuge vom Typ *Messerschmidt Bf 109* Tiefflüge über die Straßen, um gezielt auf Flüchtende zu schießen, die aus ihren Unterschlüpfen rannten und sich vor dem Feuersturm retten wollten. Das Feuer saugte allen Sauerstoff an, die Menschen in den Kellern und provisorischen Unterständen hatten Angst, zu ersticken und liefen irgendwann kopflos auf die Straße, um dort von den fliegenden Maschinengewehren niedergemäht zu werden. Es war die erste Bewährungsprobe für die junge Luftwaffe und die neuen *Me Bf 109* unter realen Gefechtsbedingungen. Die Ingenieure konnten im Anschluss an den Einsatz die technischen Schwächen der Maschinen analysieren und sie gezielt weiterentwickeln. Und die Piloten erhielten im wahrsten Sinne des Wortes ihre „Feuertaufe". Sie konnten so auch üben, Frauen und Kinder, die vom Rand der Ortschaft aus in die umliegenden Wälder liefen, mit den Bordwaffen zu erschießen. Zuletzt flogen die Bomber noch eine Welle für den Abwurf von zehn Kilogramm schweren Splitterbomben, um alles, was noch lebte und sich noch innerhalb des tödlichen Kreises des Angriffsziels befand, zu zerfetzen.

Es war eine Art tödlicher Luftfahrtschau, bei der sich die Militärs vorführen ließen, was die Ingenieure geleistet hatten. Der Staffelkapitän Wolfram Freiherr von Richthofen meldete voller Begeisterung: „Guernica buchstäblich dem Erdboden gleichmacht. Bombenlöcher auf Straßen noch zu sehen, einfach toll." Am Ende war der ganze Ortskern in Schutt und Asche gelegt, kein einziges Haus stand mehr. „Um 19.45 Uhr hatte Guernica praktisch aufgehört zu existieren", schrieb später der englische Historiker Gijs van Heinbergen. Die Deutschen hatten bewiesen, dass es möglich ist, ein städtisches Flächenziel vollkommen auszuradieren. Zum ersten Mal in der Geschichte der Menschheit wurde eine menschliche Ansiedlung, mit allem was sich darin befand, von der Luft aus gesprengt, abgefackelt, eingeäschert, ausgelöscht. Erstmalig wurde auch der militärische Ehrenkodex, die Zivilbevölkerung zu schonen, von vornherein planmäßig missachtet.

Dabei ging es den deutschen Fliegerstaffeln ja überhaupt nicht um die unschuldigen Menschen, die sie ermordeten. Das müssen wir versuchen zu verstehen: Sie flogen den Angriff nicht gegen die Menschen, sondern trotz der Menschen. Der Zweck des Angriffs war nicht das Töten von baskischen Widerstandskämpfern oder die Unterbrechung der feindlichen Nachschublinie, denn die Renteria-Brücke nach Guernica ließen die Flieger unversehrt und für die Munitionsfabrik *Astra* vor den Toren von Guernica interessierte sich auch niemand. Stattdessen zerstörten sie die Bonbonfabrik, weil die im Ortskern lag, sie zerstörten das Rathaus und das Krankenhaus. Wären dabei keine Menschen ums Leben gekommen, wäre das den militärischen Planern und Befehlshabern genauso recht gewesen. Der Vorteil dieser Übung unter Echtbedingungen war allerdings, dass die menschlichen Ziele sich im Gegensatz zu Attrappen auf Truppenübungsplätzen wirklich bewegten, den Tieffliegerpiloten in die Augen schauten und sich in der Stadt so verteilten, wie es später auch in London, Coventry, Warschau, Rotterdam, Birmingham oder Belgrad sein würde.

Die Unmenschlichkeit des Angriffs auf Guernica lag nicht allein in der Brutalität der Menschenjagd, sondern darüber hinaus in der Gleichgültigkeit, mit der technische und organisatorische Zwecke gegenüber Menschenleben priorisiert wurden. Die Opfer waren den Deutschen völlig egal. Sie lösten in ihnen keine Emotionen aus, wichtig waren ihnen stattdessen rationale Erwägungen, Pläne, Technologien, organisatorische, taktische und strategische Rückschlüsse, die Optimierung der Maschinen und ihrer Anwendung.

Die deutsche Luftwaffe verbesserte ihre Technologien weiter und schaffte es in den ersten drei Jahren nach Beginn des Zweiten Weltkriegs, über 20 britische Städte teilweise bis fast ganz zu zerstören. Ungefähr 60.000 britische Zivilisten kamen dabei um. Die britische und amerikanische

Air Force übernahm die Rücksichtslosigkeit der Kriegsführung von den Deutschen und perfektionierte sie weiter. Sie fanden z. B. heraus, dass es effektiver war, zuerst mit Sprengbomben die Dächer der Häuser abzudecken und brennbares Material offenzulegen, bevor die Brandbomben geworfen wurden. So schafften sie es, bei der Umsetzung der sogenannten „Moral Bombing Directive" ab 1942 noch größere und noch tödlichere Feuerstürme bei ihren Flächenbombardements über mehr als 100 deutschen Städten zu entfachen. Nach unterschiedlichen Schätzungen kamen durch amerikanische und britische Luftangriffe auf deutsche Städte bis zu 600.000 Menschen ums Leben. Am meisten Menschenleben forderte dabei der Angriff auf Hamburg in der „Operation Gomorrha" im Sommer 1943. Ungefähr 35.000 Hamburger verbrannten, erstickten oder wurden in Stücke gerissen. Noch perfekter optimiert war die Ausführung des Angriffs auf Pforzheim, der Kleinstadt am nördlichen Rand des Schwarzwalds, in der damals rund 65.000 Einwohner lebten. Nur 22 Minuten dauerte der Angriff am 23. Februar 1945. Danach war Pforzheim weggefegt und über 30 Prozent der Einwohner tot. Rein prozentual war das das „beste" Resultat der *Royal Air Force* im Zweiten Weltkrieg. Die Amerikaner töteten darüber hinaus bei ihren Luftangriffen auf Tokio, Yokohama, Kobe und andere japanische Städte sowie bei den beiden Atombombenabwürfen über Hiroshima und Nagasaki insgesamt bis zu 500.000 Menschen. – Aber der Anfang dieses teuflischen Triumphs der Technik über die menschliche Physis war Guernica.

Effektiver als mit Flächenbombardements und aus der Luft gelegten Feuerstürmen kann man Menschen physisch nicht vernichten. „Der Herr ließ Schwefel und Feuer regnen auf Sodom und Gomorrha und vernichtete die Städte und die ganze Gegend und alle Einwohner", so steht es in der Bibel im ersten Buch Mose. Die Deutschen, Briten und Amerikaner schafften es, dies in den acht Jahren zwischen 1937 und 1945 fast perfekt nachzuahmen. Hinter diesen Ereignissen steht der Primat der Technik gegenüber der Menschenwürde. Immer dann, wenn der Mensch seine Prioritäten so setzt, dass gegenüber der Politik, der Erfüllung rationaler Pläne und Strategien, die Würde des Menschen gleichgültig wird, folgt früher oder später eine physische Katastrophe. Wenn Technologien,

Doktrinen und Systeme wichtiger werden als Menschenleben, dann wird menschliches Leben zwangsläufig physisch zerstört.

Wir haben gezeigt, wie die Menschenwürde in der westlichen Welt immer weniger unangefochten Priorität vor der Politik, vor Ideologien und Doktrinen genießt. Der Boden ist abschüssig.

Kapitel 13

Chagos – die individuelle Katastrophe

Die Würde der menschlichen Person und der Wert des Individuums wurden erstmals 1776 in Form einer allgemein verbindlichen öffentlichen Erklärung formuliert, und zwar in der Unabhängigkeitserklärung der Vereinigten Staaten von Amerika:

> „Wir halten diese Wahrheiten für ausgemacht, dass alle Menschen gleich erschaffen wurden, dass sie von ihrem Schöpfer mit gewissen unveräußerlichen Rechten begabt wurden, worunter Leben, Freiheit und das Streben nach Glückseligkeit sind."

Weil aber sowohl die Amerikaner als auch alle anderen hoch entwickelten Zivilisationen im Zweiten Weltkrieg vergessen hatten, dass die menschliche Würde unantastbar und die Menschenrechte unveräußerlich sind, reagierten viele Menschen, darunter auch Politiker, sehr erschrocken. Die Missachtung der Menschenrechte hatte während des Zweiten Weltkriegs zu beispiellosen Akten der Barbarei geführt, zahllose Menschen waren systematisch, kulturell, psychisch und physisch vernichtet worden. Der Firnis der Zivilisation hatte sich als äußerst dünn und rissig erwiesen, die Menschen sahen sich im Spiegel des Krieges an und bekamen weiche Knie, denn sie konnten die Augen vor sich selbst nicht mehr verschließen.

Als direkte Reaktion auf diesen Schock der unmittelbaren Nachkriegszeit entstand im Auftrag der Vereinten Nationen die Allgemeine Erklärung der Menschenrechte. 1946 wurde unter dem Vorsitz von Eleanor Roosevelt, der Witwe des vormaligen amerikanischen Präsidenten Franklin D. Roosevelt, die UN-Menschenrechtskommission gegründet, die den Menschenrechtskodex erarbeiten sollte. Am 10. Dezember 1948 verabschiedete die UN-Generalversammlung die Allgemeine Erklärung der Menschenrechte als Resolution 217 A.

Unter vielem anderen beinhaltete die Erklärung folgende Passagen:

> „Alle Menschen sind frei und gleich an Würde und Rechten geboren“ (Artikel1).– „Niemand darf willkürlich festgenommen, in Haft gehalten oder des Landes verwiesen werden“ (Artikel 9). – „Jeder hat das Recht, sich innerhalb eines Staates frei zu bewegen und seinen Aufenthaltsort frei zu wählen. Jeder hat das Recht, jedes Land, einschließlich seines eigenen, zu verlassen und in sein Land zurückzukehren“ (Artikel 13).

Da die Menschenrechte universell sind, gelten sie auch auf Diego Garcia. Das wird kein Amerikaner, kein Brite, kein Kontinentaleuropäer allen Ernstes bestreiten. Diego Garcia ist die größte Insel des Chagos-Archipels. Chagos besteht aus zahlreichen Atollen, also ringförmigen Korallenriffen. Sie ragen inmitten des Indischen Ozeans empor. Wenn Sie auf einem Globus auf den Indischen Ozean schauen, dann sehen Sie oben im Norden Indien, links im Westen Afrika, rechts im Osten Indonesien und Australien und unten im Süden die Antarktis liegen. Tippen Sie nun mit dem Finger genau in die Mitte dieser blauen Fläche, dann zeigen Sie auf Chagos oder liegen jedenfalls nur knapp daneben.

Diese Lage macht Chagos so interessant. Die Inselgruppe ist beispielsweise ein wichtiger Brut- und Rastplatz für Seevögel. Internationale Tierschutzverbände wiesen auf Chagos zehn wichtige und schützenswerte Vogelbiotope aus. Die weltweit größte Rotfußtölpel-Population lebt auf der Hauptinsel Diego Garcia. Chagos umschließt seit Kurzem auch ein riesiges Naturreservat. Der von der britischen Regierung eingerichtete *Chagos Conservation Trust* kümmert sich vor allem um den Schutz der Meeresfauna rund um Chagos, denn hier gibt es einige der schönsten und biologisch intaktesten Korallenriffe der Welt. Es gibt kaum einen Ort auf der Welt, wo das Meerwasser so sauber ist wie hier. Auch die internationale Fischereiindustrie kommt hier selten vorbei. Die abgelegene Lage macht die Unterwasserwelt zu einem Paradies und zu einem Refugium seltener Arten. Die Artenvielfalt hier ist dementsprechend einzigartig und für deren Schutz und Erhaltung wird viel getan.

Auf *Facebook* können Sie der Seite „Protect Chagos" beitreten, indem Sie den „Like"-Button anklicken. Knapp 8.000 Menschen haben das schon getan. Wir bitten Sie lediglich, dieses Kapitel zu Ende zu lesen, bevor Sie entscheiden, ob Sie sich auch per Mausklick für den Naturschutz von Chagos einsetzen wollen. Auf der Website des Chagos-Trusts sind jedenfalls fantastische Fotos und Videos zu sehen, die Inseln sind eines der spektakulärsten Tauchreviere der Welt – gerade eben weil es kein touristisch erschlossenes Tauchrevier ist. Kein Tourist darf dort tauchen.

Chagos wurde durch seine abgelegene Lage erst zu Beginn des 16. Jahrhunderts von portugiesischen Seefahrern entdeckt. Die Inseln waren unbewohnt und die Portugiesen konnten fast 200 Jahre nicht viel mit ihnen anfangen. Genutzt wurden die Inseln erst im 18. Jahrhundert, und zwar von den Franzosen. Ein Zucker- und Kokosplantagenbesitzer sendete von der französischen Kolonie Mauritius aus ein Schiff mit einigen Vorarbeitern, 79 afrikanischen Sklaven und Baumaterial nach Diego Garcia, um dort das Land zu beanspruchen und eine neue Plantage zu errichten. Bis 1810 wurden dort vier sklavenbetriebene Kokosplantagen errichtet und langsam auch die anderen Inseln des Archipels für die Plantagennutzung erschlossen. Die einige Hundert Sklaven, die damals die Bevölkerung von Chagos bildeten, schlugen auf den paradiesischen Inseln Wurzeln, entwickelten nach und nach eine eigene Identität und nannten sich „Ilois".

Nach dem Sturz Napoleons wurden die Inseln am europäischen Verhandlungstisch beim sogenannten Ersten Pariser Frieden 1814 Großbritannien zugeschlagen. Zwei Jahrzehnte später wurde die Sklaverei von den Briten abgeschafft, danach zogen neue Siedler, vor allem aus Indien auf die Inseln und vermischten sich mit der ansässigen Bevölkerung. Es bildete sich langsam eine eigene kreolische Sprache heraus, die stark auf dem Französischen basierte; viele französische Namen wurden trotz der britischen Kolonialherrschaft beibehalten. Die Einwohner hießen Pierre Louis, Prosper Jean, Marie Jeanne, Michel Levillain oder Théophile Le Léger – obwohl sie Vorfahren aus Mauritius, Madagaskar, Mosambik und Indien hatten.

Die Ilois entwickelten auch einen eigenen Musikstil, den tanzbaren *Chagos-Séga*, bei dem emotionale Harmonien aus Madagaskar mit afrikanischen Rhythmen verschmolzen, gespielt auf europäischen Instrumenten oder modifizierten Nachbauten davon. Auch nach der Aufhebung der Sklaverei arbeiteten die Chagosser auf den Kokosplantagen sechs Tage die Woche, von morgens bis abends. Die Kokosölunternehmen waren stark patriarchalisch geprägt, den Einwohnern war es in Fleisch und Blut übergegangen, den Managern zu gehorchen, und sie arbeiteten freiwillig sehr hart. Darum waren die Plantagen wirtschaftlich erfolgreich und der Lebensstandard auf Chagos war vergleichsweise gut. Die Ilois wurden im Laufe der Zeit mehrheitlich katholische Christen. Sie hielten den Sonntag streng arbeitsfrei, errichteten Kaufläden, Schulen, ein Krankenhaus und ein Gefängnis. Allen Ilois war es erlaubt, ihr eigenes Haus zu bauen, das Material dazu wurde ihnen von den Managern der Plantagen zur freien Verfügung gestellt. Die Gesellschaft auf Chagos entwickelte sich gut. Als 1880 ein britischer Inspekteur die Inseln besuchte, zeigte er sich überrascht über die gute Gesundheit, die Zufriedenheit und die gute Arbeitsmoral der knapp 800 Chagosser. Er bemerkte, dass sie in soliden Hütten mit Holzrahmen und Kokoswedeldächern wohnten. Sie ernährten sich überwiegend von Fisch, den es in unbegrenzten Mengen frisch aus den Lagunen gab, außerdem von Kürbissen, Bananen und Papaya.

Weil Chagos so abgelegen war, kam nur zwei- oder dreimal im Jahr ein Schiff aus Mauritius vorbei, um bestellte Waren und Materialien zu bringen und die produzierten Lieferungen von Kopra und Kokosöl abzuholen, die dann auf Mauritius vermarktet wurden. Diese relative Isolation wurde nur für einige Jahre unterbrochen, als 1882 eine Bekohlungsstation für die Dampfschiffe aufgebaut wurde, die durch den Indischen Ozean nach Australien und zurück nach Europa pflügten. Dadurch kamen neue Arbeiter aus England, Griechenland, Italien und Afrika auf die Inseln. Doch die Kohlestation lohnte sich wirtschaftlich nicht, sodass sie schon nach wenigen Jahren wieder geschlossen werden musste, wodurch die Chagos-Inseln wieder ins weltgeschichtliche Abseits gerieten. Aber gerade dieses Abseits begünstigte die Entwicklung der einzigartigen Kultur der Chagos-Ilois: die Sprache, die Musik, die Küche, die überlieferten

Geschichten, der Arbeitsethos, der Glaube, die Selbstversorgungswirtschaft im Einklang mit der Natur, der mit eigenen Händen geschaffene und erhaltene Wohlstand – ein Ilois wusste, wer er war, und darauf konnte er stolz sein.

Der Albtraum von Chagos begann in den 1960er-Jahren mit einem harmlos erscheinenden Verwaltungsakt: Die Briten trennten Chagos offiziell von Mauritius ab. Mauritius sollte in die Unabhängigkeit entlassen werden, aber mit Chagos hatten die Briten anderes vor. Die Kokoswirtschaft war nicht länger profitabel und die Engländer suchten eine neue Verwendung für die Inseln. Da kam es sehr gelegen, dass die Weltmacht USA ein Auge auf den geopolitisch-militärisch günstig gelegenen Archipel geworfen hatte. Die Amerikaner hatten Pläne entwickelt, um auf Diego Garcia einen großen Militärstützpunkt zu errichten. Großbritannien und die USA schlossen Verträge ab, die die Nutzung der Inseln regelten. Während Mauritius unabhängig wurde, verblieb Chagos als „Britisches Territorium im Indischen Ozean" in europäischer Hand und wurde für 50 Jahre zur militärischen Nutzung an die USA verpachtet. Der Vertrag ist in Kraft und läuft noch bis 2016, allerdings haben die USA die Option, den Vertrag noch einmal um 20 Jahre zu verlängern, was sie auch tun werden.

Die USA bauten auf Diego Garcia einen geheimdienstlichen Horchposten auf, um feindliche Schiffsbewegungen auf dem Indischen Ozean zu überwachen. Außerdem wurde ein Militärflughafen gebaut, inklusive einem Wartungsposten für Langstreckenbomber. Der Stützpunkt wurde auch wirklich eingesetzt. Während der beiden Golfkriege und beim Afghanistan-Feldzug der Amerikaner nach den Terroranschlägen des 11. September 2001 wurden vom Stützpunkt Diego Garcia aus Bombenangriffe geflogen. Mit so einer Militärbasis am Ende der Welt kann man noch mehr anfangen. 2003 wurde durch die *Washington Post* aufgedeckt, dass die USA auf Diego Garcia ein Gefangenenlager betrieben wie das von Guantanamo auf Kuba – nur eben völlig geheim –, und dass dort ebenfalls mutmaßliche Al-Qaida-Terroristen menschenrechtswidrig gefangen gehalten wurden. Kurz nach seinem Amtsantritt 2009 hatte

US-Präsident Barack Obama befohlen, alle geheimen US-Gefängnisse zu schließen, von denen es noch eine ganze Menge mehr gegeben haben muss und vielleicht noch immer gibt. Gegenwärtig bauen die USA auf Diego Garcia einen U-Boot-Hafen, von dem aus die Krisenherde Iran oder Pakistan in relativ kurzer Zeit erreichbar sind. Die Amerikaner und Briten bauen den Stützpunkt weiter konsequent aus und bestätigten, dass die Insel mindestens bis 2036 weiter militärisch genutzt wird.

Militärische Stützpunkte gibt es viele auf der Welt, auch in Europa. In vielen Fällen bieten die Militärbasen auf der ganzen Welt den Einheimischen sogar Arbeitsplätze und politische Sicherheit – nicht so auf Diego Garcia. Die Besonderheit lag für die Chagos-Inseln in einem einzigen Paragrafen des Vertrags zwischen Großbritannien und den USA: Zwar wurden die Inseln verpachtet, nicht aber die Bevölkerung, mit anderen Worten: Großbritannien verpflichtete sich, die Chagos-Inseln menschenleer zu übergeben. Und so wurde es auch gemacht. Mit Wirkung vom 16. April 1971 trat auf Chagos eine autoritäre Verordnung der britischen Krone in Kraft, dass das Betreten der Inseln außer mit Militärausweis ein krimineller Akt sei. Diese Verordnung galt auch für die Einwohner der Inseln. Die 400 bis 450 Familien wurden darum gegen ihren Willen deportiert. Sie wurden ungefragt und mit Gewalt aus ihren Häusern gezerrt und auf Schiffe verladen. Einige Chagosser wurden mit Erschießung oder Bombardement bedroht, sollten sie Widerstand leisten. Die Einwohner mussten all ihren Besitz zurücklassen, ihr Eigentum an Grund und Häusern war verloren. Um den Willen einiger Mutiger zu brechen, die sich den Behörden widersetzten, wurden alle Hunde zusammengetrieben, die auf Chagos quasi als Familienmitglieder galten, um sie vor den Augen der „letzten Sturköpfe“ zu vergasen.

Die Menschen von Chagos wurden auf Schiffen nach Mauritius und auf die Seychellen gebracht und dort einfach ausgeladen und sich selbst überlassen. Auf Mauritius gerieten sie größtenteils in prekäre Lebensverhältnisse, denn dort hatte niemand auf sie gewartet. Sie wurden als Konkurrenten um rare Arbeitsplätze angesehen, hatten als Vertriebene keinerlei Status und landeten zum größten Teil im slumartigen Hafenviertel der Hauptstadt Port Louis. Das bedeutet, die Ilois wurden als freie Menschen aus einer intakten Gesellschaft herausgerissen, aus einer 200 Jahre alten, gut funktionierenden Zivilisation mit eigener Kultur. Sie hatten in relativem Wohlstand gelebt, hatten ihr eigenes Land und ihre eigenen Häuser, intakte Lebensgrundlagen und eine gesunde Ernährung; sie hatten Schulen für die Kinder, eigene Riten und Traditionen, ihre Vorfahren lagen auf den Friedhöfen ihrer Gemeinden. Und plötzlich hatten sie gar nichts mehr, wurden mittellos, rechtlos, hoffnungslos. Die britischen Behörden hatten die Menschen radikal entwurzelt und einfach irgendwo hingeworfen. Und dort suchten sie nun im Müll der dortigen Einwohner nach Essensresten, um ihre Kinder durchzubringen.

Die Ilois Mimose Bancoult Furcy war 13 Jahre alt, als sie auf das Frachtschiff „Mauritius“ gepackt und aus ihrer Heimat vertrieben wurde. 30 Jahre später schrieb sie ein Lied:

> „Die Engländer kamen, Mr. Englishman erschien in Chagos, die Engländer kamen, die Engländer entwurzelten uns, schnitten uns unsere Nahrungsquellen ab. Ich werde nicht vergessen, nie, ich werde meine Familie nicht vergessen. Der Pfiff erscholl drei Mal, die Mauritius zu besteigen, sie warf uns ab auf Mauritius. Ich werde nicht vergessen, niemals, ich werde meine Mutter nicht vergessen, ich werde nicht die vergessen, die wir dort auf dem Friedhof zurückließen.“

Die Ilois verkrafteten die Deportation nicht gut. Für einige war der Kummer schlicht zu viel; sie starben einfach, so wie Eliezer Louis, Ito Mandarin und die gesamte Familie Rabrune, wie später Überlebende festhielten, um dem Elend Namen zu geben. Der Vater des damals vierjährigen Olivier Bancoult erlitt einen Schlaganfall und starb, als er realisierte, dass seine auf Mauritius gestrandete Familie nie mehr nach Hause würde zurückkehren können. Zwei der Brüder von Olivier wurden alkoholabhängig und soffen sich praktisch zu Tode. Der dritte Bruder starb kurz nach der Deportation an Herzversagen. Seine Schwester beging Selbstmord, so wie viele Bekannte der Familie.

So eine Entwurzelung, das Abschneiden von Heimat, Traditionen, Hab und Gut und allen gewohnten Lebensverhältnissen geht mit einem Brechen der Identität der Menschen einher. Die Identität, also das Selbstbild eines Menschen, ist gekoppelt an stabile äußere Verhältnisse. Die menschliche Identität muss sich an etwas festhalten können, sonst wissen die Menschen nicht mehr, wer sie sind, wer sie sein sollen und was sie ausmacht. Sie verlieren ihr Selbstwertgefühl, ihre Selbstsicherheit und ihr Selbstvertrauen, d. h., sie glauben nicht mehr, etwas wert zu sein, spüren keine Sicherheit mehr im Leben und können kein Vertrauen mehr aufbauen. Ein solches Leben ist hoffnungslos. Solche Menschen haben keinen Glauben an eine bessere Zukunft für sich oder ihre Kinder und damit haben sie auch keinen Antrieb, etwas an ihrer Situation zu verbessern. Sie stürzen ab, versinken in Drogen, Kriminalität und Prostitution. An den Orten, wo sie sich gerade aufhalten, rutschen sie an den untersten Rand der gesellschaftlichen Hierarchie, wo sie mit Vokabeln wie „Gosse", „Abschaum", „Penner", „Hure" usw. bezeichnet werden. Sie verlieren ihre Würde, denn die Würde des Menschen ist untrennbar mit seiner Identität verknüpft. Wer Menschen die Identität raubt, beraubt sie ihrer Würde.

Wären die deportierten Chagosser damals in ärztliche Behandlung von heutigem Standard gekommen, hätten wir bei ihnen so etwas wie posttraumatische Belastungsstörungen diagnostiziert, diverse Persönlichkeitsstörungen, Depressionen oder Burn-out, je nach Grundkonstitution. Entwurzelte, ihrer Identität beraubte Menschen brennen aus oder versinken in Depressionen. Sie bilden auch konkrete psychische und körperliche Symptome aus, haben beispielsweise Schlafstörungen, neigen zu Wutausbrüchen, haben Konzentrationsschwierigkeiten, leiden unter Interesselosigkeit, Antriebsschwäche oder Entfremdung von anderen. Sie fühlen sich hilflos und ausgeliefert. Chronische psychosomatische Störungen sind oft die Folge.

Wie der US-amerikanische Psychologe und Begründer der Humanistischen Psychologie Abraham Maslow formulierte, ist nach den unmittelbaren Grund- und Existenzbedürfnissen wie Essen und Trinken und ausreichende Wärme das Bedürfnis nach Sicherheit das stärkste und wichtigste Grundbedürfnis. Menschen brauchen eine sichere und berechenbare Umgebung, die sie überschauen können und von der sie das Gefühl haben, sie kontrollieren zu können. Nur dann können sie grundlegende positive Glaubenssätze ausbilden wie die Überzeugung, dass die Welt ein sicherer Platz ist und die meisten Menschen, wenn auch nicht alle, wohlmeinend sind; dass alles, was auf der Welt passiert, aus bestimmten Gründen passiert und somit zumindest auf einer höheren Ebene in Ordnung ist; dass den guten Menschen letztlich auch Gutes widerfährt. Wer aber seine Identität verliert oder daran gehindert wird, sie auszubilden, der glaubt stattdessen an eine feindselige, unberechenbare und chaotische Welt und erlebt sein Leben nicht als lebenswert.

Wir haben gezeigt, wie sehr das Sicherheitsgefühl, das Vertrauen und die Identität der Menschen in der westlichen Welt angegriffen und unterminiert werden und wie massiv die Folgen für die psychische und physische Gesundheit der Menschen sind. Uns geht es qualitativ in dieser Hinsicht nicht anders als den Chagossern, nur die Quantität ist noch bei Weitem nicht so hoch. Einige der Exil-Ilois hatten noch die Kraft, um gegen das Unrecht anzukämpfen. Sie schlossen sich zusammen, erhoben Klage und forderten Entschädigung und das Recht auf Rückkehr in ihre Heimat. Zwar erklärte der oberste Gerichtshof von Großbritannien in seinem Urteil im Jahr 2000 die Deportation für illegal, was aber nichts an ihrer Lage änderte, denn kurz darauf erließ Königin Elisabeth II. eine Verordnung, wonach die Ilois als aus ihrer Heimat verbannt gelten und ihnen keinerlei Entschädigung zusteht. Sie waren damit offiziell Heimatlose, Verbannte und Geächtete. Im Mittelalter war das noch eine der härtesten Strafen, heute kann man in England offenbar ein Verbannter sein, ohne sich jemals etwas zuschulden kommen zu lassen. Im Jahr 2002 wurde den Chagossern immerhin gerichtlich bestätigt, dass sie britische Staatsbürger sind – und damit Bürger der Europäischen Union, so wie wir.

2006 wurde die Verbannung durch die Königin für rechtswidrig erklärt und zurückgezogen. Daraufhin aber setzte die Regierung sofort ein Verfahren in Kraft, um sie wieder zu bestätigen. Politisch steht für die britische Regierung einfach zu viel auf dem Spiel. Denn der milliardenschwere Vertrag mit den USA über die Nutzung des menschenleeren Archipels darf nicht in Gefahr geraten. 2007 entschied das Appellationsgericht erneut zugunsten der Ilois, wieder legte die britische Regierung Berufung ein. Schließlich entschied 2008 das *House of Lords* endgültig, gab der britischen Regierung recht und bestätigte die Verbannung der Inselbewohner. Damit war der Rechtsweg in Großbritannien ausgeschöpft. Im Jahr 2010 drang über das Internetportal *Wikileaks* eine geheime Depesche an die Öffentlichkeit, die die Regierenden in London und Washington blamierte: Darin verständigten sich ranghohe Regierungsmitglieder beider Staaten darauf, dass die Einrichtung des großen marinen Naturschutzparks von Chagos die beste Methode sei, die Inseln „frei von den Fußspuren von Tarzanen oder Freitagen zu halten" – mit „Freitag" wurde auf den eingeborenen Gefährten der Romanfigur Robinson Crusoe angespielt. Damit war nicht nur die wahre Haltung und das verächtliche Menschenbild der Politiker aufgedeckt, sondern auch der wahre Grund für die Einrichtung des umfangreichen Naturreservats: Die Ansprüche auf Wiederansiedelung der ursprünglichen Einwohner sollten damit torpediert werden. Gegenwärtig versucht die Britische Regierung darüber hinaus, Chagos als Weltkultur- und Naturerbe bei der UNESCO durchzusetzen, um den *Status quo* zu zementieren und die Rückkehr der Einwohner unmöglich zu machen – Naturschutz als Waffe gegen Menschenrechte, ein absurder, scheinheiliger Plan, aber leider die Realität.

Die Chagosser Vertriebenen geben noch nicht auf. Beim Europäischen Gerichtshof für Menschenrechte ist eine Klage anhängig. Außerdem wurden im Internet jüngst die erforderlichen 25.000 Unterschriften gesammelt und eine Petition bei der US-amerikanischen Regierung eingereicht mit der Forderung nach Rückkehr der Chagosser in ihre Heimat und Kompensation des erlittenen Unrechts. Der zum Zeitpunkt der Vertreibung erst vier Jahre alte Olivier Bancoult, der fast seine ganze Familie durch die Folgen der Deportation verloren hat, möchte seinen Fall vor den Internationalen Strafgerichtshof in Den Haag bringen, denn das, was die britische Regierung ihm und den Seinen angetan habe, sei „ein Verbrechen gegen die Menschlichkeit". Sein Ziel ist es, seinen eigenen Kindern, die auf Mauritius geboren wurden, eines Tages die Heimat ihrer Urahnen zeigen zu dürfen. „Ihre Wurzeln liegen auf Chagos", sagt er. Vielleicht findet er eines Tages auch das alte Haus seiner Familie wieder. Dort mussten sie alles zurücklassen, was sie besaßen. Sein Vater hatte ihm, als er klein war, eine *Kolraba* geschenkt, eine traditionelle Trommel. Das Instrument müsste heute noch immer in ihrer Hütte liegen. Ob er sie jemals wiederfinden wird?

Übrigens, der Militärstützpunkt auf Diego Garcia heißt *Camp Justice* – „Lager der Gerechtigkeit" …

Nachwort

Höllensturz – und was kommt danach?

Ja, wir gehen davon aus, dass unsere westliche Zivilisation in Kürze zusammenbrechen wird. Wir wissen nicht, was „in Kürze" heißt. Oder anders gesagt: Wir wissen nicht, wie lange es noch so weitergeht, bevor die Zusammenbrüche unterschiedlicher Art, die wir in diesem Buch skizziert haben, kumulieren und sich zur großen Katastrophe hochschaukeln. Nein, natürlich wissen auch wir nicht, wie genau der Zusammenbruch aussehen wird, durch welchen Zündfunken er letztlich ausgelöst werden wird und welche Tragödien sich genau abspielen werden. Wir ahnen aber, dass der Zusammenbruch der westlichen Welt total sein wird. Damit meinen wir, dass auf allen vier Ebenen der menschlichen Existenz Katastrophales passieren wird:

Auf der Ebene der sozialen Systeme werden die vielfältigen Ungerechtigkeiten in unserem Zusammenleben immer weiter zunehmen, die Art und Weise, wie wir unser Zusammenleben organisiert haben, wie Regierungen zustande kommen und regieren, wie Recht gesprochen wird, wie der Staat die Versorgung seiner Bürger sicherstellen will, das Bildungssystem, das Wirtschaftssystem, das Finanzsystem, das Gesundheitssystem – all das wird sich gegenseitig zerstören. Das Objekt all dieser Systeme, der Mensch, wird nicht zu seinem Nutzen regiert und verwaltet, er kommt nicht zu seinem Recht, wird immer ungebildeter, verschuldet sich immer mehr, wird immer ärmer, immer kränker. Wir beuten uns selbst aus, nur um die Systeme, die wir geschaffen haben, am Laufen zu halten, bis sie am Ende dann doch kollabieren.

Das Soweto-Szenario steht dafür, was passieren kann, wenn soziale Systeme einen kleinen Tick zu ungerecht werden und ein einziges kleines Element, das noch hinzugefügt wird, den Tropfen bildet, der das Fass zum Überlaufen bringt. Auf der Ebene der Kultur höhlen wir unsere eigenen Traditionen und Werte aus, unterminieren sie und geben sie der

Vermischung und Verwischung mit beliebigen anderen Kulturen frei. Wir erkennen nicht, dass, wer für alles offen ist, schlicht nicht ganz dicht ist. Die fehlende Widerstandskraft unserer Kultur ist ein Symptom für die innere Schwäche, für die Erlahmung der westlichen Welt und von allem, für das sie steht. Die Tugenden und Denkweisen, die uns in den letzten 200 Jahren stark und erfolgreich gemacht haben, sind verblasst. Insbesondere sind wir nicht mehr fähig zur wirtschaftlichen und finanziellen Nachhaltigkeit, weil wir die Werte und Tugenden, die dazu erforderlich sind, verloren haben. Wir bilden Blasen über Blasen und lassen mit ihnen unseren Traum von Wohlstand, Frieden und Freiheit platzen. (Einen aufrüttelnden Kulturvergleich, der die Stärken unserer Vergangenheit herausstellt, von denen wir uns gerade verabschieden, finden Sie im Aufsatz von Changlin Zhang: „Warum ist China hinter Europa zurück?“ auf der Webseite www.hoellensturz-hoffnung.de.)

Das Bamiyan-Szenario steht dafür, was passieren kann, wenn Kulturen einander bekämpfen, wenn der Mensch versucht, den anderen durch die Zerstörung seiner Kultur auf einer höheren Ebene zu vernichten. Dass dabei in unserer westlichen Kultur die Feinde unserer Werte nicht von außen kommen, sondern im Innern unserer Gesellschaft wüten, ist perfide. Unter dem Deckmantel der Toleranz verlieren wir die Toleranz gegenüber uns selbst und dem, was uns lieb und teuer war. Auf der Ebene der Physis zerstören wir uns am Ende auch ganz real selbst, sobald wir uns zu Sklaven von Technologien machen und unsere Bedürfnisse, unsere Selbstachtung und unsere Würde den Erfordernissen moderner Technik unterordnen. Die Technik, die uns überwältigt, muss nicht militärische Kriegstechnik sein, es können auch die Apparatemedizin, soziale Netzwerke, Computerspiele oder elektronische Medien sein. Letztlich sind Technologien, die sich in der Hand weniger Mächtiger befinden, Instrumente, um die Vielen zu unterwerfen, und sei es auf Kosten von Leib und Leben. Wenn der Jahresbonus des Vorstands eines Medizintechnik- oder eines Pharmaunternehmens davon abhängt, dass Millionen von Menschen krank werden, krank bleiben oder früher sterben, dann ist die Wahrscheinlichkeit hoch, dass der technologische Hebel von diesem Vorstand früher oder später in Gang gesetzt wird – zum Wohl eines Einzelnen und auf Kosten von Vielen. Wenn ein Einzelner oder eine kleine Gruppe von Menschen durch ihre Unternehmensanteile an *Facebook*, *Google*, *Amazon*, *Apple* oder einem anderen globalen Hightechunternehmen die Macht haben, Millionen Menschen zu Süchtigen der Technologie zu machen, sie auszuspähen und auszubeuten, dann wird das wahrscheinlich geschehen. Das Guernica-Szenario steht dafür, was passieren kann, wenn Macht und Technologien wichtiger werden als die Würde des Menschen. Technologien gehören zum Menschen. Aber es gibt Momente in unserer Geschichte, da beherrscht nicht der Mensch die Technologie, sondern die Technologie den Menschen. Und manchmal bemerkt er es gar nicht.

Der „Verantwortung vor Gott und den Menschen …" müssen sich auch Regierungen mit ihren Machtansprüchen beugen, sodass politisch Machtlose gegenüber den Mächtigen das Recht auf ein menschenwürdiges Leben haben. Die Väter unseres Grundgesetzes formulierten dies in der Präambel des Grundgesetzes nach dem Erleben eines gottlosen, auf seine eigene Macht und Ideologie gegründeten politischen Systems. Mit seiner Entscheidung, sich selbst als letzte Instanz zu betrachten, hatte es die Tür für dämonische Zerstörungsmächte geöffnet. Und diese zerstörten schließlich das System selbst. Auch damals haben die Menschen gar nicht gemerkt, was passiert, während es passierte, erst nach dem Zusammenbruch haben sich die Überlebenden verwundert die Augen gerieben.

Auf der Ebene des Individuums schaffen wir uns gefügiges Regierungsmaterial für ideologische Bürokratien, wenn wir es unseren Kindern unmöglich machen, eine eigene Identität auszubilden. Ohne feste Verwurzelung in unseren zivilisatorischen Grundsätzen, ohne geistige Heimat in unseren Traditionen werden unsere Kinder fremdbestimmt, orientierungslos und manipulierbar. Wenn wir ihnen sogar verwehren, ihre Geschlechtsidentität auszubilden, wenn wir ihnen mit den Familien den Hort der Sippenidentität nehmen und ihnen den identitätsstiftenden Beruf rauben, dann bekommen wir nicht etwa starke und unabhängige, sondern schwache und seelisch kranke Menschen. Das Chagos-Szenario steht dafür, was passieren kann, wenn wir unsere Wurzeln kappen. Auch hier ist es nicht ein Feind von außen, der aus dem Nichts kommt und uns aus unserer Heimat oder unserer Tradition hinauswirft, sondern wir selbst sind es, die unsere Wurzeln zerstören. Wir erlauben uns nicht mehr, Deutsche und Ausländer, Männer und Frauen, Kinder und Erwachsene, für oder gegen etwas zu sein; wir unterscheiden nicht mehr zwischen Täter und Opfer, Arm und Reich, sondern pürieren alles, was sich unterscheidet, zu einer dicken Soße, damit unter dem Götzen der Gleichheit nur ja nichts mehr herausragen oder enttäuschen, vorauslaufen oder zurückbleiben, nichts mehr überlegen oder unterlegen sein kann. Nichts darf mehr anders sein. So entwurzeln wir uns selbst und am Ende sind wir ein konturenloses Nichts.

Wir haben in diesem Buch gezeigt, auf welchen Wegen wir westlichen Menschen gerade dabei sind, diese totale, vierdimensionale Katastrophe hinzubekommen. Wir haben dargelegt, dass wir zunehmend ungleicher vor dem Recht werden, dass die Exponentialkurven der ansteigenden Geschwindigkeiten in der Wirtschaft nicht beherrschbar sind, die Systeme, die wir geschaffen haben, chaotisch miteinander interagieren und uns dadurch entgleiten, dass wir unsere sozialen Bindungen kappen, dass wir uns verschulden und verzetteln. Wir haben auch veranschaulicht, dass wir unter den neuen Dogmen und Tabus immer weiter fremdbestimmt werden, dass wir unsere Identität immer weiter aushöhlen und untergraben, dass wir unserer eigenen Kultur verlustig gehen und den Sinn und Zweck unserer Existenz aus den Augen verlieren. Schließlich haben wir davor gewarnt, dass wir uns selber auspowern und schwächen, dass wir uns gegenseitig bekämpfen, entwürdigen und uns systematisch zerstören. Am Ende wird alles in Hass und Gewalt umschlagen – mitten unter uns.

In Athen wurden 2010 bei Demonstrationen gegen die Sparpolitik Bankfilialen angezündet. Drei Bankangestellte und ein ungeborenes Kind verbrannten. Der Anlass war nicht ein Krieg, sondern eine verfehlte, ungerechte, kurzatmige Politik. Griechenland ist die Wiege unserer westlichen Zivilisation, Teil der Europäischen Union und eine Demokratie. Wer hätte das gedacht? In Frankreich wurden im Laufe des Jahres 2005 knapp 30.000 Autos, 20.000 Müllcontainer und 6.000 Bushaltestellen angezündet. Fast 4.000-mal wurden Polizisten oder die Feuerwehr von wütenden und frustrierten Jugendlichen angegriffen. Als im Oktober zwei Jugendliche, die auf der Flucht vor der Polizei waren, tödlich verunglückten, geriet die Gewalt außer Kontrolle, das ganze Land wurde von schweren Unruhen erfasst, die durch die Polizei und die Politik kaum mehr einzudämmen waren. Im Londoner Stadtteil Tottenham eskalierte im August 2011 eine zunächst friedliche Demonstration, bei der die aufgebrachte Menschenmenge Aufklärung über den Tod eines Einwohners forderte, der bei einem Polizeieinsatz ums Leben gekommen war. Bei den dann folgenden Ausschreitungen wurden viele Polizisten verletzt, Autos und Gebäude angezündet und Ladengeschäfte geplündert. Die Gewalteruption breitete sich in den folgenden Tagen auch auf weitere Großstädte Englands aus. Überwiegend vermummte Jugendliche lieferten sich Straßenschlachten mit der Polizei und richteten erhebliche Sachschäden an. Die Unruhen forderten mehrere Todesopfer.

Bei den Auseinandersetzungen in Stuttgart zwischen den Bahnhofsgegnern und der Polizei gab es Ende September 2010 bürgerkriegsähnliche Momente. Einem Mann wurden die Augen mit einem Wasserwerfer zerschossen. Ums Leben kam zum Glück keiner. Aber es gab kurze Augenblicke, da waren einige der Demonstranten und einige der Sicherheitskräfte bereit, einander das Leben zu nehmen, um die eigene Sache durchzusetzen. Dabei handelte es sich nicht um Fanatiker oder Randgruppen, sondern um gebildete Menschen aus der gesellschaftlichen Mitte, vielleicht standen sich sogar einige Nachbarn aus der gleichen Straße gegenüber.

Es kann so schnell gehen. Danken wir Gott, dass es nicht schlimmer gekommen ist.

Glaube, Liebe, Hoffnung

Wir wissen, dass wir vielen unserer Leser hier und da ziemlich harten Tobak vorgesetzt haben. Indem wir unsere Befürchtungen offen aussprechen und uns dabei dem Vorwurf der Schwarzmalerei aussetzen, stoßen wir sicher auch gegen manche Mauern in den Köpfen. Einem Leser, dem die Doktrin der *Political Correctness* oder des *Gender Mainstreaming* schon halb in Fleisch und Blut übergegangen ist, der sich seine Vorurteile über vermeintlich rassistische Autoren, fanatische Christen oder reaktionäre Politiker bereits gebildet hat, wird es zum Teil die Nackenhaare aufstellen, wenn er sich mit den beschriebenen Folgen und Zusammenhängen konfrontiert sieht. Er wird es als Angriff auf seine Person auffassen und eine Abwehrhaltung einnehmen. Das ist uns klar. Wir schreiben trotzdem, was wir denken. Warum? Weil wir noch Hoffnung haben.

Zu Beginn dieses Buches haben wir geschrieben, dass wir Ihnen die falschen Hoffnungen rauben wollen. Damit meinen wir insbesondere die Hoffnung, dass wir die Kurve schon noch kriegen werden und unsere Zivilisation auch die nächsten Krisen locker überstehen wird. Die Entwicklung der letzten Jahrzehnte hat jedoch gezeigt, dass wir offenbar unfähig sind, unsere Gesellschaft grundlegend zu verändern. Deshalb werden wir mit ihr abstürzen. Aber wenn wir keine Hoffnung für unsere gegenwärtige Gesellschaft haben, heißt das jedoch nicht, dass wir überhaupt keine Hoffnung hätten. Auch wenn es schlimm wird, die Welt wird deshalb nicht untergehen. Wir glauben auch nicht, dass die Menschheit untergehen wird. Im Gegenteil.

Wir haben in der Geschichte fast alles Richtige und Falsche ausprobiert. Wir wissen also, was man tun und was man besser lassen sollte. Wenn wir, statt neue Utopien zu entwickeln, aus diesen Erfahrungen lernen, können wir eine neue Identität ausbilden, neue Verhaltensweisen einüben, eine neue Kultur errichten und neue Systeme des Zusammenlebens entwickeln. (Eine ungewohnte Außenperspektive auf die Rolle der Naturwissenschaft in diesem Prozess finden Sie im Beitrag von Changlin Zhang: „Science without Spirit“ auf der Webseite www.hoellensturz-hoffnung.de.)

Viele der neuen Saatkörner keimen schon jetzt; vielleicht sehen wir schon einige davon, aber wir können die neuen Strukturen noch nicht erkennen. Es wäre also möglich, dass die neue Zivilisation, die wir nach dem Kollaps der alten errichten werden, schöner, lebenswerter, erhabener und würdevoller sein wird als die westliche Welt des 20. Jahrhunderts. Um ein paar Schlaglichter darauf zu werfen:

Apparate und Roboter werden die Menschen in der Zukunft nicht gesund erhalten. Stattdessen sind wir überzeugt, dass die Lösung für das Gesundheitswesen der Mensch selbst ist. Eine wachsende Anzahl von Initiativen im Bereich der Prävention zeigt, dass immer mehr Menschen bereit sind, selbst Verantwortung für ihre Gesundheit zu übernehmen, statt diese in erlernter Hilflosigkeit dem Medizinsystem zu überlassen. Nicht zuletzt wird diese Umkehr von den neusten Forschungsergebnissen unterstützt: Sie sagen uns, dass wir durch den Lebensstil, den wir wählen, Einfluss auf den Verlauf von Krankheiten und sogar auf unsere Gene haben. Eigenverantwortung für unsere Gesundheit heißt hier das Stichwort der Zukunft. (Mehr über Eigenverantwortung und Partizipation im Gesundheitswesen finden Sie im Beitrag von Gisela Charlotte Fischer: „Partizipation im Gesundheitswesen – Ein Schritt zu mehr Demokratie“ auf der Webseite www.hoellensturz-hoffnung.de.)

Wirtschaft oder wirtschaftliche Teilsysteme können nicht dauerhaft exponentiell wachsen. In einer neuen Zivilisation muss sich Wachstum in anderen Formen als der Gütervermehrung abspielen. An immer mehr Stellen in unserer westlichen Welt beginnen mündige Bürger, Verantwortungsträger und sogar Professoren der Ökonomie, das zwanghafte Diktat des materiellen Wachstums, die Habgier als Fundament unserer Wirtschaft infrage zu stellen. Sie suchen nach überlebensfähigeren Formen des Wirtschaftens, wie sie z. B. schon vor Jahrtausenden in der Sabbat-Ökonomie des Alten Testamentes erprobt wurden: rhythmische Pausen, nicht nur zur Regeneration der Arbeitskraft, sondern zum Genießen des Geschaffenen, zur Freude und zum Dank und Lob des Schöpfers. Über aller Weltbezogenheit darf Gott in Zukunft nicht vergessen werden.

Gier und Neid sind zwar wirksame, aber unheilvolle Triebfedern des Wohlstands. Speziell der Neid ist ein Rezept zum Unglücklichsein. Das Wirtschaftsmodell, das auf menschlichen Schwächen als Wachstumsmotoren aufbaut, hat gründlich versagt. In einer neuen Zivilisation sollen wir Freude am Wirtschaften haben, stolz auf unseren Erfolg sein dürfen und anderen ebenso Erfolg gönnen wie uns selbst. Eine neue Kultur der Selbstverantwortung und gegenseitigen Wertschätzung ist hier in Zukunft gefragt. Es lohnt sich für die Menschheit nicht, sich dauerhaft zu verschulden; die zunächst gewonnene Scheinfreiheit entpuppt sich unweigerlich am Ende als Schuldknechtschaft. In einer neuen Zivilisation muss von der individuellen bis hinauf zur staatlichen Ebene finanzielle Nachhaltigkeit angestrebt werden, die auf universellen Regeln und Werten beruht. Maßhalten ist hier zukünftig angesagt.

In komplexen Systemen können die Profite nicht maximiert werden, indem man die dämpfenden Faktoren durch staatliche Eingriffe ausmerzt. Das führt zu Regelkatastrophen. Wir erwarten stattdessen, dass wir in einer neuen Zivilisation das Verhalten von komplexen Systemen in Wirtschaft und Technologie besser verstehen und unser Verhalten darauf abstimmen können. Dazu ist ein ganz neues Bildungssystem notwendig. Integriertes (vernetztes) Denken wird hier zukünftig vonnöten sein. Wir können nicht dauerhaft reich und glücklich werden, wenn wir mit den natürlichen Ressourcen verschwenderisch umgehen und womöglich unsere Nahrungsgrundlagen zerstören. Stattdessen müssen in einer neuen Zivilisation Rohstoffe und Nahrungsmittel in nachhaltigen Kreisläufen bewirtschaftet werden, wozu ganz neue Regeln des Wirtschaftens notwendig sind. Ohne Verantwortung gegenüber der Schöpfung kann das in Zukunft nicht gehen.

Genauso wenig können wir dauerhaft glücklich werden, wenn wir in Kauf nehmen, dass Menschen unter unwürdigen Bedingungen arbeiten müssen, damit wir möglichst billig Kaffee, Schokolade, Bananen und andere Naturalien konsumieren können. Wir sind stattdessen überzeugt, dass auch Konzerne und Regierungen dazu bewegt werden können, für menschenwürdige Arbeitsbedingungen, Bildung und Sozialsysteme in den Produktionsländern zu sorgen, wie es neben vielen anderen durch die *Micha*-Initiative geschieht. Gemeinsames Engagement für Menschenwürde ist dazu in Zukunft erforderlich.

Der Staat kann die Familie nicht ersetzen und ist auch nicht in der Lage, in jeder Lebenssituation für seine Bürger zu sorgen. Wir werden neue Wege finden und alte wiederentdecken, um Kindern die nötige Geborgenheit, Bindung, Förderung und Forderung zu bieten, die sie brauchen, um starke und eigenverantwortliche Persönlichkeiten zu werden. Dazu bedarf es einer ganz neuen Auffassung von Arbeit. „Erziehungsarbeit ist ideelle Wertschöpfung", heißt hier die Devise der Zukunft.

In einer neuen Zivilisation wird das staatliche Gemeinwesen viel weniger Raum in unserem Alltag einnehmen. Es wird sich darauf konzentrieren, kluge Rahmenbedingungen zur Selbsthilfe zu schaffen, sie gegebenenfalls anpassen und optimieren. Dazu ist ein ganz neues Verständnis der Rolle des Staates notwendig. Darauf warten die Menschen, wie die überwältigenden Reaktionen auf den „Dialog über Deutschlands Zukunft", den die Kanzlerin 2011 angestoßen hat, klar beweisen. Mündiger Gemeinsinn heißt hier die Losung der Zukunft. Auch die Arbeit von Freiwilligen und Ehrenamtlichen kann der Staat niemals ersetzen. Der Bedarf an sinnvoller Tätigkeit wird wieder viele Jugendliche dazu bringen, sich für Ältere und Bedürftige einzusetzen, Wohnviertel zu verschönern und andere konstruktive Initiativen zu starten, wie es z. B. im Netzwerk „Initiative Hoffnung" im Jahr 2011 durch viele Jugendgruppen bereits geschehen ist. Mut zu Hoffnungsinitiativen braucht es hierfür in Zukunft.

Es ist dauerhaft nicht möglich, viele Menschen, die wenig bis gar nichts leisten, von wenigen Leistungsträgern ernähren zu lassen. In einer neuen Zivilisation werden nicht nur die Hilfen, sondern die Lasten gerechter verteilt werden. Dann wird es möglich sein, einen guten Lebensstandard zu erhalten, ohne dabei auszubrennen. In einer zukunftsfähigen Zivilisation darf es keine Transferleistungen ohne Gegenleistung mehr geben. Dazu ist es notwendig zu verstehen, dass alle Formen der Alimentierung abhängig und schwach machen und dass Menschlichkeit sich nicht in Geldgeschenken ausdrücken kann. Hilfe zur Selbsthilfe heißt hier das Motto der Zukunft.

Es ist ein Verbrechen gegen die Menschheit, die biologische Reproduktion hoch entwickelter Zivilisationen zu stoppen, indem die Familien zerstört werden. Denn gerade sie waren es, die die Grundlage für die Überwindung von Armut, Krankheit und Hunger geschaffen haben. In einer neuen Zivilisation wird sich mit steigendem Wohlstand die demografische Entwicklung von selbst stabilisieren. Schutz jedes ungeborenen Lebens ist dafür in Zukunft Voraussetzung.

Eine Gesellschaft kann ohne Vertrauen nicht existieren. In einer neuen Zivilisation werden Vertrauenswürdigkeit und Vertrauen eine gemeinsame Verpflichtung sein. Vertrauen braucht Wahrhaftigkeit. Am Ende wird nicht derjenige siegen, der am raffiniertesten betrügt. „Lügen haben kurze Beine“, sagt ein altes Sprichwort. Durch die Bindung an Gottes Gebote ist dies erwiesenermaßen sehr viel leichter. Vertrauen wird künftig durch charakterliche Integrität aufgebaut. Feindschaft und Hass können keine Grundlage für das Miteinander unterschiedlicher Gruppen in einem Land sein. Wir glauben, dass Bildung, Verständigung, Respektieren der gewachsenen Kultur und das Auf-den-anderen-Zugehen Grenzen und Vorurteile überwinden werden. Mut zur Fremdenliebe und Verzicht auf politisch gewollte Überfremdung werden in Zukunft zusammenspielen. Ohne Traditionen, Lebensregeln und feststehende Werte ist es nicht möglich, eine Gesellschaft dauerhaft am Leben zu erhalten. Dazu sind ein Sinn für unsere Geschichte, ein Stolz auf unsere Herkunft und ein neuer Begriff von Ehre, Würde und Aufrichtigkeit sowie eine selbstverständliche Verantwortungsbereitschaft notwendig. Ganzheitliches Wertebewusstsein ist hier in Zukunft gefragt.

Die Annahme, dass Menschen gleich seien, ignoriert völlig unsere verschiedenen Naturanlagen. In einer neuen Zivilisation werden wir die Unterschiede zwischen den Menschen wieder als Bereicherung und Ergänzung erkennen und annehmen, anstatt sie zum Nachteil aller zu verwischen. Wir werden die menschenverachtende Idee der radikalen Gleichheit aufgeben und die Gesellschaft stattdessen als einen Organismus aus verschiedenartigen, aber gleichwertigen Individuen verstehen, wie es uns im Neuen Testament in dem Bild der „Glieder an einem Leib" vorgestellt wird. Organismus statt Kollektiv heißt hier das Stichwort der Zukunft. Insbesondere sind Männer und Frauen verschieden. In einer neuen Zivilisation werden wir Männer wieder männlich sein lassen und Frauen weiblich. Und beide werden in der Gesellschaft unterschiedliche Aufgaben wahrnehmen, ohne sich deshalb überlegen oder unterlegen zu fühlen. Dazu ist es notwendig, dass Jungen sich zu Männern und Mädchen sich zu Frauen entwickeln können, was wiederum erfordert, dass Männer für Jungen und Frauen für Mädchen Vorbilder sein dürfen. Schöpfungsgemäßer Umgang mit unserem Geschlecht hat hier allein Zukunft. Man wird dem Menschen nicht gerecht, wenn man ihn nach dem materialistischen Menschenbild auf seine animalischen Triebe reduziert und ihn dazu ermuntert, seinen Sexualtrieb rücksichtslos auszuleben. In einer neuen Zivilisation wird man durch sinnvolle Einschränkung der Sexualität aufeinander Rücksicht nehmen. Dazu ist es notwendig, Freiheit neu zu definieren. Verantwortungsvolle Sexualität heißt hier künftig die Devise.

Ein utilitaristisches oder ideologisch gefärbtes Rechtswesen kann das summarische Glück der Menschheit nicht steigern. In einer neuen Zivilisation werden wir dafür sorgen, dass nicht der Nutzen oder ein ideologisches Konzept, sondern Gerechtigkeit und Menschenwürde das Rechtswesen bestimmen. Ohne die Bindung an Gott als absolute moralische Autorität auch über dem Staatssystem wird dies aber nicht möglich sein. Deshalb hatten die Gründerväter die „Verantwortung vor Gott" in der bundesdeutschen wie auch der amerikanischen Verfassung verankert. Sie wussten, warum sie das taten. Verantwortung vor Gott wird in Zukunft wieder übernommen.

Die Gesellschaft wird totalitär, wenn eine Gruppe ihre Meinung über die abweichenden Meinungen anderer Gruppen stellt. In einer neuen Zivilisation werden wir moralische Überlegenheitsdemonstrationen nicht mehr dulden. Menschliche Gemeinschaften, in denen nur eine Meinung gelten darf, in denen Selbstrechtfertigung angesagt ist und Fehler vertuscht werden, haben keine Veränderungs- und Innovationskraft. Wir glauben, dass die christliche Botschaft von der Vergebung uns den Mut geben kann, zu den eigenen Schattenseiten zu stehen, Fehler zuzugeben, um Vergebung zu bitten und einen Neuanfang zu wagen – so wie der deutsche Kanzler Willy Brandt es stellvertretend für seine Nation am 7. Dezember 1970 durch seinen Kniefall vor dem Mahnmal des Warschauer Gettos getan hat. Dazu ist eine neue Diskurskultur notwendig, die nicht auf dem Rechthaben oder Rechtbehalten basiert, sondern auf dem Verstehenwollen anderer Positionen. Respektvoller Umgang mit Andersdenkenden wird künftig wieder geübt.

Nicht abzusehen

Eine zukunftsfähige Gesellschaft, die bald zu erwarten ist, wird keineswegs eine postchristliche Gesellschaft sein, ganz im Gegenteil: Die Art und Weise, wie wir in Zukunft zusammenleben werden, wird unseres Erachtens viel mehr mit dem Vorbild, das Jesus Christus uns gegeben hat, zu tun haben, als das in den letzten 2.000 Jahren bei allen bisherigen gesellschaftlichen Zuständen der Fall war. Wir wünschen uns nichts mehr, als Teil dieser neuen Gesellschaft zu sein; ja, wir sehen es als unsere Pflicht an, schon heute daran zu arbeiten.

Die Untersuchung der jungen Generation von Stephan Grünewald zeigt, dass das Zeitalter der Utopien zu Ende geht und eine neue, „geerdete" Generation heranwächst, deren Vorstellungen von einer Lebensweise mit realistischen Zielen, dauerhaften Beziehungen und Werten zwar nicht explizit christlich sind, aber sich – bewusst oder unbewusst – an christlichen Werten orientieren. Christliche Werte haben sich schlicht und einfach in Gesellschaft und Wirtschaft bewährt. Insofern sind wir voller Hoffnung, auch wenn heute nicht abzusehen ist, wie genau der Zusammenbruch ablaufen wird. Aber wir werden ihn überstehen und – darauf beruht unsere Hoffnung – aus den Fehlern lernen. Vor allem schöpfen wir aus der Erkenntnis, dass eine Gesellschaft, die Gott und seine Normen ignoriert, nicht zukunftsfähig ist. Edgar L. Gärtner („Ökonihilismus") beschrieb treffend: Die gesellschaftlich relevanten Gebote vier bis zehn werden nicht deshalb von vernünftigen Menschen in allen Kulturen respektiert, weil sie in der Bibel stehen, sondern weil die Zivilisationen, die dauerhaft gegen sie verstoßen, untergegangen sind oder – wie wir – vor dem Untergang stehen.

Doch über alle positiven Veränderungen hinaus glauben wir nicht, dass diese neue Welt ein Paradies sein wird. Dazu sitzt das Potenzial des Bösen zu tief in unseren Genen und Strukturen. Immer wieder ist es unerwartet und auf entsetzliche Weise in der Geschichte aufgebrochen, hat die besten Absichten ins Gegenteil verkehrt und viele Wohlmeinende in den Strudel der Selbstzerstörung hineingerissen. Das aufgeklärte 20. Jahrhundert mit seinen großen Ideologien und ihren Zusammenbrüchen hat uns diese Lektion gründlich lernen lassen. Joachim Reinelt, emeritierter katholischer Bischof von Dresden, fasste es 1993 in einer Rede treffend zusammen:

> „Wer Gott aus den Herzen der Menschen reißt, weckt die wölfischen Instinkte. Wer einmal miterlebt hat, was die Idee bewirken kann, dass am Anfang nicht der Logos, sondern die Materie steht, hat keine Lust, die Konsequenzen aus diesem Irrtum noch einmal zu tragen."

Auch wir möchten so etwas nicht erleben, aber wie wir gezeigt haben, werden wir mit großer Wahrscheinlichkeit vor der Erneuerung unserer Zivilisation noch einmal eine schlimme Zeit der Meinungsdiktatur, der Verfolgung Andersdenkender und der wirtschaftlichen und sozialen Not durchmachen müssen.

Hinter all den Utopien der Neuzeit steht der Hunger nach Gerechtigkeit. Aber da ihre Anhänger an eine transzendente Gerechtigkeit nicht mehr glaubten, musste sie auf dieser Erde hergestellt, zur Not erzwungen werden. Dies hat im letzten Jahrhundert zig Millionen von Toten gefordert, ohne dem Ziel näher zu kommen. Die Erneuerung, nach der wir uns alle sehnen, wird also nicht aus unserer eigenen moralischen Kraft kommen. In unserem Glaubensbekenntnis formulieren wir Christen seit 2.000 Jahren, dass wir den wiederkommenden Christus erwarten, der Tote und Lebende richten und eine neue Welt schaffen wird, in der tatsächlich Friede und Gerechtigkeit wohnen werden. Nach unserer Überzeugung können und müssen wir daher keine absolute Gerechtigkeit schaffen, sondern die Geschichte bewegt sich in Spiralen auf dieses Wiederkommen zu: Wir wissen nie, wann die letzte Kurve sein wird, und in jeder Kurve haben wir alle Chancen für Umkehr und Erneuerung oder Abkehr und Selbstzerstörung.

In der Tat wäre die tiefe Sehnsucht nach Gerechtigkeit, die in den meisten Menschen steckt, ein einziger Hohn, wenn sie niemals erfüllt würde. Die zahllosen Unterdrückten, Geschlagenen, Vergewaltigten, Zerschundenen und Ausgebeuteten, denen in dieser Welt schlimmstes Unrecht widerfuhr, werden also mit der Wiederkunft Christi Gerechtigkeit und Frieden erfahren – eine überwältigende Zukunftsvision. Doch diese Gerechtigkeit hat ein großes Opfer gekostet. Und dieses Opfer hat Gott selbst gebracht. Das ist die tiefe Bedeutung hinter dem Tod Christi am Kreuz: Der Richter bezahlt selbst für alle Schulden des Angeklagten. „Ungerechte Gnade" nennt der tschechische Ökonom Tomáš Sedláček dieses Alleinstellungsmerkmal des Christentums. In allen Religionen, Philosophien und Weltanschauungen muss der Mensch selbst in irgendeiner Form für seine Verfehlungen und Schulden aufkommen, ob durch Strafe bei der nächsten Reinkarnation, im Diesseits, im Jenseits oder durch Aufwiegen der schlechten durch gute Taten. Allein am Kreuz von Jesus Christus erhält er Gnade, Vergebung und Erneuerung ohne Wenn und Aber. Und wer das wirklich begriffen hat, beginnt aus Dankbarkeit ein neues Leben in der Bindung an den, der es ihm geschenkt hat. Die Erneuerung unserer Zivilisation wird nur geschehen können, wenn sie aus einer solchen inneren Kraft heraus gestaltet wird. Weil das jederzeit möglich ist, sind wir voller Hoffnung für unsere Zukunft.

Der Jumbojet der *Japan Airlines*, der am 12. August 1985 kurz vor Tokio am Berg Takamagahara zerschellte, war nicht mehr zu retten, weil die Steuerung völlig außer Kontrolle geraten war. So weit sind wir noch nicht: Wir könnten das Steuer noch herumreißen, um unseren Jumbo sicher zu landen. Aber wir brauchen ein neues Flugzeug, um sicher weiterfliegen zu können.

Literatur

Eberhard Beckers, Peter C. Hägele, Hans-Joachim Hahn, Reinhold Ortner (Hrsg.): Pluralismus und Ethos der Wissenschaft, Gießen 1999

Eberhard Beckers, Stefan Busch, Hans-Joachim Hahn, Peter Sahm (Hrsg.): Hochschulbildung im Aus?, Gießen 1999

Eberhard Beckers, Hans-Joachim Hahn, Hermes A. Kick, Herta Schlosser (Hrsg.): Die Programmierung des kindlichen und jugendlichen Gehirns, Gießen 2002

Hanna-Barbara Gerl-Falkovitz: Frau – Männin – Menschin. Zwischen Feminismus und Gender, Kevelaer 2009

Hans-Joachim Hahn, Richard McClarey, Christiane Thim-Mabrey: Atheistischer und jüdisch-christlicher Glaube: Wie wird Naturwissenschaft geprägt? I. Regensburger Symposium, Regensburg 2009

Hans-Joachim Hahn, Anna-Maria Pircher-Friedrich, Lutz Simon, Guido Zimmer (Hrsg.) Erreicht oder reicht uns die Demokratie?, Gießen 2004

Wolfgang Hinrichs, Lutz Simon, Hans-Joachim Hahn (Hrsg.): Familie wohin?, Holzgerlingen 2008

John C. Lennox: Hat die Wissenschaft Gott begraben?, 3. verb. Aufl., Witten 2011

Jesper Juul: Aus Stiefeltern werden Bonus-Eltern: Chancen und Herausforderungen für Patchworkfamilien, München 2011

Hermes A. Kick:

Kick H. A., Dietz G. (Hrsg.): Verzweiflung als kreative Herausforderung. Psychopathologie, Psychotherapie und künstlerische Lösungsgestalt in Literatur, Musik und Film, Berlin 2008

Kick H. A., Unger F. (Hrsg.): Verantwortung und Vertrauen. Grundlage einer zukunftsfähigen Gesellschaft. Interdisziplinäre, gesellschaftliche und psychotherapeutische Perspektiven.
Mit Beiträgen u. a. von Erwin Teufel, Julian Nida-Rümelin, Paul Kirchhof, Manfred Lautenschläger, Jochen Taupitz, Heidelberg 2009

Kick H. A., Dietz G. (Hrsg.): Trauma und Versöhnung. Heilungswege in Psychotherapie, Kunst und Religion, Berlin 2010

Kick H. A., Schmitt W. (Hrsg.): Schuld. Bearbeitung, Bewältigung, Lösung. Strukturelle und prozessdynamische Aspekte, Berlin 2011

Kick H. A., Dietz G. (Hrsg.): Frieden als Balance in Psychotherapie, Kunst und Politik. Prozessdynamische Perspektiven, Berlin 2013

Gabriele Kuby: Die globale sexuelle Revolution. Zerstörung der Freiheit im Namen der Freiheit, Kisslegg 2013

Susanne Kummer: Das geschlechtslose Es oder „Zweifel am leibfernen Ideal der Gleichheit als politischem Konstrukt“. In: P.-H. Gruner; E. Kuhla (Hrsg.): Befreiungsbewegung für Männer. Auf dem Weg zur Geschlechterdemokratie. Essays und Analysen, Gießen 2009.

Vishal Mangalwadi: The book that made your world, Nashville 2011

Dennis Meadows u. a.: Die Grenzen des Wachstums, Stuttgart 1972

Andreas Püttmann: Gesellschaft ohne Gott, Asslar 2010
Barbara Rosenkranz: MenschInnen. Gender Mainstreaming. Auf dem Weg zum geschlechtslosen Menschen, Graz 2008
Thilo Sarrazin: Deutschland schafft sich ab, München [1]2010
Thomas Schirrmacher:
Hoffnung für Europa: 66 Thesen, Nürnberg 2002
Führen in ethischer Verantwortung: Die drei Seiten jeder Verantwortung, Gießen 2002
Der Segen von Ehe und Familie: Interessante Erkenntnisse aus Forschung und Statistik, Bonn 2006
Multikulturelle Gesellschaft: Chancen und Gefahren, Holzgerlingen 2006
Die neue Unterschicht: Armut in Deutschland?, Holzgerlingen 2007
Moderne Väter: Weder Waschlappen, noch Despot, Holzgerlingen 2007
Internetpornografie, Holzgerlingen 2008
Rassismus: Alte Vorurteile und neue Einsichten, Holzgerlingen 2009
Fundamentalismus: Wenn Religion gefährlich wird, Holzgerlingen 2010
Menschenhandel: Die Rückkehr der Sklaverei, Holzgerlingen 2011
Ethik 8 Bände, Hamburg [5]2011
Menschenrechte: Anspruch und Wirklichkeit, Holzgerlingen 2012
Alvin J. Schmidt: Wie das Christentum die Welt veränderte, Gräfelfing 2009
Micha Schulze, Christian Scheuß (Hrsg.): Alles, was Familie ist. Die neue Vielfalt: Patchwork-, Wahl- und Regenbogenfamilien, Berlin 2007
Tomáš Sedláček: Die Ökonomie von Gut und Böse, München 2012
Lutz Simon: Theorie der Normen-Normentheorien, Eine kritische Untersuchung von Normenbegründungen angesichts des Bedeutungsverlusts des metaphysischen Naturrechts, Frankfurt a. M., Bern, New York, 1986. XVIII, 455 S., m. 48 S. Anhang Europäische Hochschulschriften: Reihe 20, Philosophie. Bd. 206
Lutz Simon, Hans-Joachim Hahn (Hrsg.): Europa ohne Gott?, Holzgerlingen 2007
Lutz Simon, Hans-Joachim Hahn (Hrsg.): Hausverbot für Gott?, Frankfurt 2011
Manfred Spreng: Die Wirkung von Lärm auf die Sprachentwicklung des Kindes, in: Ludowika Huber, Joachim Kahlert; Maria Klatte (Hrsg.) Die akustisch gestaltete Schule, Göttingen 2002
Manfred Spreng, Harald Seubert: Vergewaltigung der menschlichen Identität – Über die Irrtümer der Gender-Ideologie, Ansbach 2011
Christiane Thim-Mabrey, Lis Brack-Bernsen, Daniela Täuber: Naturwissenschaftliche Aussagen und sozialverträgliche Entscheidungen, II. Regensburger Symposium, Regensburg 2010
Christiane Thim-Mabrey, Lis Brack-Bernsen, Alexander Fink: Wissenschaft – Wirklichkeit – menschliches Handeln. III. Regensburger Symposium, Regensburg 2011
Lutz von Padberg: In Gottes Namen? Basel, Gießen 2010
Hetty van de Rijt, Frans X. Plooij: Oje, ich wachse, erw. u. akt. Aufl., München 2005
Josef D. Unwin: Sex and Culture, London 1934 (Oxford University Press)
Changlin Zhang: Der unsichtbare Regenbogen und die unhörbare Musik, Halle 2007
Peter Zöller-Greer, Hans-Joachim Hahn (Hrsg.): Gott nach der Postmoderne, Münster 2007
Peter Zöller-Greer, Hans-Joachim Hahn (Hrsg.): Gott und Vernunft, Münster 2009